国家社科基金青年项目成果（编号：15CRK023）
西南财经大学中国西部经济研究中心
“一流学科建设计划”项目经费资助出版

RESEARCH ON THE DEMOGRAPHIC TRANSITION OF THE TIBETAN AUTONOMOUS REGION

西藏人口转变研究

杨帆 著

西南财经大学出版社
四川 · 成都

图书在版编目(CIP)数据

西藏人口转变研究/杨帆著.—成都:西南财经大学出版社,2020.7
ISBN 978-7-5504-4277-1

Ⅰ.①西… Ⅱ.①杨… Ⅲ.①人口—问题—研究—西藏
Ⅳ.①C924.247.5

中国版本图书馆 CIP 数据核字(2019)第 298605 号

西藏人口转变研究
XIZANG RENKOU ZHUANBIAN YANJIU
杨帆 著

总 策 划:李玉斗
责任编辑:何春梅
封面设计:摘星辰·Diou
责任印制:朱曼丽

出版发行	西南财经大学出版社(四川省成都市光华村街 55 号)
网　　址	http://www.bookcj.com
电子邮件	bookcj@foxmail.com
邮政编码	610074
电　　话	028-87353785
照　　排	四川胜翔数码印务设计有限公司
印　　刷	四川新财印务有限公司
成品尺寸	170mm×240mm
印　　张	13.5
字　　数	209 千字
版　　次	2020 年 7 月第 1 版
印　　次	2020 年 7 月第 1 次印刷
书　　号	ISBN 978-7-5504-4277-1
定　　价	78.00 元

序

西藏，高原之地，神秘之域。较之内陆，物候非同，风情殊异。游于藏地，日行法号经幡之间，常存化外之惚恍；夜伏朗星皎月之下，宁作接天之遐思。然其薄氧高寒，茫茫雪域，人口何似？变动何与？久有所惑，常兴一探究竟之趣。

弟子杨帆，秦陕之士，俊逸英武，勤勉聪慧。门谊十年逾久，自是贤良之数，股肱之重。尝携藏地同游，察考人口。后其荣得国家社科基金之助，躬耕西藏人口转变问题，溯流辨义，览卷不息，累积多源相关研究之数据，更得数月驻藏支教之经历，今终集腋成裘，书就大作，足慰四时之辛，亦增学术进益，更令师者颔喜。

书中理义鲜明，考据详悉，全面呈述藏地人口转变之轨迹前途，亦竭其能为，探究要素关系之外势缘由，内运枢机。信为论藏之重言，治藏之韬议。

中华广土，多族共和。卫藏边陲，域广人稀，更民主改革，一步千年，民族团结，变化云泥。当今时代，欲图镇以和靖，休生牧夷羁縻，须知养边怀远，与民休息。但思繁荣发展，不外人口经济。进而慎敬宗教之异，各美其美，不计显密，当可美美与共，得长算之御。毕竟，能行世间方便，才是金刚般若，摩诃波罗蜜。

是为序。

杨成钢[①]记于己亥年末

① 杨成钢：人口学博士，西南财经大学人口研究所教授、博士生导师，中国人口学会副会长，四川省人口学会副会长，西藏自治区人民政府咨询委员会委员。

前 言

人口转变是区域人口发展的必然过程，也是人口研究的重要议题，其对区域社会经济发展具有关键且深远的影响。目前中国人口转变已经完成，但中国人口转变的区域差异仍值得关注。本书以西藏为研究区域，对西藏人口转变进行系统研究。基于西藏人口转变的现实状况总结其阶段性特征，着重分析人口转变的动力机制，对西藏未来人口转变可能的趋势及其效应进行合理预期，并从人口学视角提出促进西藏社会经济持续健康发展的有关建议。

通过比较分析发现，西藏人口转变总体符合经典人口转变进程的一般规律，同时又具有一些个性特征：一是西藏较全国及国内其他地区人口转变进程启动更晚；二是西藏人口转变进程开始时的人口自然增长率较高；三是西藏人口转变进程滞后于全国总体进程；四是西藏人口转变推进速度更快；五是经济、人口管理与服务实践等因素对西藏人口生育水平下降起到关键影响；六是西藏人口年龄结构会随生育水平下降进一步老化；七是未来西藏人口转变进程的走向将由人口生育水平的变化主导。

西藏人口死亡率下降是人口死亡水平下降的表现，后者是西藏人口转变的根本动力之一。20世纪70年代以来西藏人口死亡水平总体表现出明显的下降趋势，这是多方面因素作用的结果，其中，经济因素最为直接和重要。西藏经济快速发展为卫生事业发展、医疗条件改善提供了条件，这对人口死亡水平下降具有重大影响；同时经济发展为西藏居民就业以及生计条件改善提供可能，基本物质生活需要得到满足也是人口死亡水平下降的原因之一。此外，西藏人口管理与服务实践降低了孕产妇死亡率和婴儿死亡率，举全国之力开展的援藏工作、一些西藏传统社会习俗的变化等也促使人口死亡下降。

20世纪90年代以来，西藏人口出生率在人口死亡率下降之后也显著下降，这是西藏人口生育水平下降的体现，而后者也是西藏人口转变发生的根本动力之一。西藏居民生育观念已发生明显转变，人口生育意愿弱化，从而生育行为减少，这是人口生育水平下降的微观动因。从人口系统视角观察，西藏人口生育水平下降是育龄妇女年龄结构老化、婴儿死亡率下降等导致的直接结果。从经济方面考量，经济发展水平提升、城镇化发展、产业变迁以及人口就业结构变化都是促进人口生育水平下降的原因。此外，家庭发展、社会保障体系不断完善、教育事业持续发展以及西藏人口管理与服务工作卓有成效地开展等也对人口生育水平下降具有正向影响。

人口生育政策调整与完善在西藏的实践，对西藏社会经济发展具有积极作用，同时也对西藏人口管理与服务工作提出更高要求。根据“先稳定后下降”“持续稳定”“先稳定后上升”三种不同的人口生育水平参数假定进行场景分析，西藏未来人口转变可能具有以下特征：第一，人口总和生育率从2020年开始下降、稳定或上升，西藏人口出生率将表现出不一致的变动趋势，未来0~14岁人口数量和占比也将出现较明显差异。第二，西藏在2025—2035年将步入老龄社会，如果从当前开始人口生育水平持续下降，未来西藏人口金字塔向衰减型转变的风险将大大加剧。第三，较高的人口自然增长率依然持续，在未来一段时间内西藏总人口稳步增长的趋势仍将继续。第四，西藏人口转变何时完成取决于人口生育水平的变动情况。

西藏经济增长、产业结构变动、人口增长、人口年龄结构变动具有相关性，西藏人口增长、人口年龄结构变化一方面是人口转变的直接结果，另一方面分别通过为社会生产提供劳动力、影响社会消费与储蓄等途径作用于区域经济增长。西藏人口转变对经济增长具有明显的促进作用，未来西藏人口转变对经济发展的影响包括：一是人口规模继续增加为区域经济发展增加活力，但也可能加剧劳动力市场竞争，对人口就业带来挑战；二是人口老龄化和劳动年龄人口老化的趋势难以避免，西藏经济发展应对此有所预期并提前进行有关制度安排；三是西藏经济发展中劳动力供给相对充分的格局可能保持，但人口红利对经济增长的贡献将逐步减弱，经济系统对高素质劳动力的需求加大。

在人口转变过程中，人口数量增加、人口年龄结构变化是人口系统所受影响最直接的体现。西藏人口转变的社会效应还包括影响人口婚姻和家庭发展。一方面，西藏人口初婚年龄增大，未婚人口比重明显低于全国水平，且西藏居民跨民族婚姻特别是汉藏通婚比例上升。另一方面，西藏家庭规模缩小，直系家庭比例下降，单人家庭户和有老人家庭户增多，家庭代际层次简化，家庭功能特别是家庭养老功能弱化，且家庭住房规模和面积也发生变化。此外，西藏人口转变还对优化教育资源配置、强化就业人口社会保障、关注农牧区生态效应等提出了要求。

总之，西藏的人口转变过程既符合人口转变的一般规律，又表现出一些个性特征。在多重因素影响下，西藏人口死亡水平、人口生育水平先后下降，这成为西藏人口转变的根本动力；同时，西藏人口转变对区域经济发展和社会变迁都产生深远影响。虽然西藏未来的人口变动在不同场景中存在一定差异，但其对区域发展的主要影响却仍可预期，对人口变动形势及其效应的把握是讨论西藏未来发展的一项重要议题。为促进西藏社会经济持续健康发展，本书认为：西藏应优化人口管理服务体系，继续提高人口管理服务水平；完善人口就业政策体系，提升居民平均收入水平；加快推动教育事业发展，加速社会人力资本积累；走西藏特色城镇化道路，带动区域城乡平衡发展。

目　录

第一章　导论

第一节　研究背景及意义

人口转变理论描述了人类人口再生产由“高出生、高死亡、低增长”的传统模式向“低出生、低死亡、低增长”的现代模式转变的趋势，对某一特定国家或地区而言，它反映了人口再生产随着区域社会经济的发展和现代化进程的推进而由低级向高级转变的过程。由于人口禀赋、文化习俗等方面的差异以及社会经济发展、现代化进程等的异步性，不同区域之间人口转变的发生机制和演进过程不尽相同，人口转变的社会经济影响也可能存在显著差异。由于工业革命和现代化起步较早，到目前为止发达国家的人口转变基本上都已经完成，其人口发展已显现出生育水平过低以及人口老龄化等问题；许多发展中国家的人口转变仍在进行当中，在现代化进程中人口死亡率和人口出生率下降，这些变化直接或间接地为发展中国家带来了发展机遇。中国“低出生、低死亡、低增长”的人口再生产特征已经非常明显，人口生育水平远低于更替水平、劳动力资源优势消减以及人口年龄结构老化等现象已逐步显现。总之，人口转变是区域人口发展无法回避的主题，其对区域社会经济的发展影响深远。

中国人口转变的一个主要特征是区域差异明显。本书以中国西藏自治区（以下简称西藏）人口转变作为研究对象，主要基于以下三点考虑：第一，西藏特定的人口民族特征。西藏人口以藏族为主，2010 年西藏藏族人口占全区总人口的比例为 90.48%，2000—2010 年西藏藏族人口增加了 28.92 万人。同时，西藏还是世界上最大的藏族人口集中分布地区，西藏的藏族人口是世界藏族人口的主体。西藏独特的宗教文化背景是区域人口转变的重要影响因素之一。第二，西藏人口转变发生机制的个性特征。计划生育政策加快了中国人口转变进程，由于中国人口生育政策存在汉藏差异，并且西藏具有特殊的自然地理条件和宗教文化背景，因此西藏人口转变的发生机制可能具有独特性。自 21 世纪初期以来西藏人口生育水平迅速降低，社会经济发展非常迅速且明显地发挥着对人口数量的控制作用。第三，西藏人口转变阶段和效应的特殊性。一方面，西藏现代意义上的人口转变始于民主改革之后，随着居民生育观念的改变和人口出生率的下降，目前西藏人口生育水平已接近更替水平，西藏人口转变正处在积极效应加大而消极效应尚未显现的阶段，这与中国当前人口转变的总体情况有所不同。另一方面，西藏的经济发展滞后于中国大部分地区，且具有独特的社会文化环境，因此人口转变对西藏社会经济发展产生的影响可能与一般情况有所不同。西藏人口转变或将对未来区域经济发展产生较大的积极作用，同时也可能对传统文化和观念等产生冲击。

本书以西藏为研究区域，对西藏人口转变的现实状况、发生机制及其可能的社会经济效应进行分析和讨论，研究意义可归纳为以下三点：

第一，进一步丰富人口转变理论体系。从世界范围来看，各个国家人口转变的进程并非完全一致，中国内部各区域间的人口转变也表现出异步性。由于自然地理条件、社会文化背景和经济发展阶段等因素的影响，西藏人口转变的影响因素和效应都可能具有一定的特殊性。因此，对西藏人口转变进行专题研究，有可能对进一步丰富人口转变理论体系产生积极作用。

第二，进一步加深对中国人口转变实践的理解。中国人口转变相较于发达国家来说是在极短的时间内完成的，计划生育政策和社会经济发展等因素都对其产生了重要影响。中国的计划生育政策存在汉藏差异，其中西藏在未对生育数量进行与其他区域一样严格控制的情况下，其人口生育水平也出现了明显变化。若将西藏的人口转变实践置于中国人口转变的大框架下予以考量，则有助于对中国人口转变实践，特别是计划生育政策在其中发挥的作用有更为深入的理解。

第三，服务于西藏社会经济发展的需要。人口是区域社会经济发展的核心要素，人口转变会对人口数量、人口年龄结构产生质的影响，而后者又直接作用于社会经济发展。因此，研究西藏人口转变，既有助于理解西藏过去一段时间以来的发展实践，也有助于对西藏未来经济发展和社会变迁的相关问题进行合理预期，最终服务于西藏的发展实践。

总之，研究西藏人口转变，既是进一步丰富人口转变理论体系的需要，又有助于深化理解中国人口转变过程，并服务于西藏社会经济发展的实践，无论是从理论方面还是从实践方面考虑都具有积极意义。

第二节　研究内容、技术路线与方法

一、研究对象和内容

本书的研究对象是西藏的人口转变，主要内容包括四个部分：

第一部分，西藏人口转变的现实考察。一是对西藏民主改革前的人口变动进行简要回顾。西藏现代意义上的人口转变是在民主改革之后甚至更晚的时候才开始的。由于受农奴制等因素的影响，在民主改革之前西藏人口变动起伏较大，为了全面和系统地反映西藏人口变动轨迹，首先需要对西藏历史上的人口变动进行简要回顾。二是对西藏民主改革后的人口变动态势进行描述。把握人口总体变动态势是分析西藏人口生育水平、死亡水平变动的基础；在改革和现代化进程中，虽然西藏人口变动融入中国人口变动的总体轨迹之中，但是其所表现出的具有西藏特点的人口变动态势也值得归纳和总结。三是分析西藏人口转变的过程和阶段特征，并进行比较研究。虽然西藏人口转变也是在人口生育水平和人口死亡水平变动的共同作用下发生的，但是其进程却滞后于中国人口转变的总体进程。本书拟对西藏民主改革后的人口自然变动情况及其区域差异进行分析，并将西藏人口转变进程与全国总体情况等进行比较，以总结西藏人口转变的特点。

第二部分，西藏人口转变发生的动力机制。一方面，从人口生育水平变动的影响因素着手来研究西藏人口转变的发生机制。人口出生率和人口生育水平变动与生育意愿变迁具有紧密联系。本书在对西藏人口生育意愿变迁进行讨论的基础上，分别分析了社会经济发展、宗教文化、预期寿命变化等因素对西藏不同阶段人口出生率变动的影响。此外，本书还就以优生优育和生殖健康服务为主的西藏人口发展管理与服务工作对西藏人口生育水平变动的影响进行了专门讨论。另一方面，从人口死亡水平变动的影响因素着手来研究西藏人口转变的发生机制。本书对西藏人口预期寿命的变动情况进行分析，并分别分析了西藏不同阶段人口死亡率变动的影响因素，也包括西藏人口发展管理与服务工作的影响。

第三部分，西藏人口转变的社会经济效应。一是分析人口生育政策与西藏人口转变的关系，并对西藏人口转变态势进行预期。主要包括对中国人口生育政策及其汉藏差异的讨论，分析人口生育政策对西藏人口变动的影响等内容，并在不同的人口生育水平假设下对西藏人口转变态势进行场景分析，以此作为研究未来西藏人口转变效应的基础。二是分析西藏人口转变与区域经济发展之间的关系。包括西藏人口转变对区域经济增长的贡献，以及从人口红利角度来讨论西藏人口转变的积极效应，并就后人口转变时期的西藏社会经济发展问题进行讨论。三是对西藏人口转变的潜在风险进行探讨。从可能的消极作用方面分析西藏人口转变对区域人口长期均衡发展、区域经济增长潜力、西藏家庭发展、生态等的影响。

第四部分，促进社会经济发展的建议。本书提出了有关完善西藏人口管理服务体系、促进西藏人力资本积累、提升居民收入水平和区域平衡发展等方面的建议。

二、技术路线和研究方法

本书的总体目标是对西藏的人口转变进行系统性研究，包括对其阶段特征、发生机制以及效应等的考察，并据此提出有利于促进西藏社会经济持续健康发展的建议。

总体而言，研究遵循“研究基础—现实考察—发生机制—未来预期—效应分析—相关建议”的逻辑思路，以调查研究为主要研究方法，并以实地研究作为辅助。具体研究技术路线如下：

第一，明确本书研究的对象范畴，并对与人口转变理论和西藏人口转变实践有关的文献进行梳理、归纳和总结。第二，收集和整理各种有关的统计资料和数据，对西藏人口变动情况进行描述统计及分析，并在比较研究的视角下总结西藏人口转变的个性特征。第三，分别从人口生育水平变动和人口死亡水平变动的影响因素着手，深入分析西藏人口转变的发生机制。此部分以调查研究和田野考察所得的数据和资料作为支撑，包括：对西藏有关部门、西藏城乡居民、专家学者等进行的访谈；对西藏城乡居民进行的问卷调查；以及在西藏部分地区开展的田野调查等。第四，讨论人口生育政策调整完善与西藏人口转变之间的关系，此部分研究基于与西藏有关部门座谈、对西藏城乡居民及专家进行访谈所得的资料来开展。在此基础上，借助人口预测模型对西藏人口转变进行不同参数假定下的场景分析，以期对西藏人口转变可能的不同发展趋势及其影响进行预期。第五，分别分析西藏人口转变的经济社会效应，这部分研究主要基于使用宏观统计数据的数理模型以及对西藏城乡居民的调查资料来开展。第六，根据上述研究的阶段成果，提出相关建议。

研究技术路线如图 1-1 所示。

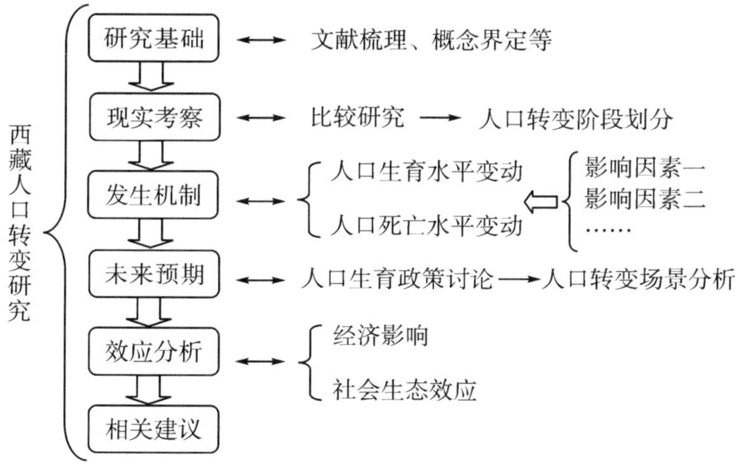

图 1-1 西藏人口转变研究技术路线图

本书主要在量化分析的思维框架下展开，主要研究方法是调查研究法。具体来说，一是使用宏观统计数据对西藏人口转变的现实情况进行描述，并归纳和总结其特征；二是基于通过问卷调查、座谈、访谈等手段收集的数据、资料等分析西藏人口转变的影响因素；三是在对西藏未来人口变动进行场景分析时进行人口变动趋势预测；四是在分析西藏人口转变的社会经济效应时借助计量经济模型来开展分析。

本书所使用的主要调查资料包括：第一，研究团队于 2010 年参与另一项有关西藏人口问题的课题研究时，在西藏自治区获取的调查资料，包括对相关部门的访谈和座谈资料、相关部门提供的数据资料等；第二，有关部门于 2014 年在西藏全区范围内开展的一项关于西藏育龄妇女避孕节育的问卷调查资料；第三，2014 年 10 月、2016 年 8 月、2017 年 8 月至 10 月、2018 年 3 月、2019 年 5 月及 8 月研究团队在西藏自治区获取的调查资料，包括与相关部门的座谈、对拉萨市堆龙德庆区和城关区等地居民的访谈、与数十名研究西藏社会经济发展的专家学者进行交流的资料等；第四，由西藏大学主导、西南财经大学参与的 2017 年、2018 年拉萨市农牧区民生发展调查数据。除了上述调查资料外，本书还使用了各类宏观统计数据、政府工作报告等公开资料。总之，研究团队近年来所掌握的有关西藏人口和社会经济发展的诸多素材，以及相关部门、其他研究团队大力支持提供的相关资料，是研究得以顺利开展和完成的有力且必要的支撑。

第三节　研究创新与不足

人口转变理论是人口学研究领域的重要理论，就这一理论对现实的解释能力和结果而言，学界已有普遍共识。因此，研究某一区域的人口转变，从研究视角、理论机制或研究手段方面进行创新，并非易事。然而，由于各国或各地区禀赋条件、发展基础等存在差异，不同区域间的人口转变也可能表现出一些个性特征。西藏是中国的民族自治地区之一，虽然目前关于西藏社会经济发展的研究已不在少数，但是还未见针对西藏人口转变的系统性研究。本书的创新之处主要在于主题创新方面，即将西藏作为研究区域，尝试对西藏人口转变进行全面和系统的解读。

也正是由于西藏自然地理条件、社会经济发展状况等的特殊性，研究资料和数据的获取是较为困难的。在各种条件制约下，较大范围基于概率抽样的社会调查、较长时期的田野调查等的实施难度都非常大，即使公开统计数据的质量也可能还有待进一步评估。因此，尽管研究团队在数年的研究过程中注意对与西藏有关的数据和资料的收集和积累，但是研究素材的匮乏仍然是本书的主要缺陷之一。与此同时，由于本书侧重于应用研究，且研究团队对藏文化的理解还有限，因此在解读西藏人口转变发生机制时，未能非常深入地探析藏族文化在其中如何发挥作用，这也是本书在人口转变理论方面贡献不足的原因之一。

第四节　相关概念界定

本书将对以下几组主要概念进行界定，其他有关概念则在文中予以交代。

第一，西藏与西藏人口。本书所指西藏为中华人民共和国西藏自治区，因此所有关于西藏的数据描述和分析都以西藏自治区辖区为空间范围。需要说明的是，除西藏自治区外，中国的藏族聚居区还包括青海、甘肃、云南、四川的部分地区，且这些地区的居民同处于青藏高原之上，这些地区的社会系统具有相同的文化基因。因此，本书对西藏人口转变和经济社会发展进行总体描述的部分使用的是西藏自治区的有关资料，但来自西藏自治区以外其他藏族聚居区的相关调查资料也为本书的相关分析提供了支撑，特别是关于西藏人口转变发生机制讨论的部分。另外，本书所指西藏人口为居住在西藏自治区的常住人口，其中包括藏族、汉族和其他民族居民；由于藏族人口仍然是西藏人口的主体，因此西藏人口转变的主要内在动因依然在于西藏藏族人口死亡水平、人口生育水平的变动。

第二，人口变动与人口转变。人口不是一个静止的总体，而总是处于不断运动、变化的过程之中，人口变动包括人口自然变动（出生、死亡导致的人口数量变化)、人口迁移变动(人口在空间位置上的移动)和人口社会变动(人口社会构成的变动)等。人口转变虽然可以说是一种特殊的人口变动,但是其含义更具体且具有明确指向。本书中的人口转变是指由于社会、经济、文化、政策等多方面因素的影响,一个区域的人口死亡水平和人口生育水平由高降低,表现出人口死亡率、人口出生率从相对较高水平先后下降并最终维持在相对较低水平,同时对区域社会经济发展产生全局性影响的人口发展过程。

第三,人口生育水平与人口死亡水平。生育是男女两性结合繁衍后代的人口现象,是人口再生产中的一个重要环节;死亡是人生命的终结或生命周期的结束,也是最重要的人口现象之一。人口生育水平和人口死亡水平分别是人口总体中生育现象和死亡现象发生强度的表达。人口生育水平和人口死亡水平一般由相关统计指标予以反映。

第四,人口出生率、人口死亡率和人口自然增长率。人口出生率和人口死亡率分别是反映人口生育水平和人口死亡水平的指标之一。本书所使用的有关指标与国家统计局对有关指标的解释相一致。人口出生率是指在一定时期内(一般是一年)一定地区的出生人数与同期内平均人数(或期中人数)之比,其中年平均人数是指年初、年底人口数的平均数。人口死亡率是指在一定时期内(一般是一年)一定地区的死亡人数与同期内平均人数的比值,或与期中人数的比值。人口自然增长率是指在一定时期内(一般是一年)人口自然增长数(出生人数减死亡人数)与该时期内平均人口数之比。人口出生率、人口死亡率和人口自然增长率都用千分率表示。

第五,人口生育政策。人口政策是一个国家政策体系的重要组成部分,对社会经济的发展以及环境资源的合理利用有重大影响,多数国家和地区在不同的时期都有与相应历史阶段相适应的人口政策。人口政策在广义上包括人口生育政策、人口迁移政策、家庭发展政策以及少数族裔人口政策等;与之有所不同的是,狭义的人口政策,通常单指人口生育政策。本书所指的人口生育政策是指包括生育数量控制、出生缺陷干预、优生优育宣传及服务等在内的与人口生育有直接关系的人口管理与服务政策,是中国人口政策体系的组成部分。

第二章　文献综述

本书聚焦西藏人口死亡水平、人口生育水平变化所推动的人口转变过程，以及这一过程发生的动力机制及社会经济效应。人口学领域关于人口转变的研究成果颇为丰富，这为本书的研究奠定了理论基础，并从研究视角和思路方面带来了启发。本书依次按照人口转变概念、人口转变的动力机制、人口转变的影响、关于“后人口转变”的探讨、有关中国人口转变实践的研究、和平解放以来西藏人口变动和人口转变研究成果的顺序对相关文献进行梳理并简要讨论。

第一节　人口转变概念

人口转变是指人口变动中人口出生率和人口死亡率的相对演变过程，是以社会、经济条件的变化为前提，人口再生产模式由“高人口出生率、高人口死亡率、低人口自然增长率”的原始阶段（简称“高高低”阶段），经过“高人口出生率、低人口死亡率、高人口自然增长率”的过渡阶段（简称“高低高”阶段），转变为“低人口出生率、低人口死亡率、低人口自然增长率”的现代阶段的过程（简称“低低低”阶段）[1][2][3][4]。

国内外研究人员都将视角集中在各个国家的工业革命之后，以其后出现的人口出生率、人口死亡率、人口自然增长率变动为标志，探究人口再生产模式是如何发生变化的，探究人口再生产模式是否具有一些阶段特征以及其是如何演进的，阐明社会经济现代化进程与人口再生产两者之间可能存在的内在联系，形成了关于人口再生产模式发展变化规律的理论即人口转变理论。由于社会经济发展的过程可以说与人口发展过程具有非常紧密的关系，特别是与工业化和城市化进程之间，在微观层面人口转变理论用微观经济学理论来考察人口生育率的变化，在宏观上人口转变理论则运用发展经济学理论来分析人口变动过程。

20 世纪初，法国人口经济学家 Adolphe Landry（1909）提出了“人口的三种主要理论”的人口转变思想，并认为生产力是影响人口发展过程的主要因素[5]。随后 Knibbs（1917）用数学理论分析了人口波动的特征、影响因素等，初步描绘了“人口转变”的雏形[6]。到 1929 年美国人口统计学家 Warren Thompson 正式提出了人口转变（Demographic Transition）的概念，他以各个国家在 1908—1927 年的人口数据为基础总结了人口增长的模式，并尝试将欧洲人口转变的理论应用到对其他地区人口变动的解释中。按照人口的出生率、死亡率变动趋势和地区经济、生活水平，该理论将世界划分了三类国家：第一类主要是亚、非、南美洲国家，人口出生率和人口死亡率很高，缺乏对生育、死亡的自愿控制，人口随生活资料的增长而增长，人口自然增长率低；第二类主要是东欧和南欧国家及日本等，人口出生率、人口死亡率都开始下降，但人口死亡率下降速度快于人口出生率，将形成稳定或逐渐增大的人口自然增长率；第三类主要是北欧、西欧国家和美国，人口出生率、人口死亡率低，人口自然增长率从 19 世纪后半叶起逐渐降低，且将形成静止人口并最终达到人口下降状态[7]。

在此基础上，Landry（1934）进一步将人口发展的三个阶段分成“原始阶段、中期阶段、现代阶段”。其中，原始阶段中的生育是没有节制的，生产力发展水平低，经济发展缓慢，在经济因素的决定性影响下人口变化直接与食物供应成比例，即人口增长受生活资料的限制，经济因素主要通过影响人口死亡率来影响人口发展；中期阶段中生育率降低，生产力所能提供的生活资料已不限于维持最低生活，晚婚、不婚现象和节育措施的普及使得生育率降低；现代阶段中生育率和人口死亡率双低，经济发展已经达到较高水平，伴随着经济发展人类逐步地完成了生育观的重塑，自觉地控制家庭规模，生育率普遍降到较低水平[8]。

美国人口学家 Frank Notestein（1945）引进“转变”一词使得现代人口转变理论逐步完善，并同样按时间进程将转变过程划分为三个阶段。第一阶段：转变前期的人口，人口出生率和人口死亡率都保持在高水平上，高人口死亡率有时围绕着高人口出生率波动。第二阶段：处于转变中的人口，人口死亡率和人口出生率都开始下降，人口出生率的下降滞后于人口死亡率，人口自然增长率相对提高较快。第三阶段：已经完成转变的人口，人口出生率和人口死亡率都已降至低水平，人口死亡率相对稳定，人口出生率在波动中降到更替水平，甚至低于更替水平[9]。与 Landry 不同，Notestein 将人口死亡率的下降作为他分析人口转变的重要起点，对人口转变的原因特别是生育率下降的原因进行了较为详细而合理的解释。

英国人口经济学家 Chares Blacker（1947）将 Landry 三阶段模型进一步分为五阶段模型：一是高位静止阶段，即人口总规模基本上保持静止不变，人口死亡率和出生率都保持在较高水平，并能够达到相对稳定的状态；二是初期扩展阶段，即生育率维持高位不变，随着生产力的发展人口死亡率下降，此阶段人口总规模会逐渐增加，且人口增长率也会逐渐加速，达到峰值；三是后期扩展阶段，即人口死亡率进一步下降直至最低点，人口出生率逐渐下行，人口总规模增长速度开始趋于平缓；四是低位静止阶段，人口出生率下降速度加快，再次与人口死亡率达到相对稳定的低位状态；五是衰退阶段，人口出生率和人口死亡率都非常低，由于青壮年相继步入老年，人口死亡率低老龄化严重，人口出生率低没有新人口补充，人口总规模呈逐步减小的趋势[10]。

人口学家 Ansley Coale（1958）根据印度的人口发展情况，认为人口转变历程可分为五个阶段：原始静止阶段——人口出生率和人口死亡率稳定在高水平，人口出生率基本稳定，人口死亡率周期性波动；前现代阶段——人口死亡率开始下降，人口出生率略有下降；过渡阶段——人口死亡率持续下降，人口自然增长率达到峰值；现代阶段——人口死亡率降到最低水平，人口出生率缓慢下降，人口增速十分缓慢；现代静止阶段——人口死亡率低而稳定，人口出生率水平与人口死亡率相当[11]。

西方人口学家提出的经典人口转变理论以 Landry 对欧洲人口变化过程的描述为根据，经 Thompson 对概念的使用，由 Notestein 丰富润色，以及由 Blacker、Coale 和 Caldwell（1976）[12]进一步发展而逐步形成。尽管学者们对人口转变的描述和归纳有所不同，但是大致可以分为以下四个阶段：第一个阶段，人口出生率高，人口死亡率高，人口自然增长率很低，人口平均预期寿命短，人口处于平衡状态。第二个阶段，人口死亡率出现了下降，而人口出生率居高不下，人口自然增长率上升。第三个阶段，人口出生率出现了下降，但下降幅度低于人口死亡率下降幅度，此时人口规模达到顶峰。第四个阶段，人口出生率和人口死亡率都下降到很低的水平，人口自然增长率低，人口重新达到平衡状态，人口平均预期寿命增加，人口质量显著提高（见图 2-1）。

到 20 世纪 60 年代，随着步入人口转变道路的国家增多，人口转变的区域异质性也逐渐凸显，经典人口转变理论遇到了挑战，例如：对转变历程的人口行为的解释似乎是民族中心主义的[13]，继而激发了学界对现代人口转变理论的补充与完善，重点探究人口转变的含义、标志[14]、成因和机制，提出了第二次人口转变理论[15]、新的人口转变理论（人口量质发展理论）[16]、低生育研究[17]等，但现代人口转变理论并没有超越经典人口转变理论的基本观点。

实质上人口转变理论是一种具有多视角、多层面和多维度的理论。从人口转变论的演变来看，其理论取向主要有两个：一个是从人口统计分析的角度展开对人口出生、死亡及其互动关系历史变迁的描述；另一个则是结合社会经济发展背景，从理解人口动态转变与社会、经济、文化因素的相互关系出发进行的阐释。两种取向在认识角度和判断标准上的不同，也是“人口转变”理论发展的一种反映（见图 2-1）。

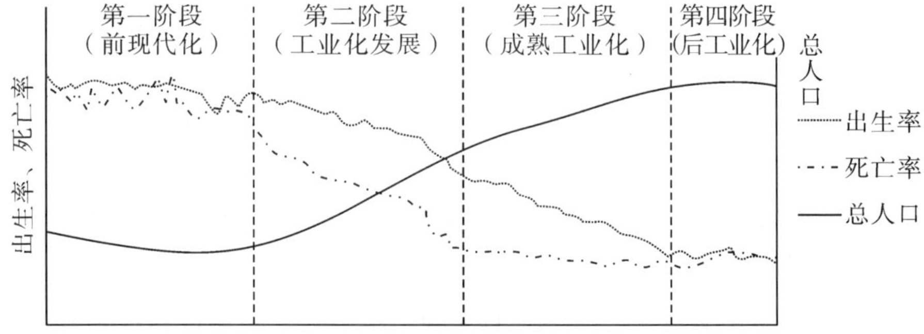

图 2-1　人口转变示意图[18]

第二节 人口转变的动力机制

人口转变是一个动态的过程，是多种社会经济因素综合作用的结果，人口转变的原因解释和动力机制是人口转变理论的重要内容，分析和阐释人口转变的动力机制有助于更准确地把握人口转变进程，从而为进一步分析区域人口变化和发展提供支持。人口转变发生的动力包括人口死亡水平由高变低和人口生育水平由高变低两个方面[19]。

一、人口死亡水平的变动

人口死亡率的下降是多种因素交织影响的结果，社会经济发展是根本性原因，医疗手段的进步是直接原因。由于农业、运输业、制造业的技术进步和产业发展，食物等物质的供给增加改善了人们的营养健康状况[20]。在非战争年代社会安定的情况下，经济复苏和技术进步使人们对气象、地震等自然灾害的抵御能力增强[21]。此外，公共卫生水平的提升，生活条件的改善以及生活方式的科学合理化、对流行病[22]等疾病的防御意识和医疗技术水平的提高都是推动人口死亡率由高变低的重要因素[23][24][25]。

二、人口生育水平的变动

人口出生率的下降较人口死亡率下降更晚，而导致生育率由高至低转变的因素也有很多。多数学者从经济视角出发发现，生产力水平的显著提高加快了技术进步，而在技术进步背景下对劳动力数量的需求相对减少，雇主更看重劳动力素质。侯东民（2003）从人口控制的角度切入并利用经济学消费理论中的“棘轮效用”分析了人口转变的动力，认为除了传统理论中只有社会经济发展才能最终稳定生育率水平之外，人口控制本身也会产生导致人口转变的经济学机制从而稳定生育率水平[26]。

从成本视角出发发现，随着子女抚育成本的不断攀升与子女带来收益的持续下降、老年人晚年保障水平的提高、夫妻双方生育子女机会成本的升高，生育率不断走低。Notestein（1945）认为，生育率下降源于养育孩子动机的改变[27]。Friedman（1994）提出了“子女价值”的概念，对于社会心理等方面的价值有更多的侧重。人们生育意愿深深嵌套于社会价值体系中，包括对社会连续性、成为父母的满意程度、爱情幸福、养育子女的成本及决策等方面的态度，发达国家与发展中国家的态度是不同的[28]。Caldwell（1981）指出，无论生育率高低，其背后一定隐藏着家庭在生育与成本利益之间的博弈，人们的生育数量取决于“代际财富流”流动的方向，它在本质上是由家庭生产决定的。在现代社会之前的传统社会中，幼辈的财富流向长辈，财富单向向上流动。但是，随着社会变迁及经济发展，长辈在子女身上的花费在很大程度上超过了在其身上所得到的，财富的流向开始转变为单向向下，这导致多生多育变成了一种不经济的行为。财富流向逆转的两个必要条件是家庭道德的变化和生产方式的变化，前者可能更重要。父母对子女在物质和情感上的投入得以增加是由这两个转变导致的，现代夫妻已认识到过多生育子女既是经济负担又是情感负担[29]。

从社会文化视角出发，婚姻家庭形式的变迁、人口迁移流动规模的扩大、生育观念的转变、文化风俗变化、社会网络和互动、女性教育等，都使得生育率下降[30]。Zelinsky（1979）指出工业化、城市化使大量年轻农村人变为城市人，年轻人易于接受新的婚姻生育观念，使得处于生育高峰的这一群体改变了保守的生育观念，最后导致生育率下降[31]。通过对欧洲国家 10 年数据的研究，Knodel（1979）认为生育率的下降是人们相互影响、学习的过程，生育率的下降很容易从某个国家或地区影响到有着共同语言、文化的相邻地区[32]。Bongaarts（1996）实证研究了人类发展水平和潜在生育率之间的关系，重点提出了“社会互动”的概念，并指出社会互动在个人、民间、关联国家三个水平上运作，行动者在三个水平上交换和评价信息会对生育率的下降时间和幅度产生影响[33]。此外，教育会间接影响生育率，受教育程度越高的妇女，越倾向于少生[34]。

第三节　人口转变的经济社会效应

关于人口转变效应的研究主要集中在人口数量变动与经济发展、人口年龄结构变动与经济发展、人口老龄化与产业结构转型等方面。

一、人口数量变动与经济发展

人口因素是决定经济增长最重要的因素之一，随着经济增长理论的不断发展和完善，学者们对人口与经济发展关系的认识逐渐深入。人口因素同经济发展之间具有双向影响，一方面经济发展结果会作用于人口增长速度及人口转变过程，另一方面人口因素也会对经济发展方式、速度带来影响。对于人口对经济发展是起促进作用还是阻碍作用，学术界一直存在争议，大致可以划分为三类观点：人口增长悲观论、人口增长乐观论、人口增长中性论。

1. 悲观论方面

马尔萨斯的《人口原理》最早提出人口数量的快速增长会对经济发展产生阻碍作用，马尔萨斯在全面分析人口同生活资料关系的基础上，指出两者的增长方式存在算数级数、几何级数的差异，这将直接导致人口数量增长更快，存在“马尔萨斯陷阱”，只有控制人口数量才能实现经济持续增长。Coale 和 Hoover（1958）认为下降的生育水平、低水平的人口增长有利于经济发展，而人口数量的迅速增长将产生贫困，也会抵消由技术进步和资本积累所引发的正面经济效应[35]。Nelson（1956）的研究认为发展中国家的人均收入同人口增长速度是同步提高的，这就致使发展中国家的人均收入又恢复到原有水平，因此在最低人均收入水平与人口增长率相等的人均收入水平持平时，两者间会陷入“低水平均衡陷阱”[36]。由此可以看出，人口悲观论者仅仅是从人口数量的角度来简单探讨其对经济发展的影响，特别地，这种理论强调“人口爆炸”带给经济发展的消极效应。但这种消极认识，并不能完全解释世界各国经济发展的实际情况。

2. 乐观论方面

1929—1933 年，西方发达国家出现了经济大萧条，经济发展中的一项重要议题就是需求问题，经济学家们逐渐注意到人口增长对经济发展的正向影响。Kuznets（1967）认为人口增长有利于刺激需求和投资，人口压力将刺激技术改进和新发明的产生，人口规模越大越成为形成规模经济的有利因素[37]。Simon（1981）认为人口增长对经济发展促进作用的发挥，依赖于制度、市场等机制的良好运转，适度的人口增长会促进规模经济效应、新技术的产生、政府加大基础设施建设投资力度等[38]。也有观点认为人的质量而不是自然资源或者资本存量决定了经济的发展水平[39]；人力资本能够产生内部效应，人力资本的外溢有利于提高劳动力和物质资本的生产率从而推动经济增长[40]。人口增长乐观论认为，人口作为一种生产要素，可以直接促进经济增长，但更多时候是通过影响其他要素来间接促进经济增长。总之，人口增长对经济增长的“乘数效应”表现在两个方面，一方面是伴随着人口增加，社会中消费人口的数量也增加，社会消费需求也会相应增加，从而影响经济发展；另一方面是新增人口使得教育、生活、住房等投资需求增多，进而影响经济增长。

3. 中性论方面

20 世纪 80 年代，由于跨国研究的资料越来越丰富，大量学者开始实证分析人口转变与经济增长之间的关系。很多学者在控制其他变量的基础上以跨国人均收入为解释变量来进行分析，发现人口数量的增长对经济发展并不存在明显的促进作用和阻碍作用[41]。美国科学院的人口学家和经济学家们在《人口增长和经济发展：政策问题》的研究报告中认为：①以前研究认为的由人口所引发的问题，实际上主要归因于其他因素；②人口增长和经济发展两者间既存在直接联系，也存在间接联系；③人口因素通过致使一些基本问题恶化，使其症状更明显、更早地暴露出来而发挥作用；④人口增长和人口规模对经济发展存在正、负两方面的影响。经济学家认为人口数量增加对经济发展具有中性作用，其背后的原因在于：一方面人口数量增长并不是影响自然资源消耗的直接决定因素，技术进步、储蓄等能够减缓人口数量增长过多带来的自然资源消耗速度；另一方面，人口增长对储蓄的负面影响尚未被学界证实[42]。

尽管学界就人口数量对经济增长是起促进作用还是阻碍作用存在争议，但是世界上同时存在人口密度高、经济发达或陷入贫困的国家。同时学者们也逐渐意识到制度条件对各国经济发展的促进作用。在这个认识的基础上，便能更好地理解人口因素与经济增长之间的关系[43]。一定程度上在合适的制度环境下，人口数量对经济发展就不再是负担。综合分析有关人口数量与经济发展的观点可以发现，学者们主要分析人口数量与经济增长的关系，其分析视角受时代影响较大。因此，有必要从长时期的角度、所处时期的制度环境来进一步审视人口变动对经济增长的影响。

二、人口年龄结构变动与经济发展

总体来看，传统经济学理论认可人口因素是影响经济增长的必要条件，人口因素对经济增长的影响具有不确定性、非独立影响性[44]。传统经济学研究通常假定人口变化是一个稳态增长的过程，仅仅关注人口数量、增长速度对经济增长的影响，忽略了人口转变过程中年龄结构的变化。从“高人口出生率、高人口死亡率、低人口自然增长率”向“低人口出生率、低人口死亡率、低人口自然增长率”的人口再生产类型转变的过程中，由于人口出生率、人口死亡率下降存在时间上的继起性，从而形成了三个年龄结构变化阶段，依次为高少儿抚养比阶段、高劳动年龄人口比重阶段、高老年抚养比阶段[45]。不同的年龄群体具有不同的经济行为，处于不同年龄阶段的人口对经济增长的影响存在差异性。学术界认为人口转变所带来的人口年龄结构变化，主要通过消费、劳动力供给、储蓄等方面来影响经济增长。

1. 人口红利与经济发展

从劳动力供给角度来看，在人口转变所形成的三个阶段过程中劳动年龄人口是有差异性的，在人口经济负担上升的第一、第三阶段，劳动年龄人口相较于总人口而言在一般情况下增长速度更慢；在第二阶段中人口经济负担下降，劳动年龄人口增长速度相较于总人口增速在一般情况下更快[46]。在第二阶段中，劳动年龄人口比重较高，社会总抚养负担较低，由于劳动力资源较为丰富，有利于提高劳动生产率，从而对一国经济产生正面的积极效应[47]。这就是所谓的“人口红利”，也有人称为“人口机会窗口”。在之后的研究中，有学者进一步将人口红利划分为第一人口红利和第二人口红利，第一人口红利就是前面所述的定义；第二人口红利是指在劳动年龄人口比重不断提高的特定人口转变阶段，具有经济理性的个人、家庭、政府，其根据对人口年龄结构预期的变化，合理安排生命周期内的消费和产出，表现为高水平的高储蓄率和资本供给数量[48]。

20世纪末，Bloom（1998）在对东亚人口转变过程和“东亚经济奇迹”进行研究的基础上，认为新古典经济增长模型并没有纳入人口年龄结构变动。劳动年龄人口比重高能够提供劳动和储蓄。在通常情况下，劳动年龄人口比重越高，越有利于经济发展。Andrew（2001）在深入分析东亚诸国人口红利与经济发展经验的基础上，提出良好的人力资源基础、劳动生产率的快速增长、高储蓄率等制度和政策环境有利于人口红利的实现[49]。本书通过梳理已有研究成果发现，人口红利主要是通过人力资本、劳动力供给来影响经济发展。

人口红利与人力资本方面。一方面，在人口红利期，人们的健康状况得以改善，人口预期寿命延长，这会对人力资本投资产生深刻影响。家庭抚养负担减轻，劳动年龄人口接受人力资本投资的时间更多；劳动年龄人口健康状况的不断改善，使其具有较高的生产力[50]。袁志刚（2000）研究认为中国人口年龄结构的变化使得中国城镇居民为子女提供更多的物质资本和受教育机会，以提高子女的人力资本水平[51]。另一方面，生育率降低、家庭规模缩小，女性从家庭生产中脱离，接受学校教育、职业再教育的机会更多，也推动了女性劳动力人力资本水平的提高[52]。

人口红利与劳动力供给方面。一方面，高少儿抚养比时期的出生队列成长为劳动年龄人口，这将会大大提高劳动力供给。如果劳动力市场存在足够的工作岗位，那么新增劳动年龄人口顺利进入劳动力市场，有利于提高人均收入，促进经济发展。Mason（2006）在人口红利理论的基础上，验证了劳动年龄人口的增加提高了生产性人口的比例，能够为经济发展带来“结构效应”[53]。另一方面，随着生育水平的降低、家庭抚养负担的减轻，女性的劳动参与率也大幅度提高[54]。Lindh（1999）认为劳动人口抚养负担的降低，促使更多劳动力从家庭中解放出来，向市场中的生产性经济活动转移[55]。

2. 人口转变的消费、储蓄效应

第二人口红利理论认为，人口年龄结构的变动将引起少儿抚养负担和老年抚养负担的变化，这在一定程度上能够改变生命周期消费和储蓄的配置。随着人口转变的深入，越来越多的学者开始探讨抚养负担同消费、储蓄之间的关系，并提出相关理论。

生命周期理论认为个人消费和储蓄的分配与个体所处的生命周期阶段存在密切关系，一般来说少年儿童、老年人的消费行为多于产出，劳动年龄人口的储蓄行为多于消费[56]。实证研究表明，总人口抚养比同储蓄率呈反比，而储蓄率直接影响经济增长[57]。此外，有研究表明，处于40~65岁年龄阶段的劳动年龄人口，其储蓄倾向最高[58]。Coale（1958）从宏观角度提出了“抚养负担假说”，该假说认为在人口转变的第一阶段，劳动年龄人口承担较重的抚养负担时，降低储蓄的行为会致使社会物质资本积累下降；在人口转变的第二阶段，经济活动人口增加，劳动年龄人口承担的抚养负担较轻，社会储蓄会增加；在人口转变的老龄化阶段，养老负担比较重，会削弱社会储蓄力度[59]。Leff（1969）通过实证研究发现高少儿抚养负担的国家，储蓄率往往较低[60]。Fry 和 Mason（1982）在生命周期理论、“抚养负担假说”的基础上，提出了“可变增长率效应”模型，以探讨抚养负担与国民储蓄率之间的关系。该模型认为储蓄率依赖于少儿抚养负担比的“增长倾斜效应”以及收入增长变化的水平效应，也就是说家庭在抚养子女阶段，会增加消费支出；在非抚养子女阶段，储蓄会随着收入的提高而增长[61]。Li 等（2007）提出迭代增长模型，该模型注重预期寿命对个人储蓄、消费行为的影响。一方面，预期寿命的延长，会增加个人老年阶段的生活风险，个体会在劳动年龄阶段选择更多的储蓄；另一方面，个体在老年阶段储蓄消耗速度大于积累速度。Li 等的实证研究发现，在引入预期寿命变量的情况下，抚养负担同储蓄、投资、经济发展仍具有负向作用[62]。

三、人口老龄化与产业结构转型

经济领域中的个人作为商品的消费者与需求者，其年龄结构的变迁会引起消费结构的差异，这种个体层面的转变通过累计叠加，会致使社会总需求结构发生变化，从而影响产业结构的转型升级。从经济学角度来讲，在生命周期的视角下，微观个体会基于效用最大化的原则来调整自身的消费和生产行为；在宏观层面上，人口群体的年龄结构转变势必会引起社会消费特征、生产模式的变化。学界关于人口年龄结构影响产业结构的研究主要集中在两个方面：一是从推动供给的角度来看，人作为社会中的生产者，年龄结构变动会影响劳动力供给的变化，从而使得推动产业升级的能力存在差异；二是从拉动社会需求的角度来看，人作为消费者，年龄结构的转变将引起消费结构的变化，从而致使拉动产业升级的能力有所差异。Siliverstovs 认为人口年龄结构通过需求路径影响产业结构转变是具有先验理论预期的，而通过供给路径影响产业发展的过程则具有不确定性[63]。

1. 生产视角方面

学者们主要是从劳动供给、劳动生产率变动两方面来就年龄结构变化对产业结构的影响进行研究。在劳动供给方面，Annabi（2009）研究认为由于人口年龄结构的逐步老化，劳动力供给不足现象明显，导致劳动力市场的平均工资提高，劳动密集型产业的用工成本也相应提高，最终导致经济市场中非劳动密集型产业的规模和比重不断扩大[64]。陈敦贤（2002）提出中国的人口老龄化趋势是在经济尚不发达的情况下出现的，面对老龄化的挑战，需要加快产业结构升级、调整，将劳动力数量优势转化为质量优势，同时积极发展老龄产业以改善供给结构[65]。在劳动生产率方面，Czaja（2007）研究认为个体在衰老的过程中，认知能力等会下降，从而影响个体的创新能力，也直接影响个体的劳动产出[66]。Asplund（2005）研究认为私人企业为高龄员工提供的在职正规培训较少，会影响高龄员工的工作效率[67]。Noda（2011）研究发现随着人口年龄结构的变动，有能力的员工数量逐渐减少，企业研发部门人力资本不足，从而影响了创新比率[68]。

2. 消费视角方面

学者们从理论、实证两方面对消费结构引起产业结构升级的作用进行了研究。在理论方面，非食品消费需求的多样化、消费结构趋于高级化，改变生产结构，促使生产服务得到纵深发展，有利于优化产业结构；在实证方面，基于扩展线性支出模型、投入产出模型等，学者们对消费结构与产业结构的关系进行了定量研究[69]。Volz（2008）的研究发现，在需求效应视角下，德国人口老龄化趋势有利于促进教育和健康产业的发展[70]。老年人口因其生理机能衰退，抵抗能力下降，对医疗保健和社会服务的需求将持续提高。何平平（2006）对中国经济增长、人口老龄化与医疗费用进行了实证研究，结果表明经济增长、人口老龄化将提高医疗费用支出[71]，加之老年人闲暇时间较长，对教育、文化、娱乐等服务的需求将明显高于其他年龄群体[72]。袁蓓（2010）研究认为人口老龄化导致了需求结构的变动，从而引起需求从第二产业向第三产业转移，尤其是老年医疗保健、家庭服务、娱乐业等产业将得到快速发展[73]。田雪原（2006）认为人口年龄结构的老化，使得老年人口成为总人口中的重要群体，其消费结构、方式发生变化，将引致社会中第三产业比重的提高[74]。

第四节　关于“后人口转变”的探讨

“后人口转变”（the Post-demographic Transition，PDT）概念最早在20世纪80年代被使用[75]。Reehard Leete（1987）指出人口的生育率水平在降低到一定程度并持续一段时间后，就可看作进入了“后人口转变时期”，并把东亚和东南亚国家归为进入“后人口转变”的国家进行讨论[76]。随着使用频率的增加，“后人口转变”开始得到国内外学者的认同，逐渐成为人口领域的专业名词，相关术语也应运而生。例如，后人口转变阶段[77][78]、后人口转变国家[79]、后人口转变时代[80]、后人口转变生育趋势[81]等。

一、关于中国人口转变是否完成的讨论

1. 认为中国人口转变已完成

20世纪90年代，国家计划生育委员会根据人口转变理论，结合中国人口出生率、人口死亡率、人口自然增长率和平均预期寿命等指标情况，运用人口统计的方法进行综合分析，判定中国已经完成了人口转变。此

后，部分国内学者认为人口转变完成之后将步入“后人口转变时期”，意味着传统人口转变理论将不再适用且传统人口转变理论存在局限性，为此需要发展新的人口转变理论。

李建民（2000）将人口转变完成之后人口将要步入的阶段归结为后人口转变时期，其特点包括以下两个方面：其一，人口结构性变动成为影响人口增长的关键性因素；其二，人口从低增长时代进入零增长时代。此外，他还将人口发展历程归为三个时期，展示了不同时期人口再生产的不同特征，并提到了新的世纪中国生育革命的进程，“动力来源不再是政府的计划生育政策，而是来自经济的发展和社会的现代化”[82]。

于学军（2000）认为传统意义上人口转变的完成并不意味着中国人口问题的解决，在后人口转变时期稳定低生育水平才是计划生育的主要任务，控制人口增长的计划已经成为过去式[83]。赵时亮（2001）在界定人口转变完成的标志后，提到中国在 20 世纪 80 年代已经完成了传统意义上的人口转变，目前已经进入了后人口转变时期。中国的后人口转变与先发人口转变国家相比，有着复杂性、超前性和政策性等特点。正确认识到中国已经完成人口转变，以及中国后人口转变的特殊性，将更加有利于我们认识中国人口的现状，从而便于我们在人口政策及相关社会经济政策中做及时调整[84]。持相似观点的还有孙文、张再生（2002）[85]等学者。蔡向东（2012）指出，应当审时度势把握好后人口转变时期的人口态势，积极调整生育政策，引导生育观念实现由控制人口数量到提升人口质量的改变[86]。朱国宏（2001）将中国人口转变也划分成五个阶段，并且认为中国已经到了第五阶段，实现了人口转变[87]。

2. 认为中国人口转变未完成

在 21 世纪初期，国内不同学者对中国是否已经完成人口转变、进入“后人口转变”时期的观点还存在一定的分歧。翟振武（2000）认为中国的人口转变尚未完成，人口转变不仅在人口再生产类型的各指标变化方面予以体现，也在社会、经济、文化等变化方面有所体现，是前人口转变时期向后人口转变时期的过渡。人口转变是社会转变的组成部分之一，由于发展中国家和发达国家所处的历史时期不同、国际环境不同、国情不同，所以发展中国家的人口转变过程与发达国家有着非常大的差异，也包括中国在内。既不能脱离中国国情来认识中国人口转变，也不能简单地仅从一些人口指标的变化做出结论[88]。

李建新（2000）认为传统人口转变理论既从人口统计的角度，利用人口出生率、人口死亡率和人口自然增长率等指标对人口的变化和形式进行描述，同时也对这些变化做出实质分析和解释。传统人口转变理论是人口统计描述形式与人口变化的本质解释的统一，因此判断人口转变是否完成仅考虑统计指标的变化是不充分的，而应当是形式与本质解释的统一[89]。

陈剑（2002）认为人口转变还应包括人口素质的变革，人口素质的提高是生活质量的提高所致，而生活质量提高则是现代化成果最直接的反映。他将现代化与人口转变相联系，运用现代化的相关指标衡量了城市的现代化和人口转变进程，并指出中国人口转变远没有结束，更谈不上进入后人口转变时期[90]。

叶明德（2001）指出中国人口转变完成论者仅根据设立的一些量化指标而做出中国人口转变“已经完成”的结论，基本上使用的是比较法或比较判断法，虽然从形式逻辑上来看这种方法是严密的，但是这种比较仅局限于人口转变的外部表现形式。即使这些比较指标有效、准确，但仅仅依靠对量的比较而未深入分析和考察内在机制就匆匆得出的结论，还是难以确保其可靠性和科学性。并且，过早宣布中国与西方发达国家一样都已进入“后人口转变时期”，不但在理论上经不起推敲，而且可能会误导实际工作[91]。

有学者对人口的出生率、死亡率、自然增长率和中国已完成人口转变论的观点进行考察后认为中国尚未真正完成人口转变[92][93]。李军峰（2002）从制度经济学出发来考虑，当个人行为产生负外部性时，需要政府出台相关制度使社会成本内部化，以实现集体理论。但是，制度必须符合个人理性且必须内部化，才能有效发挥作用。他认为中国的人口转变是在政府干预下进行的，所以判断中国人口转变是否完成必须考察在人口中是否完成了生育文化和生育观念的变革。因此，中国的人口转变尚未完成，因为生育率稳定在低水平的内在机制尚未形成，只有在生育主体自主选择的基础上达到稳定的低生育水平，才能说完成了人口转变[94]。

二、关于人口转变完成标准的讨论

探讨并界定人口转变是否完成的标准很有必要，因为它不仅有助于达成对中国人口转变是否完成的统一认识，而且对评判中国目前的人口状况从而制定和实施中国未来的人口政策具有重要的指导意义。

原国家计划生育委员会“中国未来人口发展与生育政策研究”课题组判定人口转变是否完成有两项标准，一是生育率是否下降至更替水平 2.1 之下（TFR<2.1①），二是人口出生时的平均预期寿命是否达到或者超过规定的老年人口年龄下限，即 65 岁。首先，他们认为中国的总和生育率在 20 世纪 70 年代为 6.0 左右，通过严格实施计划生育政策，到 20 世纪 90 年代初降至更替水平，之后进一步降低至 1.9 以下。其次，人口粗死亡率从 20 世纪 50 年代初的 17‰以上迅速下降到 20 世纪 70 年代中后期的 7‰以下。在人口死亡率和生育率转变的共同作用下，人口的自然增长率经历了由高到低的变化过程，从 20 世纪 50 年代的 20‰提高到 20 世纪 60 年代的 25‰以上，在 20 世纪 70 年代中期降到 20‰以下，1998 年已降到 10‰以下。中国的出生人口平均预期寿命则从新中国成立初期的 43.83 岁上升至 20 世纪 90 年代初期的 68.92 岁。最后，他们以发达国家的平均水平作为参照，将中国 20 世纪 90 年代的出生人口平均预期寿命、总和生育率以及人口自然增长率同发达国家平均水平进行对比，认为在这三个指标方面，中国在 20 世纪 90 年代已经分别达到发达国家 20 世纪 50 年代末 60 年代初、70 年代、80 年代的水平，从而得出了中国“在 20 世纪 90 年代末期完成了人口转变”的结论[95]。

选取中国和主要发达国家的出生人口平均预期寿命、育龄妇女总和生育率、人口出生率、人口自然增长率等指标，并设置比较基点，分析我国 20 世纪 90 年代在这些指标上对应的发达国家年份；如果发达国家在对应的年份上已经完成某一指标的转变，那么也可以认为中国在 20 世纪 90 年代也完成了这一指标的转变；如果所有指标都完成转变，那么可以判定整个人口转变完成。根据这种方法，李建民（2000）认为中国在 20 世纪末

① 在 1991 年联合国的研究报告中，低生育率的标准确定为 TFR =1.9 和 TFR =2.1。

已完成人口转变，并进入了一个新的时期——后人口转变时期[96]。

于学军（2000）将生育意愿和生育水平是否发生实质性变化作为人口转变是否完成的判断标准，认为中国人口在20世纪90年代的生育意愿和生育水平已经发生实质性变化，因此完成了人口转变，中国进入了“后人口转变时期”[97]。一个国家或地区的人口只要实现了“低低低”的现代人口再生产类型就可视为完成了传统意义上的人口转变。至于如何衡量“低低低”，应该是一个相对的概念[98]。

罗淳（2001）认为当人口步入“低位静止”阶段时，就意味着一次人口转变的结束同时另一次人口转变的开始，传统人口转变理论的“低位静止”阶段为后人口转变的起始阶段，与后人口转变进程形影相随的三大特征是低生育、负增长与高龄化[99]。向志强（2002）通过分析传统的人口转变三阶段、四阶段、五阶段模型，认为作为人口转变的评判标准应该是而且也只能是人口统计指标。社会经济因素作为人口转变的原因不应纳入评判依据中，并且将人口死亡率上升时出现的拐点作为人口转变完成的依据[100]。

葛小寒（1999）认为人口既包含数量也有质量和结构特征，如果只是从数量角度，利用相关统计指标和方法，那么得出人口转变是否完成的结论还值得商榷。她认为应当从数量、质量和结构上依照相关标准分别进行判定。在数量上，是否实现高人口出生率向低人口出生率、高人口死亡率向低人口死亡率、高人口自然增长率向低人口自然增长率的转变；在质量上，人口总体是否由低质量向高质量转变；在结构上，是否由不合理的人口结构转变为合理的人口结构[101]。叶明德（2001）的观点是，评估人口转变是否完成不能只考察人口状况的外部表现（人口出生率、人口死亡率、人口自然增长率的高低），还要同时看人口转变的机制（包括人口内部运行机制和外部制约机制）是否完成[102]。

从上述观点可以看出，学术界针对什么是人口转变完成的标准并没有形成统一的定论，有的学者是从人口统计指标的角度出发进行评判，并且对具体的统计指标选取又有不同的看法；有的学者则是从人口的发展阶段来考虑，或是将社会、经济、文化等因素也纳入考量。

第五节　中国的人口转变实践

人口转变的规律具有普遍性，但同时各个国家或地区由于自身的特殊情况又会具有不同的人口转变特征。就普遍性而言，人口转变完成之后将出现人口出生率的降低、劳动力供给逐渐减少、人口老龄化加剧、人口年龄结构老化等现象。而在特殊性方面，许多欧洲国家在完成人口转变之后，面临的主要是人口出生率持续下滑、总人口规模不断萎缩，进而影响经济社会长远发展的局面。中国在完成人口转变之后，仍将面临人口基数大、人口规模影响经济社会资源的可持续利用和发展等问题。因此，除了需要了解人口转变的含义和探讨人口转变的标准之外，还应对人口转变历程、转变模式、转变特点、影响因素、效应及人口转变的区域差异等方面进行研究，这对理解中国人口转变实践和实现人口转变过程中经济社会的协调和持续发展具有重要意义。

一、中国人口转变历程和阶段

关于中国人口转变历程的阶段划分，大致有以下几类：

一是两段论。中国人口转变历程可按照人口出生率和人口死亡率的动态变动划分为两大阶段：第一阶段是由人口死亡率变动主导，大约是在1949—1970年；第二阶段是由人口出生率主导，大约是从1970年至今，此阶段特征是人口死亡率已降到较低水平，并且人口死亡率保持相对稳定[103]。

二是三段论。这是国内比较普遍认同的一种阶段划分，借鉴Landry和Notestein的模型，结合社会经济发展背景考虑可将中国人口转变划分为三个阶段：分别是高出生、高死亡比较稳定和均衡的阶段；高出生、低死亡阶段；低出生、低死亡相对稳定阶段。根据Thompson的三大空间划分，中国的人口转变类型属于“亚洲发展中国家人口转变类型和日本人口转变类型的混合型”[104]。

三是四段论。中国人口转变历程按照人口出生率和人口死亡率的动态变动也可划分为四大阶段。第一阶段（1949—1957 年），高人口出生率和较低人口死亡率，人口规模扩展迅速。第二阶段（1958—1961 年），国家政治经济政策和大范围的自然灾害造成了大量的非正常死亡和生育的推迟，人口死亡率猛升，人口出生率剧降。第三阶段（1962—1973 年），人口年均增长率高，人口高速增长。第四阶段（1974—1997 年），人口出生率下降，人口死亡率基本保持在 7‰的低水平，人口规模扩展速度减缓[105]。胡华清、梁巧转等（1996）将经济发展和人口转变两个方面结合来观察，认为中国人口转变经历四个阶段：一是人口高位静止与停滞不前的经济阶段，二是人口压力与初期经济发展阶段，三是克服人口压力与快速经济发展阶段，四是人口低位静止与福利经济发展阶段[106]。

四是五段论。依据 Blacker 的五阶段模型，中国人口转变可以划分成五个阶段，即“高位静止阶段、初期加速阶段、中期扩张阶段、后期减速阶段、低位静止阶段”[107]，这也与朱国宏（1997）提出的五阶段划分比较接近[108]。李通屏、郭继远（2007）从生育政策的角度出发，也认为人口转变可以划分为五个阶段，分别是无生育政策制约的人口死亡率主导型阶段、城市有规定而农村无政策阶段、全面推行“晚、稀、少”生育政策阶段、生育政策向一孩紧缩并予以严厉实行阶段、生育政策稳定发展阶段[109]。

五是六段论。以人口统计数据为基础，1949—1997 年中国人口转变被分为加速增长、负增长、高速增长、减速增长、波动增长、低速增长六个阶段[110]。

二、中国人口转变的模式及特点

中国的人口转变模式与西方发达国家自发式的人口转变有所不同。宋瑞来（1991）引入“诱导性生育率转变”观点，把世界各国人口转变类型分为自发性和诱导性两种类型，指出中国属于诱导型人口转变[111]。李建新（1994）将人口转变放在现代化理论框架下进行分析，认为人口转变类型、人口转变过程的不同，会表现为现代化道路的不同。他提出现代化有内生型现代化和外生型现代化两条不同的道路，据此认为各国的人口转变可以分为外生型现代化国家的人口转变和内生型现代化国家的人口转变，而外生型现代化国家人口转变的共同特征是国家政府“干预”人口转变，而且都是以人口死亡率迅速下降为开端。日本、中国、印度都属于外生型现代化下的人口转变[112]。杨子慧（1998）认为人口转变理论具有普适性，而差别在于人口转变的途径不同，将西欧国家最初的人口转变称为“自发式转变”模式，而将第二次世界大战后发展中国家的新情况称为“诱导式人口转变”模式，认为中国的“三结合”体现为“综合型人口转变”模式，将其称为第三种人口转变途径或模式[113]。王涤（2000）认为西方发达国家的人口转变是“先发展后节育”模式，中国等发展中国家的人口转变是“先节育后发展”模式，认为应该探索人口转变的第三条道路，即“节育与发展同步推进”模式[114]。李树茁等（2011）从性别偏好视角研究了中国人口转变的模式，结果显示中国人口出生性别比伴随着生育水平和性别偏好的动态变化而呈现出上升、高位徘徊的阶段特征和下降的趋势[115]。

刘秀莲（1991）认为中国人口转变模式有三大特点：人口出生率和人口死亡率下降的突变性、政策的强控性、波动的必然性[116]。李建新（2000）提出中国人口转变有六大特点、九大风险。其中，六大特点为快速转变性、干预诱导性、不稳定性、不平衡性、不彻底性、不安全性[117]。刘泰洪（2001）认为中国人口转变有转变的时间短、地区发展不平衡、政策干预性强、不稳定性的特点[118]。

三、影响中国人口转变的因素

中国的人口转变过程是多种因素共同作用的结果。首先，国家的生育政策是最直接的诱因[119][120]。其次，现代化推动和社会发展，如经济、城市化水平提高等是间接诱因[121][122]。最后，文化、制度和技术等行为及其动力机制承载着中国人口转变的内核[123]。无论是经济因素、社会文化因素，还是技术、制度等因素，都可以包含到现代化的内涵当中。所以，从根本上来说，可以将影响中国人口转变的因素统归为社会经济因素和计划生育政策这两个方面，中国人口转变是由这两方面因素的动态变化共同推动的。

从政策法规视角出发，中国的计划生育政策推迟了初婚年龄，通过转变家庭人口生育决策进而改变生育模式使生育率迅速降至低水平，对中国人口转变起着显著的作用[124][125]。从医疗技术视角出发，避孕技术的推广减少了意外怀孕的生育行为，堕胎技术的发展降低了非意愿生育[126][127]。

四、中国人口转变带来的影响

中国人口转变可能带来的影响包括：生育率下降、人口零增长、人口负增长后果和人口衰减、性别比失调、人口老龄化、劳动力短缺、人口结构失衡、人口迁移流动、人口城市化、人口生态压力、人口红利等[128]。从积极和消极两个方面来把握中国人口转变带来的影响，对政府管理经济和社会发展具有极其重要和深远的意义。

一方面是积极影响。提及中国人口转变对经济发展的积极影响，除了使中国人口总量得到了有效控制是最直接的影响外，还有必要讨论“人口红利”的相关理论。于学军（2003）提出人口变动过程中会形成一个有利于经济发展的人口年龄结构，即少儿抚养比与老年抚养比在一个时期内都比较低的局面，并会持续较长一段时间，这段时期就被称为“人口红利”或“人口机会窗口”[129]。王颖等（2013）基于省级面板数据就中国人口转变对经济发展的影响及省级空间效应进行了实证研究[130]。王金营（2010）利用 1978—2007 年中国人均 GDP、城乡居民人民币储蓄存款、少儿负担比、老年负担比、总负担比的数据，着重对中国人口转变中，年龄结构变动对于经济增长产生的影响进行了实证分析，以证明人口红利的存在并揭示它的具体作用[131]。

另一方面是消极影响。“老龄危机”其实是人口转变所必然引致的一个人口后果，是人口转变中的两个基本要素——人口死亡率与人口出生率相继下降从而造成的人口年龄结构老化。从发生时间上来看，人口转变与人口老龄化并不同步，人口老龄化的显现总是较人口转变更晚，而且人口转变对人口老龄化的影响在不同的演进阶段有着不同的表现[132]。人口转变完成之后，由于人口发展存在惯性，相比人口转变过程中的人口老龄化速度而言人口老龄化速度将更快。所以，必须从思想上对人口老龄化问题真正重视，实现人口政策和人口工作的重心从控制人口数量向数量与结构并重转变，并尽快完善中国的养老保障制度和医疗保障制度改革[133][134]。曹东勃（2011）认为，中国人口转变和老龄化将会从四个方面对社会结构与经济发展产生深层次的影响，包括劳动力人口年龄结构的老化以及适龄劳动力人口在数量上的不足、促使社会需求结构和消费结构朝向与人口年龄结构对接、改变传统养老模式及凸显国家对于老年人社会保障的职能、人力资源跨区域流动等[135]。薛继亮（2014）发现，人口出生率、劳动力占比、人口增长率、少儿抚养比、老年抚养比等人口变量对人均经济增长的影响方向不一致，说明人口转变对中国经济增长的冲击还处于一定的转折期，但是技术进步可以维持经济可持续发展[136]。

五、中国人口转变的区域差异

由于中国各地区社会经济发展水平的差异和各地区人口政策实施力度、效果的不同，中国人口转变存在区域差异，主要可以归纳为两个方面：其一，东中西部、省、自治区、直辖市间的差别；其二，城乡间差别[137]。尹勤（1998）通过对人口出生率、人口死亡率曲线的研究，将1949 年以来的中国人口转变进程划分为四个不同的阶段，并采用聚类分析方法分析了人口转变进程在全国各省、市、自治区间的差异[138]。梁宏（2002）同样采用该方法，从总和生育率、平均预期寿命和人口自然增长率三个方面综合了中国 1990 年各地区的人口状况，将各地区按人口转变完成程度进行了归类，并与按生育率转变完成程度的地区划分进行对比，将30 个省、市、自治区分为四类。结果显示，两种地区类型划分有较大的一致性[139]。李建民（2001）和王金营（2001）的做法也与此类似[140][141]，通过对各省份的人口出生率、人口死亡率和人口自然增长率的聚类分析，从定量与定性两个方面论述，把中国人口转变分为都市、东部、中部、西部和西藏五种模式。

第六节 和平解放以来西藏的人口变动与人口转变

一、西藏人口数量变动

改革开放40余年来，西藏人口数量呈现稳定的增长趋势。事实上，西藏人口数量自1953年以来就开始持续增长，而人口死亡率下降、年龄性别结构变动、早婚现象和较高的人口生育水平则是人口数量增长的主要动因[142]。尽管总体上西藏人口增长态势明显，但是分民族人口数量变动却表现出不同的趋势，民族内部生育率波动与族群迁移造就了不同民族之间人口数量的差异性表现[143]。此外，未来的西藏人口数量或将继续均衡且稳定增长，无论是短期预测还是长期预测结果都显示未来西藏人口结构将逐步优化，人口红利预期时间段较长，人口数量增长更为合理[144][145]。

总体而言，从数量上来看西藏人口发展具有以下特征：第一，社会经济不断发展促使西藏人口数量逐年增长、人口寿命增加、人口生活质量与水平提升[146]；第二，西藏人口已经实现了从传统型人口向现代型人口的转变，人口出生率、人口死亡率、人口自然增长率转向“三低”①，西藏人口转变特征显现；第三，西藏人口的“低生育水平”已经实现，但已婚育龄妇女面临的避孕、节育等诸类问题尚待解决[147]。

二、西藏人口自然结构变化及人口转变

关于西藏人口自然结构的研究多基于最近三次的人口普查（第四、五、六次人口普查）数据展开。

西藏人口性别比从20世纪末期的低于100逐渐攀升至当前的正常水平。20世纪末的相关研究表明，西藏人口性别构成具有人口性别比低于100、性别构成民族性、性别比缓慢爬升三大特点[148]。仅就藏族人口来

① “三高”是指高人口出生率、高人口死亡率和高人口自然增长率，“三低”是指低人口出生率、低人口死亡率和低人口自然增长率。

看，1950 年之后的数据显示西藏藏族人口性别比长期呈现低性别构成特征①，在 1950 年到 1990 年间表现出缓慢爬升的变化。根据“四普”数据，西藏藏族人口性别比偏低的原因在于人口出生性别比和婴幼儿性别比偏低，西藏的地形地貌以及气候特征可能是其中的诱因[149]。“六普”数据显示，2010 年西藏人口性别比已上升至 105.69[150]。此外，西藏不同地区或年龄段的人口性别结构存在差异，林芝的人口性别比较其他地区偏高；山南与林芝的出生婴儿性别比正常，其余地区在正常水平上下波动；劳动年龄人口性别比多地失调，婚姻挤压社会问题存在；老年人口性别比偏低[151]。

在年龄构成方面，西藏人口结构最突出的特征是劳动力资源丰富。截至“六普”时，西藏 15 岁~64 岁人口占总人口的比重达到 70.53%，相比“五普”时上升了 6.48 个百分点，西藏劳动力资源供给丰富的同时也面临着巨大的就业压力[152]。劳动年龄人口比重上升的同时，西藏少年儿童比重下降，老年人口比重上升，其中乡村人口较城镇人口老化严重、抚养负担重等地域性的年龄结构问题也备受关注[153]。

关于西藏人口红利的研究主要存在以下两种观点：第一，依据人口普查数据认为西藏人口红利期是在 2010 到 2030 年期间，这一时期总人口抚养比最低，劳动年龄人口供给充足，当务之急是加大对西藏人口教育资源的投入，提升人口科学文化素质与人力资本存量[154][155][156]。第二，西藏的人口红利研究“尚处于起步阶段并存在局限”，未来对于西藏人口红利的关注点应落脚于西藏人口红利的存在基础与前提、政策效应与作用机制等方面[157]。

相较于国内经济发达地区，西藏人力资本存量明显不足，人力资本弹性系数过低，这拖累了经济的内生效益增长，牵制了地方经济的发展[158][159]。西藏“基础教育发展严重滞后，教育性人力资本积累存量严重不足”，这造成人力资本的投入产出效率过低[160]。应对西藏人力资源发展面临的困境，应保持城镇化建设、工业化进程同人力资本投入开发的一致

---

① 低性别构成一般是指人口性别比低于 100 的性别构成，是指在人口总体中男性人口数量少于女性人口数量所显示的一种性别结构关系。

性，对基础设施进行优化建设，开拓人力资源市场，以及推动人力资本结构与产业结构协同发展[161][162][163]。

尽管“六普”数据显示西藏目前并未迈入老龄化社会，但是“个别民族已经成为典型的老年型人口，局部地区也呈现出老龄化形态”[164]。分城乡观察西藏人口养老问题发现，城市老年人的长期养老照护主要依靠配偶，其次才是子女，而社会经济地位会影响城市老年人得到的长期照护与个人精神健康[165]；西藏农牧区家庭存在较强的代际互动，家庭中青年依赖长辈对其传授农业生产和畜牧的经验与知识，老年人则依赖子女对其进行赡养。西藏农牧区养老基础差、养老水平低、传统消极观念阻碍（“吉度”① 互助与“福利依赖”）等成为养老弊病[166]。

西藏社会保障制度建设始于 1987 年，此后农牧民养老保障体系建设的有关问题得到了较多关注，如汪治国（2009）认为构建西藏农牧民的养老保障体系需从制度体系的基本原则、总体思路、框架体系、动力机制等多方面入手来综合考虑[167]；杨斌等（2014）指出，进一步完善新农保制度，加大政府财政补贴从而提高农民的养老金水平，能更好地“提高农村养老保障水平、促进消费”[168]。西藏社保体系也存在一些问题，如经济总量小、社保制度建设基础差、专业人才稀缺、管理手段落后、城乡差别较大、资金筹集渠道单一等[169][170]。

西藏于 2014 年完成了新农保和城市居民养老保险并轨，这“标志着西藏统筹城乡居民基本养老保险制度改革进入具体实施阶段”[171]。可见，在西藏人口老龄化的法律应对方面，自治区的地方立法优势能够在当地老龄人口地方性养老保障法案与规章制度的制定过程中展现[172]。《2015 年西藏自治区国民经济和社会发展统计公报》显示，截至 2015 年年底西藏参加企业职工基本养老保险的人数为 15.6 万人，城乡居民社会养老保险人数达到 141.04 万人。

三、西藏人口社会结构的变化

西藏人口社会结构的发展变动则比自然结构更为复杂多样，包括婚姻

① “吉度”是藏文音译词。

家庭结构、人口民族构成、文化和教育结构、就业结构等。

"一妻多夫""一妻一夫"和"一夫多妻"婚姻结构的家庭在西藏都存在，关注"一妻多夫"婚姻结构的研究最多。"一妻多夫"婚姻存在的问题表现在女性权益的缺失上[173]，但这种婚姻结构是一种长期性、习惯性的形式，其背后存在着自然、社会经济、历史文化等诸多原因，可"有条件承认一妻多夫婚姻的必要性并建立相关的立法条款"[174]。对于"一妻多夫"婚姻结构，有学者将家庭发展变迁过程、人口增长、婚姻变动等要素融入其中进行研究，也有研究对其原因和影响等进行解释与补充说明[175][176]。此外，西藏人口的婚姻状况还有以下特点：一是"配偶率偏低、未婚率偏高，初婚年龄过高，不婚率高"[177]；二是结婚形式多样化，已婚藏族妇女的生育观念比汉族人口更加先进，绝大多数藏族妇女采取内部结婚形式，外部形式①占少数[178]。

西藏人口的家庭结构变动受多方面因素的影响，"人口的迁移流动、城市化、家庭人际关系、妇女地位提升"等都会作用于西藏人口家庭结构的变动[179]。近年来，随着社会现代化水平的提升，西藏的家庭规模也显现出小型化特征，"六普"数据显示2010年西藏家庭户均人口数为4.23（较2000年减少0.52），核心家庭也逐渐成为西藏家庭的主体构成部分。

尽管藏族人口占主体地位，但是西藏人口的民族种类有50多个，西藏仍是多民族聚居区。根据"六普"数据，2010年"藏族人口为271.64万人，占90.48%，汉族为24.53万人，占8.17%，其他少数民族为4.05万人，占1.35%"，"藏族人口由'五普'的242.72万人增加到2010年的271.64万人，10年间增加了28.92万人，增长了11.91%，年均增长1.13%"[180]。人口较少民族②在西藏人口民族构成中也具有重要意义，有学者对西藏人口较少民族的社会和经济发展缓慢的现状进行了研究并找到了原因所在，并据此提出了相应的解决途径与对策[181]。

西藏和平解放前基于寺院主体的宗教教育在和平解放后被现代学校教育所取代，人口文化结构与教育结构随之改变[182]。"六普"数据显示，西

---

① 内部结婚形式是指在家里举行的结婚仪式，外部结婚形式是指家庭内部以外的结婚仪式。

② 人口较少民族是指总人口在10万人以下的民族，中国共有22个民族属于人口较少民族。

藏不同年龄段受教育人口的数量较“五普”时均有所上升，10 年间西藏人口受教育程度的迅速提高与国家重视对西藏地区教育事业的发展分不开，在受教育人口数量增加的同时其教育质量也同步提升，人口的文化程度逐年攀升。虽然人口文化和教育结构趋于优化，但是也有研究注意到 2000 年西藏人口粗文盲率下降速度较之前而言过慢，同时在现有文盲人口未扫除时又有新文盲产生的情况也不容乐观[183]。

西藏人口就业结构的变动在一定程度上反映了西藏经济的发展情况。在 20 世纪 80 年代时西藏劳动者以从事农业活动为主；在 20 世纪 80 年代到 20 世纪 90 年代期间因教育事业得到发展西藏文化行业的从业人口大大增加，同时藏族专业技术人员数量增加，汉族专业技术人员数量在该时期下降；在 20 世纪的最后十年，西藏人口中汉族与藏族的专业技术人员数量均呈下降趋势，“西藏地区的制造业与第二产业萎缩”，多数劳动人口开始转向从事第三产业的工作[184]。从就业结构来看，西藏农牧业人口比重过高对西藏产业结构升级、经济发展造成了很大阻碍。劳动力受教育程度不高以及文化、职业技术水平过低是主要原因，劳动力转移缓慢是问题的主要体现[185]。

有研究将 1965 年以来的西藏人口城镇化历程划分为三个阶段，分别是“快速增长期（1965—1980 年）、连续波动时期（1981—1989 年）、稳步发展时期（1990 年至今）”。当前西藏城镇化水平过低且与全国其余省区差距拉大，仍处于起步阶段，虽速度缓慢但后发优势明显[186]。2015 年年末西藏城镇化率为 27. 74%，远低于全国的 56. 1%。

西藏城镇化发展还有以下特征：第一，人口城镇化进程中的城乡差异明显，“发展禀赋条件、公共资源、政策制度、人力资本、整体经济落后”都是差距逐步拉大的原因[187]；第二，城镇化具有当地特色，即包含了“非城镇化”与“本土化”的特性，该特性“决定了西藏将采取以‘非城镇化’为主的经济发展路径和‘本土化’的区域城镇化路径”[188]；第三，人口城镇化与人口非农化存在较强的相关性，人口非农化是人口城镇化进程的“加速器”[189]。

关于西藏城镇化路径选择的观点有不同侧重，主要有以下几种：一是强调投资的作用，认为国家须加大对西藏城建的投资力度，缩小西藏与全国其他省份的城市化进程的差距[190]。二是强调发展旅游业，认为应依托旅游业推进“生态文明城镇建设”，将旅游经济模式作为较为理想的城镇化发展路径[191]。三是强调人力资本，认为应借鉴国内外经验，通过“高品质定型”“人口集聚和就业转移统一”、智慧城市概念以及高品质公共服务等来吸引更多的人力资本[192]。四是强调产业构成，认为西藏“第三产业比第二产业更能影响城镇化进程”，因此应将“能够吸纳更多劳动力、促进就业的产业结构服务化”作为西藏新型城镇化的发展动力[193]。五是重视公共财政的作用，认为只有明确公共财政在西藏城镇化建设中的职能定位，才能“避免财政职能在新型城镇化中的越位和缺位”[194]。

四、西藏人口素质的提升

和平解放和民主改革给西藏带来了翻天覆地的变化，西藏人口素质也得到了明显提升。关于西藏人口素质的研究多数集中在人口科学文化素质与人口身体素质方面。

1. 人口科学文化素质

西藏在民主改革后现代教育体系得以逐步建立。虽然得益于教育事业的发展西藏人口的科学文化素质不断提升，但是与中国其他地区相比仍处在较低水平，其原因主要在于地理环境恶劣、宗教文化观念影响、人力资源与教育资源分配失衡、历史遗留问题等[195]。现阶段西藏教育主要存在现代教育起步晚基础弱、教育思想和内容有敏感性且政治色彩较强、特殊文化环境、教学环境恶劣等四个方面的问题，问题的解决需要多方共同努力，除了在经济与物质上的资助外，西藏更需要建立符合自身发展特色的教育体制与机制[196]。总体而言，西藏人口科学文化素质的提升对区域内整体经济态势、经济结构转型、地区区划经济发展都有正向推动作用，可进一步加大教育投资、改进教育体制机制、引进优秀教育人才和制定相应的激励机制[197]。

在不同角度与视域下，西藏人口的科学文化素质呈现出多元特征。其一，西藏的职业教育发展与中国其他地区有较大差距，职业技术人员技能水平低、缺乏相应的师资力量等是当前西藏职业教育所面临的问题[198]。其二，从性别差异视角来看，新中国成立后藏族妇女受教育程度大幅上升，但仍不及藏族男性人口。藏族女性的受教育时间与家庭经济收入呈正相关，父亲的学历水平也影响着家庭中藏族妇女的受教育机会，此外藏族女性的教育地位还存在城乡差异[199]。对此，社会应对西藏妇女目前受教育水平低、受教育机会少、妇女接受中高等教育需求人数增多等问题予以关注[200]。其三，西藏人口受教育水平与人口健康存在密切关联。由于人口健康资本会影响个人、家庭收入和社会经济发展，因此将藏族人口受教育年限纳入政绩考核、使援藏资金重点援助人口教育与健康问题、提高西藏农牧区人民与相关医疗人员的福利与薪金都是可行的[201]。

总之，西藏的现代教育体系涵盖了从学前教育到高等教育再到特殊教育等多个层次，这对于西藏现在及未来人口的科学文化素质的全面提升、人口的现代化发展都具有积极意义[202]。

2. 人口健康和身体素质

西藏地处高寒、缺氧、强紫外线、干旱缺水的贫瘠地带，当地人口的生命健康会受到恶劣环境的侵蚀。高原特殊环境下的慢性疾病如“高血压、心脏病（当地人称为高心病）、肺心病、多血症和肺炎等”在西藏人口中较为常见；此外，西藏农牧民的生活习惯、饮食习惯以及生活条件等内部与外部因素（生吃肉食、蔬果匮乏、饮酒、烹饪习惯等）容易造成疾病感染，对人体健康构成威胁[203]。为了进一步提升西藏人口的健康水平和身体素质，西藏于 2008 年启动了为期三年的“人口健康促进拓展行动”，来“探索基本公共健康服务均等化的区域发展模式和适宜运行机制”[204]。

不同人口群体的健康和身体素质也受到关注。一是农牧民。西藏农牧区人口的健康意识、对公共卫生知识的认识以及对相关卫生服务工作的了解不足，坚持以健康权利维护为主线条是西藏人口卫生事业工作的重点[205]。二是大学生。一方面，西藏大学生的生活习惯与健康状况之间存在关联，特别是健康知识水平与个人身体素质之间关联显著[206]；另一方面，西藏大学生与中国其他地区的大学生在身体机能、体态等各项生理指标方面存在差异性[207]，有必要加大对西藏学校体育设施的建设和体育教学课程的推广[208]。

3. 人口心理健康

关于西藏人口心理健康的研究主要是针对当地的学生群体来开展。对于西藏大学生来说，心理健康的性别差异（男生心理健康状况优于女生）、城乡差异（城市大学生心理健康状况优于农牧区）、民族差异（藏族学生心理健康状况优于汉族学生）的显著性很强[209]。藏族大学生的心理健康与社会文化适应存在相关性，社会文化适应性好的藏族大学生心理更健康[210]。此外，高校的心理课程设置及其教学模式对西藏大学生的心理健康同样会产生影响，在西藏开设心理健康教育课程对提升藏族大学生的心理健康水平、促进藏族大学生全面、健康地发展有积极的作用[211]。西藏中学生的心理健康状况也不够理想。相关调查结果显示，在样本总体中"70.3%的藏族中学生存在不同程度的心理健康问题，心理健康问题发生率高于国内其他同类研究结果"，西藏当前的社会、经济、文化剧烈变迁形成的"文化震荡"是中学生群体心理健康受到影响的主要原因[212]。

五、西藏人口迁移、流动与分布

把握西藏人口流入与流出活动、人口迁移与分布变化，能更好地分析动态人口活动对西藏社会主义市场经济发展的影响，对监测人口流动规律、实施西藏人口宏观调控、引导当地人口有序流动迁移与分布、优化流动人口的人力资源与物质资源配置、强化地方人口管理等都具有重要意义[213]。受制于特定的自然与地理环境，西藏的人口迁移与流动虽然在和平解放后有所增多，但是却多发生在西藏内部。总体来看，西藏人口迁移可划分为四个发展阶段，即解放初期迁移、社会经济发展期迁移、人民自治人口迁出期、改革开放时期迁移[214]。根据人口普查数据，西藏流动人口具有净流入、规模小、发展迅速、教育程度和生育水平低等特点[215][216]。作为西藏人口主体的藏族人口表现出东向流动的特征，这种特征具有多项积极意义，包括增进民族交流与增强民族凝聚力、加强省际间人口与经济联系、进一步践行中央政府的治藏策略等[217][218]。从空间上来观察，西藏的人口分布变动由"一江两河"地区的"单中心阶段"转变为"多中心向心集聚阶段"[219]。

六、西藏人口、资源、环境与可持续发展

西藏拥有丰富的野生动植物、水体和矿产资源，"不仅是东南亚、南

亚地区的‘江河源’和‘生态源’，还是中国乃至东半球气候的‘启动器’和‘调节区’”[220]。由于生态环境存在易损性且自我恢复能力不强，西藏的资源、环境的承载力十分有限。

有研究指出了西藏资源环境在承载人口发展中存在的问题，如牧业人口与牧草资源失衡、森林资源与人口发展饱和、水体资源受工业排污威胁、人口城镇化破坏生态环境、人口科学文化素质过低环保意识淡薄、粗放生产经营牺牲环境、人口贫困加重环境退化等[221][222][223]。但也有相对乐观的判断，如认为西藏的人地关系逐步从“中度失调衰退”过渡为人地关系的“良好协调发展”，表明西藏人地关系进一步走向和谐[224]。

“生态可持续发展是保障人口与经济社会可持续发展的前提条件”，是构建“和谐西藏”的内在要求[225]。因此西藏应在社会经济发展的同时确保人口与资源、环境的可持续发展。可能的途径包括：第一，在制度建设方面，可推进“立法、执法、司法、守法”四个环节的地方法制环境建设，运用法律思维和法律手段监管和保护自然资源及生态环境，“以立法程序来建立西藏可持续发展的影响评估制度”[226]。可用“生态环境的立法与制度创新”来规制资源开发生产过程中的不合理行为；用“生态补偿制度创新”与“生态环境保护与建设的管理制度创新”来缓解人地矛盾和人口与资源环境的不和谐关系[227]；用完善且合理的“双重环境约束机制”使外部与内部约束机制共同发生作用进而维护西藏生态环境保护体系正常运行、人口与资源环境和谐共存发展[228]。第二，在人口管理与服务方面，进一步提升人口素质，增加对教育资源与医疗卫生资源的投入，强化“西藏传统文化中‘戒杀’及‘利他’的思想”作为生态环境保护的道德基础[229]。第三，在经费保障方面，地方企业与政府应“充分利用好西藏的财政税收支持政策，采取建立生态保护基金、征环境税、加大对环境建设的投入等积极措施”[230]。

关于西藏人口转变的研究较少。已有的相关研究主要分为两类，一类是对西藏人口发展脉络或特征的总结，如央宗等（2003）对西藏和平解放前后以及第五次人口普查时期的人口发展特征和变动趋势进行了描述和分析[231]；石人炳、石玲（2014）基于第六次人口普查对西藏流动人口的特点进行了分析和归纳[232]。另一类是研究西藏人口转变的影响，如何景熙、李艾琳（2006）通过分析普查资料对西藏人口转变中的人口红利问题进行了探讨[233]；李艾琳（2006）以第四、五次人口普查数据为基础对西藏人口发展进行预测，并分析了西藏人口转变过程中劳动适龄人口的变动情况及其影响[234]。

西藏是中国的固有领土，中国学者对西藏的关注和研究未曾缺失过。然而，或许是受特殊区位和自然地理条件的影响，中国关于西藏人口发展的研究却并不算多，相比中国总体或其他地区非常丰富的人口发展研究文献，反差明显。即使是国外有关西藏人口发展的文献，也有不少未充分尊重客观的历史事实，或存在不良动机。换言之，考虑到西藏鲜明的民族人口特征、相对滞后的社会经济发展现实以及特殊的生态条件及地位，无论是出于理论探索需要还是实践发展需要，对西藏人口发展（包括人口与社会、经济、资源、环境之间的关系）的研究都可以说是大有可为，对西藏人口转变进程进行系统研究也很有必要。

第七节 简短评论

人口转变理论作为人口学领域一项成熟的理论，对包括发达国家和发展中国家以及一些地区人口变动过程中特定阶段的规律进行了清楚阐释。就目前已有关于人口转变理论以及中国人口转变实践的研究成果而言，大致有以下几个方面的特点：

第一，人口转变的直接表现形式是人口死亡率、人口出生率依次由高降低，这一点具有普遍共识。人口自然增长率变动背后的核心是人口生育水平、人口死亡水平的变化，把握清楚人口生育水平和人口死亡水平下降的规律、原因等，是研究人口转变的关键。可以说，现代意义上的人口转变，外在表现就是人口死亡率、人口出生率的依次下降以及由此带来的人口增长和人口年龄结构变化，内在本质就是人口生育水平下降、人口死亡水平下降及其背后的动因。

第二，人口转变的动力机制也就是人口死亡水平和人口生育水平变化的动力机制。就人口死亡水平下降来说，这是人类的普遍追求，随着人类文明的进步以及特定区域社会经济的发展，人口死亡水平表现出普遍下降的趋势，只是这一过程开始的起点以及下降的低点有所差异，特定区域人口的年龄结构也对此有所影响。就人口生育水平下降的原因来说，不同视角的研究结论有所不同。基于微观视角的分析强调生育决策及其制定过程以及避孕节育技术的推广使用，基于宏观视角的分析则强调经济增长、经济结构变迁、城镇化、技术进步、家庭变迁等因素在抑制生育方面的作用。总而言之，已有研究对人口生育水平的变动及其原因的解读较关于人口死亡水平下降及其原因的分析更为丰富，这也是人口“生育行为”和“死亡行为”固有差异的一种体现。

第三，人口转变最直接的效应体现在人口系统之中，即在人口转变过程中的人口增长和人口年龄结构变化。人口转变对区域社会变迁、经济发展的影响，也可通过人口系统的这些变化间接予以实现。人口转变的经济效应，主要体现在人口数量变动、人口年龄结构变动对经济增长的影响方面，尽管关于影响机制的分歧依然存在，消费、投资、储蓄、生产要素投入等被纳入到了不同的分析框架中；同时也体现在人口就业结构、产业发展以及关于人口增长对于可持续发展的意义方面等。与经济效应的有关研究相比，关于人口转变社会效应的研究相对较少。

第四，人口转变既然是指人口变动过程中的某一特定阶段，其完成与否就值得讨论，“后人口转变”概念随之而来。中国学者关于“后人口转变”的讨论比较丰富，这些研究的出现是基于对中国人口转变进程的观察，具有非常鲜明的实践基础。有学者对“后人口转变”时期人口发展的主要特征进行了描述，对于在更长时间尺度上讨论人口变动具有非常强的指导意义。由于对判断人口转变“完成与否”的标准存在分歧，如人口出生率和人口死亡率指标变动情况、人口增长情况、生育行为模式转变、社会经济发展综合情况等分别被认为是可以参考的标准，因此各项研究对中国人口转变是否完成也得出了不完全相同的结论。事实上，判断一个区域人口转变是否完成，确实与判断标准有最为直接的关系；若要判断一个区域人口转变是否完成，或者识别该区域人口转变进程的发展阶段，那么明确标准是前提。本书认为，就对于人口转变是否完成的判断而言，既要看指标（人口出生率、人口死亡率）的变化情况，也要看人的行为特别是生育行为是否发生了实质性变化，这两者都是必要条件。具体来说就是若下述两点实现，则可认为人口转变完成：①在人口死亡率先下降、人口出生率随后下降之后，“低出生、低死亡”的格局稳定形成，“低出生”是指与“高出生”时期相比出生率更低，“低死亡”是指与“高死亡”时期相比死亡率更低；②人口生育意愿较传统的“多生”发生根本性转变，生育“一孩或两孩”成为多数居民的主动选择。

第五，除了关于“是否完成”的讨论之外，关于中国人口转变实践的研究成果也非常丰富，包括人口转变的历程和阶段、人口转变的模式和特点、人口转变的影响因素、效应以及区域差异等。这些研究视角不一、结论各异，对中国人口转变进程进行了非常全面、深入的剖析，为人口转变理论的丰富做出了中国贡献。其中，关于中国人口转变进程阶段划分的研究也为本书提供了可以参考的素材，本书认为，不能用人口转变指代区域人口变动的全过程，人口转变具有特指性，从形式上来看：①人口出生率、人口死亡率处在相对（与下降后相比）较高水平且人口死亡率、人口出生率均未明显下降时，人口转变其实尚未真正启动，为与以前的研究保持一致，将此阶段理解为人口转变的“第一阶段”或“准备阶段”；②人口死亡率先下降，人口出生率尚未明显下降，这属于人口转变的“第二阶段”或“初级阶段”；③人口死亡率继续下降或保持在低位，人口出生率显著下降，这是人口转变的“第三阶段”或“高级阶段”；④人口死亡率维持在低位或小幅上升（人口老龄化导致），人口出生率降低并绝对稳定在低位（与下降前相比），这是人口转变的“第四阶段”或“收尾阶段”。

第六，虽然不如全国性人口方面的研究丰富，但是关于和平解放以来西藏人口变动的研究也不少。由于历史原因，和平解放前关于西藏人口变动的情况主要是从各类史料中搜集，关于人口的专门性研究较少，和平解放以及后来的民主改革，为加强西藏人口信息采集和人口专门研究提供了更好的条件。关于西藏和平解放以来人口发展的研究，所涉及的面非常广。无论是包括数量、结构、素质、迁移流动在内的人口自身变动，还是人口与社会系统、自然系统之间的关系，现有文献都有谈到；无论是对人口变动的趋势分析或现象解读，还是对人口发展中所出现问题的预防或应对，抑或是对人口发展有关理论的构建，现有文献也有所涉及。尽管如此，专门针对西藏人口转变的系统性研究还不够充分，将西藏人口转变作为研究对象的成果非常少，对西藏人口转变的发生机制及其影响的进一步探讨也需要更多的实证支持。

如上所述，由于西藏在自然地理条件、历史文化等方面具有一定的特殊性，对西藏人口转变特别是对影响西藏人口生育水平和人口死亡水平变动的因素进行研究，有利于人口转变发生机制的相关理论以及中国少数民族人口转变研究体系的进一步丰富和完善。本书基于西藏人口转变的现实状况总结其阶段性特征，着重分析西藏人口转变的动力机制即人口死亡水平、人口生育水平变动的内在原因，对西藏未来人口转变可能的趋势及其社会经济效应进行适当预期，从而把握人口转变在西藏未来社会经济发展中的角色，并基于源自人口视角的研究结论提出促进西藏社会经济发展的相关建议。

第三章　关于西藏人口转变的现实考察

研究西藏人口转变必须以西藏的现实情况为出发点。和平解放以来西藏社会经济发展不断取得进步，人口转变过程也正式启动。在西藏发展过程中关于人口的数据及研究成果逐步积累并不断丰富，全国和其他地区人口变动的经验资料也提供了可进行比较研究的素材，这些为分析西藏人口转变过程的一般特征和个性特征提供了条件。本书首先就民主改革前西藏的人口变动情况进行概述，这有利于保证关于西藏人口变动情况讨论的完整性；其次重点描述民主改革以来西藏人口的自然变动情况并将西藏人口转变过程与全国人口转变过程进行比较，总结西藏人口转变的特点；最后基于西藏人口转变的现实情况对本书的理论分析框架进行阐释。

第一节　民主改革前西藏人口变动概述

在民主改革以前，尽管从中央到西藏地方都做过一些有关人口信息的调查和统计，但总体来说调查目的和范围各异，所获得的人口信息也非常有限。因此，从文献和史料中仅能获得一些关于藏族聚居区人口数量、家庭规模等的基本信息，而对于具体反映人口转变的人口出生率、人口死亡率等指标的变化则难以确切掌握。就民主改革前西藏各历史时期而言，本书着重就吐蕃时期和元朝时期这两个西藏历史上人口变动趋势变化关键时期的西藏人口情况进行讨论。

在公元六世纪前后，青藏高原上有诸多氏族和部落组织，统一的地方政权还未建立，因此并没有人口调查和统计的条件。当时，后来建立吐蕃政权者松赞干布的父亲囊日松赞在征服其他部落的过程中，通过武力征服获得奴隶并接受投降部落献上户籍，以及后来分赐土地和奴隶，历史文献对此有零星记载[235][236]。据此及相关资料，《中国人口·西藏分册》估计公元六世纪前后西藏地区（包括蕃国、苏毗、羊同、东女等）人口共计85万人~90万人[237]；《中国西藏人口五十年》估计公元六世纪西藏有人口90万人[238]。

吐蕃时期有明确记载或许也是唯一一次户口清查是在公元654年由大论东赞（禄东赞）主持的，目的是为征发兵丁劳役、征集兵马粮草提供基础性依据，其实质是为应对战争而采取的一种赋税形式做前期工作[239]，但文献中并无对具体清查地区和清查结果的直接记述。据《敦煌本吐蕃历史文书》记载，吐蕃政权在公元654年之后还进行了数次人口信息调查，目的主要是清查兵丁数量或战争人口损失情况[240]，这些调查都基于“红册”进行，虽然调查目的明确，但是零散的记录并不能提供出具有参考意义的有关西藏地区的人口数字。

对吐蕃王朝时期的人口数字存在争论，其中不少研究都基于文献中关于吐蕃当时行政区划和人口状况的记载进行估计。据《贤者喜宴》之《吐蕃王统》函和《五部遗教》之《大臣遗教》等记载，松赞干布时期吐蕃区域被划分为五茹和六十一个“桂东岱”（军事千户所）。五茹大体包括了卫藏全部以及康区部分地区，其中的乌茹（74万人）、约茹（70万人）、叶茹（70万人）和如拉（72万人）“四茹”各设十个东岱，共辖有人口286万人；苏毗茹（孙波茹）设十一个东岱，此外在五茹之外的上、下羊同（象雄）地区各设五个东岱[241]。基于“四茹”共286万人口的记载及其他相关史料，《中国人口·西藏分册》估计吐蕃王朝强盛时期西藏地区总人口在386万人（包括象雄地区共十东岱约50万人、孙波茹30万人和门巴人及珞巴人20万人）[242]；《中国人口史》估计八世纪末吐蕃极盛时期本民族（包括侵占地区）的人口数为310万人[243]；《中国人口地理》估计吐蕃王朝建立后生产力快速发展，总人口在300万人，但只有不超过80万人在今西藏自治区范围以内[244]。此外，还有研究用吐蕃士兵数量估算人口数，如《藏族史略》认为唐初吐蕃人口在二、三百万人之间[245]。可见，已有研究对于吐蕃昌盛时期西藏地区人口数的估计并无统一结论，但多集中在300万人左右。

吐蕃王朝之后，青藏高原经历了数百年的割据时期，完整的人口信息调查与统计便没有可能。可以确定的是，在连年战乱格局下，西藏人口自吐蕃王朝时期的峰值开始衰减，人口规模逐渐缩小。从文献可知，自蒙古势力进入青藏高原之后，进行了一些有关人口信息的调查和统计，可用于估计西藏人口情况的资料才得以掌握。

公元1252年蒙古势力进行了一次大范围的人口调查。《元史・宪宗本纪》记载"二年壬子春正月……是岁，籍汉地民户"[246]，即蒙哥即大汗位后第二年进行了人口普查，范围则是"汉地"。《元史・宪宗本纪》还有"元年辛亥夏六月，……命皇弟忽必烈领治蒙古、汉地民户，……，以和里䴙统吐蕃等处蒙古、汉军，皆仍前征进"[247]的记述，可以看出吐蕃应是纳入汉地范围的。因此，蒙古势力于公元1252年进行的人口普查范围应包括藏族聚居区。关于这次人口普查，也有其他文献予以佐证[248][249][250]。此次调查由蒙哥汗发起，目的是在即位初期强化统治和分封土地，并且还派僧人参加以确保实地调查工作的顺利和高效，由此推断此次调查的范围应为当时蒙古势力在藏族聚居区实际统治之区域。遗憾的是，相关文献中未见关于此次人口调查的结果。

不少研究认为公元1260年忽必烈在元朝进行过一次户口清查，但对有关调查或人户数信息进行更具体说明的并不多。有研究提到，忽必烈派达门等官员入藏，据说以一个冒烟的烟孔为一户，规定了当地每年应赋税和贡物数量并设立了驿站[251]。然而，根据文献分析[252]，忽必烈所派官员在1260年到西藏地区并非真正进行了全面的户口清查，更可能仅是通过局部调查了解所设立驿站周边的人户信息，而"以冒烟的烟孔为一户"的调查方式对获取人口信息的作用也极为有限。

元朝于公元1268年对西藏地区进行了一次大范围的户口清查。忽必烈主导下的元朝对藏族聚居区进行的此次户口清查，具体操办人员和范围大致清晰，调查所得藏族聚居区人口数据也是相对最确切的[253][254]。据《正法源流》记载，戊辰年（即1268年）释迦桑波受命为"卫藏三路军民万户”（本钦），并任命了 13 个万户长[255]。可见，元朝可能在此次户口清查之前就已掌握藏族聚居区基本的人户信息，1268 年的这次户口清查进一步明确了 13 个万户的划分和构成，最根本的目的是要完善元朝中央对西藏地方的治理体系。

虽然一般认为元朝分别在公元 1260 年、1268 年之后还在 1287 年进行过一次户口清查，但是也有研究认为元朝在公元 1287 年只是对 1268 年的户口清查结果进行复查和统计[256][257]。《汉藏史集》记载，“此年之后二十年，即火猪年（公元 1287 年），由大衙署派来的和肃与乌努汗二人，与本钦宣努旺秋一起，按照大清查的规定，统计了户口”[258]。可见，在公元 1287 年确有一次元朝对西藏地区的户口清查，但文献所记载的户口清查方法则实为 1268 年人口调查时所用。

据《西藏佛教发展史略》《五世达赖喇嘛传》所记述 1268 年西藏地区户口清查的各万户所辖属民户数为：拉堆洛万户为 1 990 户，拉堆绛万户为 2 250 户，曲弥万户为 3 003 户，夏鲁万户为 3 892 户，绛卓万户（后设），羊卓万户为 750 户，止贡万户为 3 630 户，蔡巴万户为 3 700 户，帕木竹巴万户为 2 438 户，雅桑巴万户为 3 000 户，嘉玛哇万户和甲域哇万户共有 5 900 户（各一半），达垄巴为 500 户，此外散居属民还有 1 400 户[259]。由此合计为 32 453 户，若按当时户均人口 6 人计算应为 194 718 人。《汉藏史集》所记述的西藏 1268 年人口调查的结果相对详细，“清查的结果纳里速古鲁孙与乌斯藏四茹的户口共计 36 453 户”[260]，仍按户均人口 6 人计算总人数为 218 718 人。可以看出，两组数字相近，也有可能后者是前者的扩展，或前者在统计时有漏记。

元朝对于藏族聚居区人口调查的范围“实际上仅限于卫、藏地区，且不包括萨迩和不隶万户、千户的佰巴、单巴等贵族所属民户，也不包括喇嘛人数，至于西部的纳里速古鲁孙（阿里地区）、南方的门域、路域和东部的昌都地区，则不在清查范围之内”[261]。关于调查对象，一般认为公元 1268 年对藏族聚居区的人口调查不包括牧民和僧人[262]，因此不能将上述数字理解成西藏人口总数，它仅是估计元朝时期西藏人口总数的参考[263]。但《汉藏史集》记述调查方法时说“按照规定建立的万户，都划分出六个千户为教民”，说明具体数字的记录时却又出现“教民”和“农牧民”，因此关于调查是否包括僧人和农牧民，仍有待进一步明确。

尽管有文献提到公元1287年之后中央政府因各种原因也在西藏进行过户口清查，但是关于西藏人口总量的估计几乎都是基于上述资料进行的，如《跨世纪的中国人口（西藏卷）》估计元朝西藏人口略多于63.57万人；《中国人口史》据史料估计公元1290年前后藏族地区（包括青海、四川西部以及西藏）居民为78万人，在今西藏自治区的范围约有50万人[264]。元朝时期由于中央政府开始对西藏进行管辖，社会生产等有所恢复，西藏人口衰减的趋势也得以改变。

从13世纪至18世纪，西藏先后经历了元、明、清时期，其间，虽然中国封建统治者和西藏地方管理层更替，但是西藏的政教合一制度却始终如一，西藏人口总量也缓慢增长。清朝1735年前后在西藏的人口清查结果显示“共百姓12.81万户，喇嘛31.62万人”，以此为基础并结合相关资料，《跨世纪的中国人口（西藏卷）》据此估计18世纪西藏共有人口94.47万人[265]。

明清时期之后，西藏的人口虽保持增长，但增长率始终极低。有文献引用西藏自治区统计局《西藏社会经济统计年鉴》的数据显示，到新中国成立之初西藏共有人口105万人，与1737年相比增加了10.53万人；从1952年到1959年，西藏总人口又由115万人增长至122.8万人[266]。

综上所述，若从吐蕃王朝时期开始观察，西藏历史上人口变动的总体情况可以概括为三个阶段：一是高速增长时期，基本上是吐蕃王朝建立和强盛时期，疆域扩充，人口繁荣；二是大幅减少时期，基本上是从吐蕃王朝瓦解到西藏纳入元朝版图时期，分裂割据，连年战乱；三是逐步恢复时期，基本上从元朝管理西藏开始至西藏民主改革之前，西藏结束分裂由中央政府治理，人口衰减趋势得以终止，人口总量开始缓慢增长。总之，在民主改革以前，西藏人口数量曾大幅波动，直到民主改革西藏的人口再生产才真正开始恢复。

第二节　民主改革以来西藏的人口数量及年龄结构变化

民主改革之后中央政府对西藏人口信息的调查和统计不断加强，特别是数次人口普查和年度人口变动调查的实施，使西藏人口方面的相关资料不断得到丰富。由于西藏人口转变过程主要是由人口出生率、人口死亡率的变化来体现，且人口转变的效应在人口系统上主要是以人口数量和人口年龄结构的变化表现出来，因此本书主要从西藏人口数量变化、人口年龄结构变化、人口出生率和人口死亡率变化等方面来对西藏人口转变进行现实考察。对相关数据来源进行如下说明，下文涉及的图表中不再备注：1959—1990 年年末人口数取自《跨世纪的中国人口（西藏卷）》第 19 页；1991—1994 年年末人口数取自 1992—1995 年《西藏统计年鉴》；1995—2016 年年末人口数取自《西藏统计年鉴（2017）》；1965—1989 年人口出生率、人口死亡率和人口自然增长率数据取自《跨世纪的中国人口（西藏卷）》第 36 页；1990—1994 年人口出生率、人口死亡率和人口自然增长率数据取自《中国人口与就业统计年鉴（2017）》；1995—2016 年人口出生率、人口死亡率和人口自然增长率数据取自《西藏统计年鉴（2017）》；2017 年数据取自《2017 年西藏自治区国民经济和社会发展统计公报》；普查时点西藏与全国人口年龄结构数据取自历年《中国人口与就业统计年鉴》。

一、西藏人口数量变化

自民主改革以来，西藏人口数量呈现出稳定增长的态势（见图 3-1）。首先，西藏人口大幅增长。1959 年，西藏人口数量仅为 122. 80 万人，到 2017 年已增加至 337. 15 万人，58 年间增长了 214. 35 万人，累计人口增长幅度是 1959 年人口总量的 1. 74 倍。其次，西藏人口的增长表现出稳定性。除了 1994 年西藏人口较上年没有增加之外，其他年份西藏人口增长率都为正数。最后，从 1959 年起，西藏人口增加第一个 100 万人是到 1992 年实现的，用了 33 年时间；从 1992 年起西藏人口再增加 100 万人则只用了 23

年，到 2015 年已完成（见表 3-1）。

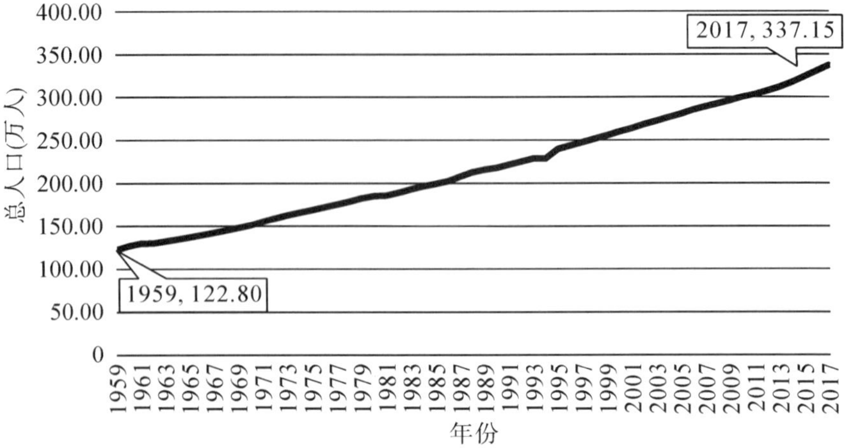

图 3-1　1959—2017 年西藏人口数量变动趋势图

表 3-1　1959—2017 年西藏总人口数量　　　　单位：万人

年份	总人口	年份	总人口	年份	总人口	年份	总人口
1959	122.80	1974	166.12	1989	215.91	2004	276.35
1960	126.98	1975	169.11	1990	218.05	2005	280.31
1961	129.87	1976	172.40	1991	221.78	2006	285.08
1962	130.17	1977	175.56	1992	225.27	2007	288.83
1963	132.38	1978	178.82	1993	228.88	2008	292.33
1964	134.67	1979	182.69	1994	228.88	2009	295.84
1965	137.12	1980	185.28	1995	239.84	2010	300.22
1966	139.67	1981	185.96	1996	243.70	2011	303.30
1967	142.41	1982	189.25	1997	247.60	2012	307.62
1968	145.16	1983	193.14	1998	251.54	2013	312.04
1969	148.05	1984	196.68	1999	255.51	2014	317.55
1970	151.20	1985	199.48	2000	259.83	2015	323.97
1971	155.38	1986	202.49	2001	263.55	2016	330.54
1972	159.28	1987	207.95	2002	268.24	2017	337.15
1973	162.92	1988	212.91	2003	272.16	2018	343.82

西藏人口数量稳步大幅增长是多方面原因共同作用的结果，综合来说最主要的原因有三个方面：

第一，社会主义建设带来的制度红利。民主改革带给西藏的不仅是社会主义制度，还包括由此而来的生产力的大幅提升，以及居民物质生活水平的大幅提升和医疗卫生条件的大幅改善。相应地，西藏人口再生产开始真正恢复，人口也步入稳定增长轨道。第二，援藏工作和发展带来的跨省人口迁入。自援藏工作开展以来，不少其他省（区、市）各类干部、人才到西藏支援建设，有的人就留在西藏生活；同时，在社会经济发展过程中西藏自治区的市场经济不断发展完善，从其他地区到西藏进行经营、交流、就业的人员也逐渐增多。人口净迁入也是西藏人口增长的原因之一。第三，人口转变带来的人口增长。人口转变过程意味着人口死亡率、人口出生率先后下降，这期间会出现人口大幅增长的阶段。民主改革之后，西藏人口发展在历经一个过渡阶段之后开启了人口转变进程，人口自然增长率在一段时间内保持在较高水平，人口增长也就相应出现。

从指标值计算来看，西藏人口数量变化的直接原因是已有人口总量、人口出生率、人口死亡率的变化。从人口自然变动和机械变动的基本规律来看，西藏人口数量变化所呈现出的稳定增长态势，是制度改革、市场经济和援藏工作等因素带来的人口迁入以及人口转变带来人口增长这几个方面的综合结果；若从对西藏人口增长数量贡献和人口发展规律的角度来看，西藏人口转变无疑是其中最显著的影响因素。

二、西藏人口年龄结构变化

由于缺乏部分年份西藏分年龄组的人口调查和统计数据，因此对西藏人口年龄结构变化的分析主要是基于 1982 年第三次人口普查以来特别是 20 世纪 90 年代前后至今的西藏人口年龄结构数据进行。

20 世纪 90 年代前后以来西藏人口年龄结构总体变化不大，大体分为两个阶段（见图 3-2）。第一阶段：1989 年至 2000 年，此阶段西藏 0~14 岁人口占比保持在 30%左右，最高为 1995 年的 35.39%，最低为 1991 年的 28.96%；15~64 岁人口占比保持在 65%左右，最高为 1991 年的 64.11%，最低为 1993 年的 59.51%；65 岁及以上人口占比保持在 5%左右，最高为

1991 年的 6. 93%，最低为 1999 年的 4. 08%。第二阶段：2001 年至 2015 年，此阶段西藏人口中 0~14 岁人口占比保持在 25%左右，最高为 2001 年的 27. 31%，最低为 2009 年的 19. 76%；15~64 岁人口占比保持在 70%左右，最高为 2009 年的 73. 24%，最低为 2001 年的 66. 51%；65 岁及以上人口占比保持在 5. 5%左右，最高为 2009 年的 7%，最低为 2011 年的 4. 82%。总体来说，近 30 年内西藏人口年龄结构变动表现出的主要特征是少年儿童占比下降和劳动年龄人口占比上升，老年人口占比则基本保持稳定。

一般情况下，一个区域 65 岁及以上人口占比超过 7%则被认为进入老龄化社会。就西藏的人口统计数据来看，65 岁及以上人口占比除在 2009 年触及 7%外其他年份皆低于 7%，且自 2010 年以来均保持在低于 6%的水平。因此若按此标准考虑，西藏人口年龄结构还处在相对均衡的状态，人口老龄化目前还不是人口发展面临的主要问题，西藏当前还未步入老龄化社会。

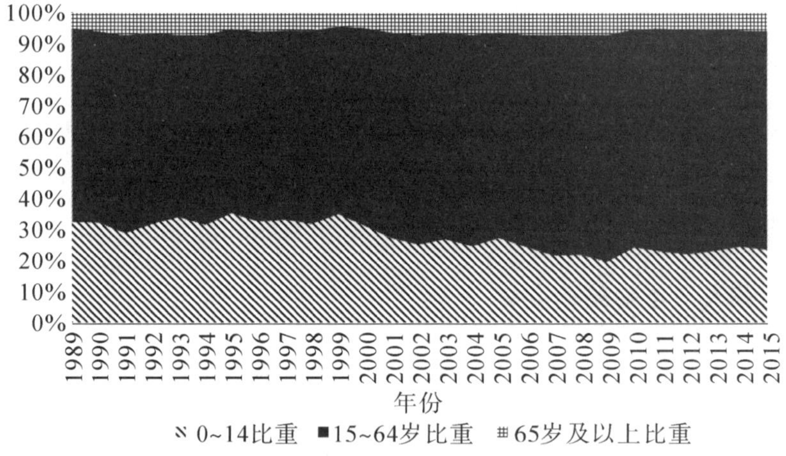

图 3-2　1989—2015 年西藏人口结构变动趋势图

从人口抚养负担的变化情况也可以看出，西藏人口年龄结构变化的主要特征是少年儿童相对数量的下降（见表 3-2）。西藏少儿抚养比在 1990 年是 52. 16%，到 2015 年下降至 33. 32%，累计下降 18. 84 个百分点，少儿抚养负担明显降低；老年抚养比在 1990 年是 9. 28%，虽然后来有升有降但是总体变动幅度不大，到 2015 年降至 8.07%，累计降幅仅为 1.21 个百分点，老年抚养负担基本稳定。在少儿抚养负担大幅下降和老年抚养负担基本稳定的共同作用下，1990 年至 2015 年西藏总人口抚养比由 61.45%下降至 41.39%，人口总抚养负担下降。西藏 0~14 岁人口相对比例下降最主要的原因是人口生育水平下降从而年出生人数相对减少。根据历次人口普查数据，1989 年西藏全年出生人数为 6.89 万人，2000 年进一步降至 5.18 万人，到 2010 年继续下降至 4.57 万人。

表 3-2　1990—2015 年（部分年份）西藏人口年龄结构及人口抚养比

单位:%

年份	占总人口比重			抚养比		
	0~14 岁	15~64 岁	65 岁及以上	总人口抚养比	少儿抚养比	老年抚养比
2015	23.57	70.73	5.71	41.39	33.32	8.07
2010	24.37	70.53	5.09	41.77	34.55	7.22
2005	27.30	66.54	6.16	50.29	41.03	9.26
2000	31.30	64.12	4.58	68.80	64.30	4.50
1995	35.39	59.72	4.88	67.44	59.26	8.18
1990	32.31	61.94	5.75	61.45	52.16	9.28

西藏人口年龄结构变化的直接原因是人口系统自身的变动，包括人口数量、人口生育水平和人口死亡水平的变化。西藏人口年龄结构变化所呈现出的少年儿童占比下降、劳动年龄人口占比上升以及老年人口占比基本稳定的态势，则与西藏年出生人口数量的减少有直接关系。

三、西藏人口死亡率和人口出生率变化

如上文所述，民主改革以来西藏人口数量稳定增长，人口年龄结构从 20 世纪 90 年代起至目前变动所表现出的最主要的趋势特征是劳动年龄人口占比上升。事实上，西藏人口数量和年龄结构变动是西藏人口转变的直接结果，而人口转变最直接的原因就是人口出生率和人口死亡率的变化。

简单来说，区域人口转变可以概括为：区域人口死亡率和人口出生率由双高降至双低，且人口死亡率先于人口出生率下降，从而使区域人口数

量在一段时期内较快增长的过程。如文献综述部分所述，就经典人口转变过程来说（见图 3-3），一是人口转变初期人口出生率和人口死亡率都处在较高水平，但不同区域的具体数值可能存在差异；二是在人口转变过程中人口死亡率先下降，其后人口出生率也下降，两条曲线围成的部分表示了一个人口显著增长的阶段；三是到人口转变后期人口出生率、人口死亡率都处在相对较低的水平。

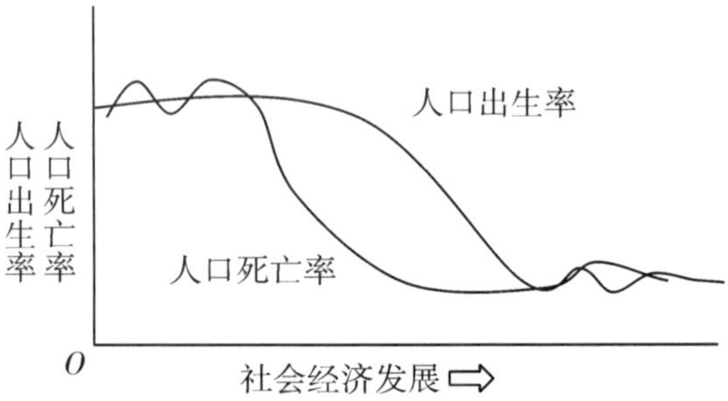

图 3-3　经典人口转变过程示意图

自民主改革起至 20 世纪 70 年代初期，西藏人口出生率有一个显著上升的过程，人口死亡率则先升后降有所波动（见图 3-4、表 3-3）。民主改革后几年的 1965 年，西藏人口出生率为 14.35‰，到 1970 年上升至 25.20‰，此后才开始下降；1965 年至 1970 年西藏人口死亡率也由 5.1‰ 上升至 10.1‰。这一时期西藏人口出生率和人口死亡率的变动不符合一般意义上人口转变的形式特征，可能有两个原因：一是民主改革极大地提升了西藏社会生产效率，使人民群众的生产生活条件和生养孩子的条件得到了大幅改善，补偿性生育导致人口出生率在短期内显著上升的可能性较大；二是民主改革以后西藏各项社会生产才逐步走上正轨，在一段时期内关于人口出生、人口死亡的调查和统计非常薄弱，相关数据的质量也难有保证。总之，这一时期的西藏人口变动有较大的特殊性，严格来说本书所关注的西藏人口转变过程不包括这一时期的西藏人口变动，而是从 1970 年前后开始的西藏人口变动过程。

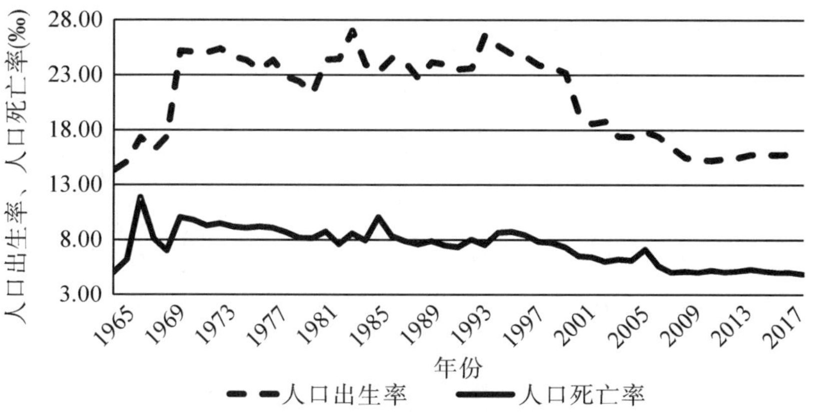

图 3-4　1965—2017 年西藏人口出生率、人口死亡率变动趋势

表 3-3　1965—2017 年西藏人口出生率、人口死亡率和人口自然增长率

单位:‰

年份	人口出生率	人口死亡率	自然增长率	年份	人口出生率	人口死亡率	自然增长率
1965	14. 35	5. 10	9. 25	1992	23. 63	8. 09	15. 54
1966	15. 15	6. 30	8. 85	1993	26. 68	7. 60	19. 08
1967	17. 36	11. 91	5. 45	1994	25. 64	8. 71	16. 93
1968	16. 18	8. 17	8. 01	1995	24. 90	8. 80	16. 10
1969	17. 45	7. 07	10. 38	1996	24. 70	8. 50	16. 20
1970	25. 20	10. 10	15. 10	1997	23. 90	7. 90	16. 00
1971	25. 10	9. 85	15. 25	1998	23. 70	7. 80	15. 90
1972	25. 04	9. 34	15. 70	1999	23. 20	7. 40	15. 80
1973	25. 39	9. 54	15. 85	2000	19. 50	6. 60	12. 90
1974	24. 68	9. 24	15. 44	2001	18. 60	6. 50	12. 10
1975	24. 34	9. 13	15. 21	2002	18. 80	6. 10	12. 70
1976	23. 48	9. 25	14. 23	2003	17. 40	6. 30	11. 10
1977	24. 37	9. 14	15. 23	2004	17. 40	6. 20	11. 20
1978	22. 86	8. 75	14. 11	2005	17. 90	7. 20	10. 70
1979	22. 41	8. 24	14. 17	2006	17. 40	5. 70	11. 70
1980	21. 36	8. 21	13. 15	2007	16. 40	5. 10	11. 30
1981	24. 40	8. 80	15. 60	2008	15. 50	5. 20	10. 30

表3-3(续)

年份	人口出生率	人口死亡率	自然增长率	年份	人口出生率	人口死亡率	自然增长率
1982	24.47	7.66	16.81	2009	15.30	5.10	10.20
1983	27.02	8.64	18.38	2010	15.23	5.30	9.93
1984	23.96	8.00	15.96	2011	15.39	5.13	10.26
1985	23.32	10.12	13.20	2012	15.48	5.21	10.27
1986	24.54	8.41	16.13	2013	15.77	5.39	10.38
1987	24.19	7.95	16.24	2014	15.76	5.21	10.55
1988	22.69	7.65	15.04	2015	15.75	5.10	10.65
1989	24.17	7.95	16.22	2016	15.79	5.11	10.68
1990	23.98	7.55	16.43	2017	16.00	4.95	11.05
1991	23.53	7.40	16.13				

基于西藏相关统计数据和本书对人口转变的理解，西藏人口转变从1970年启动，至2017年尚难以判断是否完成，若将人口转变之前的人口变动考虑在内，大致可分为以下四个阶段：

第一阶段，人口转变的准备阶段，从民主改革至1970年之前。此阶段西藏人口出生率上升，人口死亡率波动，这与一般情况下人口转变第一阶段（准备阶段）的人口变动特征有所区别，这是由西藏社会经济发展和制度变迁等特殊情况导致的。在这一阶段，西藏人口转变尚未真正启动。

第二阶段，人口转变的初级阶段，即1970年至1994年。此阶段人口出生率总体保持在较高水平，1970年为25.2‰，1994年为25.64‰；人口死亡率下降，由1970年的10.1‰降至1994年的8.71‰，累计下降1.39个千分点。这一阶段，西藏人口自然增长率保持在16‰左右，总人口由151.2万人增至228.88万人，累计增加77.68万人，增幅为51.38%。西藏人口转变在这一阶段从形式上呈现出“人口死亡率下降、人口出生率基本稳定”的特征。

第三阶段，人口转变的高级阶段，从1994年开始到2010年。此阶段人口出生率显著下降，由1994年的25.64‰降至2010年的15.23‰；人口死亡率继续下降，由1994年的8.71‰降至2010年的5.3‰，累计下降

3.41 个千分点。这一阶段，西藏人口自然增长率由 16.93‰降至 9.93‰，累计下降 7 个千分点；总人口由 228.88 万人增至 300.22 万人，累计增加 71.34 万人，增幅 31.17%。西藏人口转变在这一阶段从形式上表现出“人口死亡率继续下降、人口出生率大幅降低”的特征。

第四阶段，人口转变的收尾阶段，从 2010 年开始，结束时间尚待观察。此阶段人口出生率和人口死亡率都基本稳定，人口出生率保持在 15.5‰左右，人口死亡率保持在 5.2‰左右。这一阶段西藏人口自然增长率保持在 10.3‰左右，总人口由 300.22 万人增加至 337.15 万人，累计增加 36.93 万人，增幅为 12.30%。西藏人口转变在这一阶段总体呈现出“人口死亡率低位稳定、人口出生率低位稳定”（相对下降之前）的特征。需要说明的是，2010 年以来西藏人口出生率有微幅上升，这可能与全国人口生育政策调整完善以及跨区迁入人口增长有关，但是否会出现趋势性变动还有待观察。

由此可见，西藏人口转变于 20 世纪 70 年代真正开始启动，至 2017 年已经经历了初级阶段和高级阶段而进入收尾阶段，但收尾阶段是否完成尚须观察。需要说明的是，尽管西藏人口转变过程自开始以来也呈现出人口出生率和人口死亡率双双下降、人口死亡率先于人口出生率下降并且在其间总人口明显增加的特征，但是 1970 年和 2017 年西藏人口出生率都明显高于人口死亡率，这与一般意义上区域人口转变初期人口“高人口出生率、高人口死亡率”、末期人口“低人口出生率、低人口死亡率”的特征又有所不同。西藏人口转变的开端难以用典型的“高人口出生率、高人口死亡率、低人口自然增长率”来描述。在人口转变的起始阶段，西藏人口自然增长率并不低，进入收尾阶段的西藏人口转变进程也未表现出典型的“低人口自然增长率”的特征，人口出生率和人口死亡率之间的差额仍意味着较快的人口增长。人口转变进程的“准备阶段”与“收尾阶段”拥有较高的人口自然增长率，这属于西藏人口转变进程的一项个性特征。

第三节 西藏人口转变进程的比较分析

为进一步挖掘西藏人口转变的个性特征，将西藏人口出生率、人口死亡率、人口年龄结构与全国和其他省（区、市）[①] 进行比较。2016 年、2017 年全国人口数据取自中华人民共和国 2016 年、2017 年国民经济和社会发展统计公报，其他年份全国和各省（区、市）人口出生率、人口死亡率数据取自历年《中国人口和就业统计年鉴》；全国数据暂不包括港澳台地区。

一、西藏与全国人口转变进程比较

若暂不考虑 1959—1962 年的特殊情况，在 1952 年时人口出生率和人口死亡率变动所展现的全国人口转变过程已经在进行当中，人口死亡率先下降后基本稳定在低位，人口出生率经过一个显著下降的过程后继续下降并逐步稳定在较低水平（见图 3-5）。全国人口转变在 2000 年后已近结束。

比较西藏与全国人口转变过程可以看出（见图 3-4、图 3-5）：

第一，1970 年全国人口死亡率已经处于较低水平，人口出生率已经表现出明显下降趋势，此时全国总人口快速增加的态势已经持续了一段时间，全国人口转变已经处于中后期（高级阶段）。而西藏在 1970 年才开始现代意义上的人口转变，就人口转变开端而言，西藏晚于全国。

第二，1994 年全国人口死亡率已经稳定在较低水平，人口出生率的下降趋势也即将结束，此时全国总人口的增速下降，全国人口转变即将进入收尾阶段。在 20 世纪 90 年代中期时西藏人口转变仍处在初级阶段向高级阶段的过渡期，其后人口出生率明显下降，就人口转变进程而言，西藏滞后于全国。

第三，2010 年全国人口死亡率、人口出生率和人口自然增长率都稳定在低位，大幅度的人口增长已经结束，此时全国人口转变已经完成。在

① 此处的完整表述为省（自治区、直辖市），文中均简称为省（区、市）。

2010 年西藏虽然人口死亡率处在低位，人口出生率较人口转变开始时有了明显降低，但是人口自然增长率仍在 10‰左右，人口增长依然较快，人口出生率是否在低位稳定则仍有待观察，西藏人口转变处在高级阶段向收尾阶段过渡的阶段。

第四，从全国人口转变进程来看，主要特征是人口出生率明显下降的“高级阶段”大约从 1963 年开始至 2003 年前后结束，耗时 40 年左右。西藏人口转变的“高级阶段”大约从 1995 年前后开始，至 2010 年就表现出了结束的信号，耗时仅 15 年左右。可见，西藏人口转变进程虽然滞后于全国，但是其发展速度却更快。

由此可见，尽管人口死亡率和人口出生率先后下降的总体趋势相似，但是西藏人口转变与全国人口转变的总体进程并非完全同步。与全国相比，西藏人口转变具有“启动较晚、发展滞后、速度更快”的特征，且已进入收尾阶段。

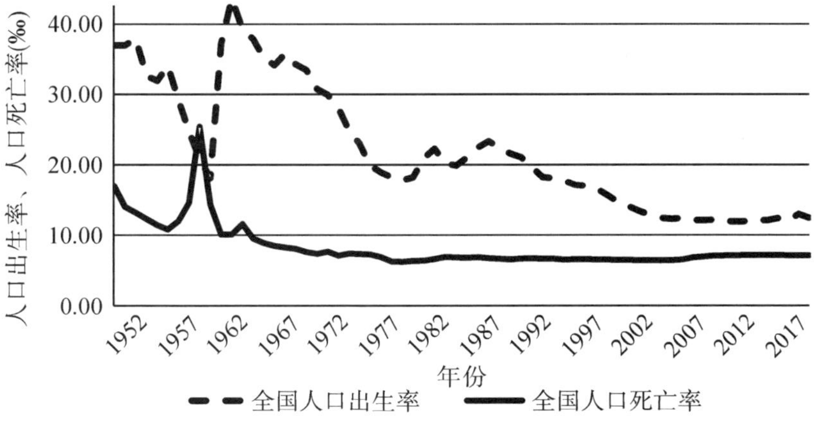

图 3-5 1952—2017 年全国人口出生率、人口死亡率变动趋势

二、西藏与全国的人口死亡率和人口出生率变化比较

进一步比较 1970 年至 2017 年全国和西藏的人口出生率变动趋势（见图 3-6），可以看出与全国相比西藏人口出生率累计下降幅度相对较小。具体来说：第一，在 1974 年以前西藏人口出生率低于全国人口出生率，但自 20 世纪 70 年代以来西藏人口出生率总体高于全国水平；第二，在 1970 年

至 1994 年期间，西藏和全国人口出生率较为接近，全国人口出生率在这一阶段也暂停了持续下降的态势而总体稳定；第三，在 1994 年以后西藏和全国人口出生率变动表现出相似的下降趋势，但西藏人口出生率始终高于全国人口出生率。可见，西藏人口转变过程中人口出生率下降较快，特别是从 20 世纪 90 年代起表现出与全国人口出生率变动类似的快速下降趋势。

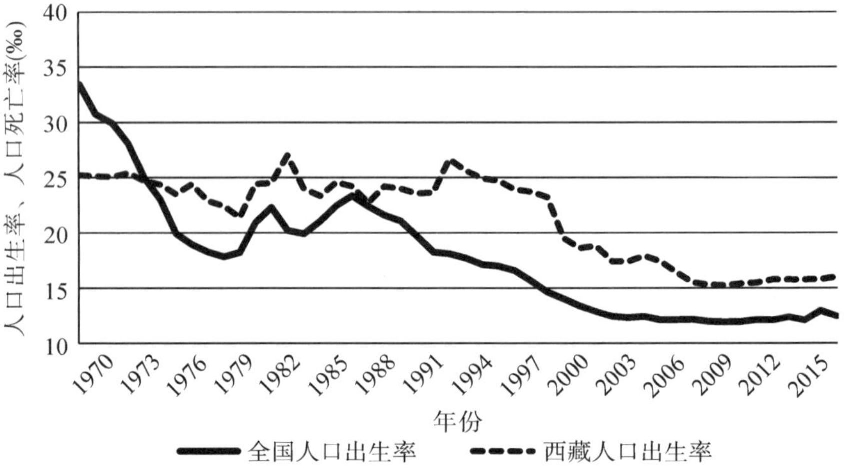

图 3-6 1970—2017 年西藏与全国人口出生率变动趋势比较

相应地，比较 1970 年前后至 2017 年全国和西藏的人口死亡变动趋势（见图 3-7），可以看出在此期间西藏人口死亡率下降幅度相对较大。第一，

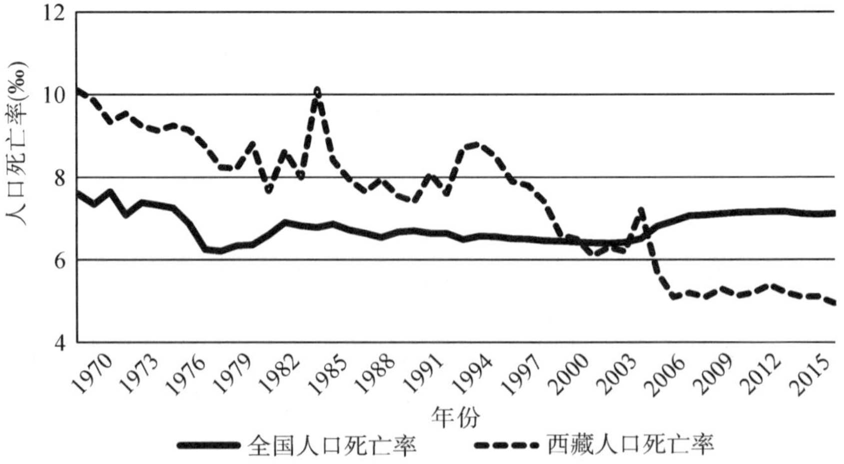

图 3-7 1970—2017 年西藏与全国人口死亡率变动趋势比较

自 1970 年以来西藏和全国人口死亡率都呈现出总体下降的态势，2000 年以前西藏人口死亡率高于全国水平，其后全国人口死亡率处在相对较高的水平。第二，从 20 世纪 70 年代末期开始全国人口死亡率基本趋于稳定，且在 2005 年前后因人口老龄化加剧人口死亡率有所上升，但西藏人口死亡率的变动趋势为总体下降。可见，即使不考虑全国人口死亡率因人口年龄结构老化而上升的事实，西藏人口死亡率从高于全国水平到与全国水平接近仅用了 30 年的时间，人口死亡率也呈快速下降态势。

总之，从西藏与全国自 1970 年以来人口出生率、人口死亡率变动趋势的比较可以看出，尽管西藏人口转变较全国起步晚、总体滞后，但是其发展速度却更快。

三、西藏与其他省（区、市）人口转变进程比较

如上文所述，1970 年、1994 年是西藏人口转变进程中的关键时点，由于 1970 年各省（区、市）相关数据缺失，所以绘制了 1994 年和 2016 年全国及各省（区、市）的人口出生率、人口死亡率散点图，以观察西藏人口转变进程与其他省（区、市）人口转变进程的关系特征。

1994 年时各省（区、市）处在人口转变进程的不同阶段，若参与各省（区、市）的比较，1994 年全国人口出生率、人口死亡率都处在大约中游的位置（见图 3-8）。如上文所述，1994 年全国人口死亡率已处于低位，人口出生率也已出现了较大幅度的下降，全国人口转变即将进入收尾阶段。也就是说，有部分区域的人口转变进程超前于全国总体，也有部分区域的人口转变滞后于全国总体。可以看出，1994 年西藏人口出生率、人口死亡率位列各省（区、市）之首，人口转变进程总体滞后明显（见图 3-8）。

随着社会经济的快速发展，西藏的人口转变进程也快速推进。2016 年，全国人口出生率、人口死亡率都已处在较低水平，人口转变已经完成。各省（区、市）人口转变进程也有了不同程度的发展，人口出生率、人口死亡率构成的点在坐标系中不同程度地向原点靠近（见图 3-9）。可以看出，从 1994 年到 2016 年，西藏的人口死亡率由全国最高降至全国倒数第五低，且下降幅度非常大（坐标系中点的纵坐标的变化）；同期人口出生率由全国最高降至第二高位，虽降幅（坐标系中点的横坐标的变化）

非常明显但排序仅下降一位，说明西藏与全国人口出生率同步下降。

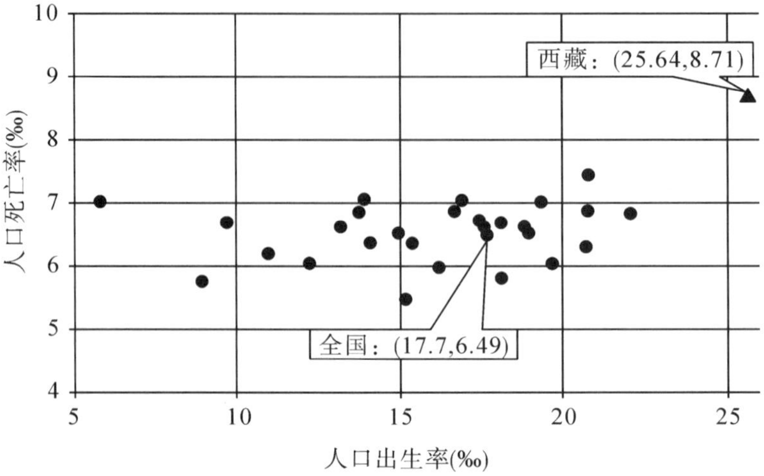

图 3-8　1994 年全国与各省（区、市）人口出生率、人口死亡率散点图

注：图中数据暂未包括中国港澳台地区，四川省辖区包括现重庆市范围。

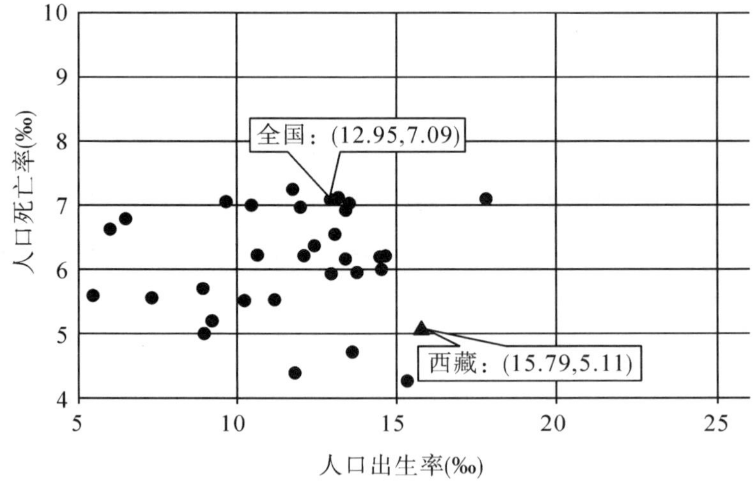

图 3-9　2016 年全国与各省（区、市）人口出生率、人口死亡率散点图

注：图中数据暂未包括中国港澳台地区。

总之，自 1994 年以来全国各省（区、市）人口转变进程存在异步性，但总体都在推进，各省（区、市）人口出生率、人口死亡率都在不同程度地降低。在此期间，西藏的人口转变进程在启动晚、明显滞后的状态下快速发展，一方面由人口死亡率的快速下降予以推动，另一方面是由20世纪90年代中期以来人口出生率随全国人口出生率同步下降来推动。未来西藏人口转变进程的走向将由人口生育水平的变化来决定。

四、西藏与全国人口年龄结构变化比较

正是由于西藏人口转变进程相对滞后且尚未完成，全国和一些省（区、市）人口年龄结构变动所表现出的人口老龄化特征在西藏并未显现。1990年至2015年全国65岁及以上人口占比由5.80%上升至10.47%，在2000年至2015年间超过7%并快速提升（见表3-4）；同期西藏65岁及以上人口占比保持在5.7%左右基本未发生明显变化。虽然全国和西藏0~14岁人口占比都下降、15~64岁人口占比都上升，但是变动幅度有较大差异。1990年至2015年，全国0~14岁人口占比由27.92%下降至16.52%，累计下降11.4个百分点，降幅为40.83%；同期西藏0~14岁人口占比由32.31%下降至23.57%，累计下降8.74个百分点，降幅为27.05%。1990年至2015年，全国15~64岁人口占比由66.29%上升至73.01%，累计上升6.72个百分点，升幅为10.14%；同期西藏15~64岁人口占比由61.94%上升至70.73%，累计上升8.79个百分点，升幅为14.19%。

表3-4 1990—2015年（部分年份）全国人口年龄结构及人口抚养比

年份	占总人口比重（%）			抚养比（%）		
	0~14岁	15~64岁	65岁及以上	总抚养比	少儿抚养比	老年抚养比
2015	16.52	73.01	10.47	36.97	22.63	14.33
2010	16.61	74.47	8.92	34.28	22.30	11.98
2005	19.55	71.38	9.07	40.10	27.39	12.71
2000	22.89	70.15	6.96	22.89	70.15	6.96
1995	26.73	66.57	6.70	50.22	40.16	10.06
1990	27.92	66.29	5.80	50.86	42.11	8.75

总之，与全国相比西藏人口年龄结构相对均衡，目前人口老龄化的趋势暂未显现，并且西藏人口年龄结构变动过程中的少年儿童占比下降的幅度以及劳动年龄人口占比上升的幅度都高于全国。西藏人口年龄结构相对

均衡的现实与人口转变过程有密切联系。也就是说，尽管人口转变进程快速推进，人口死亡率也快速且显著降低并处在低位，但是西藏的人口出生率相对而言并未降至非常低的水平，一定的人口自然增长补充了相对年轻的人口，这成为西藏人口年龄结构仍处于较均衡状态的重要原因。

第四节　关于西藏人口转变现实情况的几点基本判断

通过对西藏人口变动历史的回顾以及将西藏与全国及其他省（区、市）的人口转变进程进行比较可以发现，西藏人口转变总体符合经典人口转变进程的一般规律，又具有一些个性特征。具体而言：

第一，西藏人口转变进程启动较晚，在1970年前后西藏人口转变进程才开始推进，当时全国人口转变进程已处在高级阶段，即中后期。第二，西藏人口转变进程中人口死亡率、人口出生率从相对较高水平先后下降，在此过程中人口大幅增长，这基本与一般人口转变进程的特征相符；有所不同的是，在人口转变进程的开端由于人口出生率明显高于人口死亡率，西藏的人口自然增长率也较高。第三，西藏人口转变进程滞后于全国人口转变进程，全国人口转变已于21世纪初期完成，而西藏人口转变在2010年后才进入收尾阶段，且目前是否完成还需结合有关人口生育行为的研究以及对人口生育水平变化情况的把握来综合判断，此时尽管西藏人口死亡率已处于很低的水平，但是人口自然增长仍然较快。第四，西藏人口转变启动晚且进程总体滞后，但推进速度更快。自20世纪70年代以来，人口死亡率显著下降在西藏人口转变进程中起到重要作用，20世纪90年代中期以来人口出生率的快速下降也起到关键作用。如果说中国人口转变进程的一项显著特征是较西方国家人口转变速度更“快”，那么西藏的人口转变进程也继承了中国人口转变的这一特征，甚至更快。第五，中国计划生育政策在西藏的实施并未限制广大农牧区居民生育子女的数量，但西藏人口出生率依然明显下降，这说明除了计划生育政策以外的因素对西藏人口生育水平的下降也有重要影响，最直接的影响因素包括经济因素和西藏人口管理与服务实践。第六，现阶段西藏人口年龄结构较为均衡，西藏尚无须面对人口老龄化问题；但若西藏人口生育水平进一步下降，人口年龄结构还将进一步老化。第七，由于人口出生率仍有下降空间且人口死亡率已处于低位，未来西藏人口转变进程的走向将由人口生育水平的变化来主导。

总之，西藏人口转变进程在形式上也表现为人口死亡率和人口出生率的先后下降，其直接效应是人口总量增加以及人口年龄结构发生变化。西藏人口转变进程既符合一般规律，又具有个性特征，这既是人口按一定规律变动的必然结果，又是西藏自然地理环境和社会经济发展特殊性的一种表现。在西藏人口生育水平继续下降和保持稳定的不同预期下，西藏未来人口变动存在一定的不确定性，人口转变进程的最终走向也与之相关。

第五节 西藏人口转变分析框架:发生机制及经济社会效应

基于西藏人口转变过程的现实考察发现，西藏人口转变过程既具有符合人口转变一般过程的共性特征，又表现出一些个性特点。西藏人口转变的直接表现是人口出生率和人口死亡率的变动及其相互关系，但其背后却是西藏人口死亡水平和人口生育水平的变化以及与之有紧密联系的西藏人口数量及人口年龄结构的变化。影响西藏人口死亡水平、人口生育水平的因素（人口系统、自然条件及社会经济系统变化等）都会对西藏人口转变总体进程及其个性特征产生影响（见图 3-10）。

首先，人口转变过程由人口死亡率、人口出生率的变动及其相互关系直接体现。人口转变虽然是内涵丰富的概念，但是其纵向进程可由人口死亡率、人口出生率的变动来体现，人口出生率、人口死亡率变化是人口系统中人口数量、人口年龄结构等存量因素与人口生育水平、人口死亡水平、人口迁移等流量因素共同作用的结果。人口生育水平、人口死亡水平受人口数量、人口年龄结构等人口系统内部因素的影响，同时也受社会经济系统各因素的影响。本书通过观察西藏人口死亡率、人口出生率的变动来分析西藏人口转变的总体进程及阶段性特征，这也属于研究的基础部分。同时，理解西藏人口生育水平、人口死亡水平变动的决定机制是理解西藏人口转变过程的关键。

其次，人口数量、人口年龄结构等会通过一定的传导机制影响社会经济系统，社会经济系统又会通过影响人口生育水平、人口死亡水平等对人口数量、人口年龄结构等产生影响，人口系统存量因素、人口系统流量因素与社会经济系统之间存在循环反馈作用机制。本书的主体内容就是对西藏社会经济系统如何影响人口死亡水平和人口生育水平以及西藏人口系统变动如何影响社会经济发展的分析。

最后，人口管理与服务政策是社会经济系统的组成部分，其对西藏人口生育水平、死亡水平变化进而对西藏人口转变具有直接且显著的影响。本书在分析西藏人口死亡水平、人口生育水平变动的影响因素时将对西藏人口管理与服务及其影响进行专门讨论。

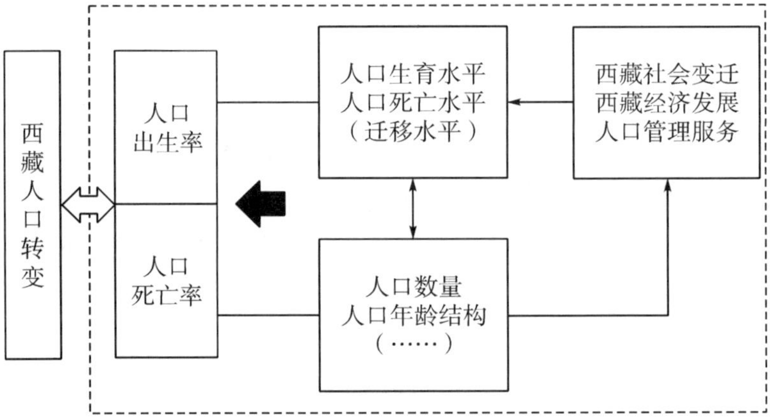

图 3-10　西藏人口转变分析框架

如上所述，第四章至第八章构成本书的主体内容。其中，第四章分析西藏人口死亡水平变动的影响因素，第五章分析西藏人口生育水平变化的影响因素，第四章和第五章共同对西藏人口转变发生机制进行解读。第六章基于人口生育政策视角讨论西藏人口转变，并在一定的假设条件下对未来西藏人口变动及其社会经济效应进行场景分析。第七章和第八章讨论西藏人口转变进程中人口数量、人口年龄结构变动所产生的社会经济效应。

第四章　西藏人口转变发生机制：人口死亡水平的变化

一般情况下，人口转变进程的真正开始以及初级阶段是由人口死亡率的下降主导的。从指标计算上来看，人口死亡率与人口总数、年死亡人口数有关，但人口死亡率变化最核心的原因实际上是人口死亡水平变化。本章对西藏人口死亡水平的变化趋势及其原因进行分析，并讨论西藏人口转变进程特别是初级阶段的动力机制。

第一节　西藏人口死亡水平变化趋势

死亡是生命过程的终止，一个地区的人口死亡水平在很大程度上可以看作是影响这个地区人口再生产类型变化的直接因素，也是衡量该地区人口素质和生活质量的重要标志之一。本节从人口死亡率和年死亡人数、年龄别死亡率、婴儿死亡率和孕产妇死亡率、人口平均预期寿命方面来考察西藏人口死亡水平的变化趋势。

一、人口死亡率和年死亡人数

在和平解放以前，封建农奴制度下的旧西藏生产力水平低下，劳动者承担着繁重的赋税和乌拉差役，西藏居民生活十分贫苦，身体素质普遍很差。由于常有传染病流行且当时西藏的医疗卫生条件非常落后，居民的医疗需求难以得到满足，人口死亡率也处在较高水平。西藏和平解放特别是民主改革以后，社会生产和医疗卫生条件发生了根本改观，人口死亡率随着居民生活水平的提升有所下降。然而 1965 年西藏自治区成立后政府职能才逐步完善，这一阶段人口调查与统计工作的质量难以保证。在这一阶段，数据显示的人口死亡率在 5. 1‰和 11. 9‰之间波动。

自 1970 年人口转变进程启动以来，西藏的人口死亡率总体就呈现出下降趋势，事实上西藏人口转变进程的初级阶段正是由人口死亡率下降主导的过程。1970 年至 1990 年，西藏人口死亡率由 10. 10‰下降至 7. 55‰，累计下降 2. 55 个千分点；从 1990 年至 2010 年，西藏人口死亡率进一步下降至 5. 3‰，此阶段累计下降 2. 25 个千分点。值得注意的是，到 2007 年时西藏人口死亡率基本进入较为稳定的状态，从 1970 年至 2007 年西藏人口死亡率累计下降约 5 个千分点。

尽管总体下降趋势明确，但是在西藏人口死亡率下降过程中的变动幅度却有所起伏（见图 4-1）。在 20 世纪 70 年代，西藏人口死亡率有升有降，降幅变化较小；从 20 世纪 80 年代初期开始直到 20 世纪 90 年代中期，西藏人口死亡率下降幅度波动较为明显。其中，1983 年西藏人口死亡率较 1982 年上升 12. 9%，此后 1985 年、2000 年、2005 年西藏人口死亡率较

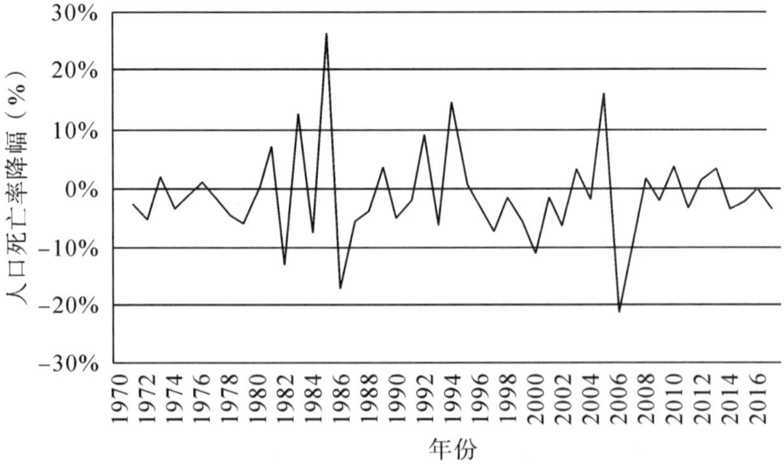

图 4-1　1970—2016 年西藏人口死亡率下降幅度变动趋势

较上年都出现了较为明显的上升，这也可能与历次人口普查、1%人口抽样调查、人口变动抽样调查所得数据的情况有关。其他年份西藏人口死亡率变化幅度较小，总体呈现下降趋势。

人口死亡率与死亡人口数及总人口数有关，若不考虑总人口数，年死亡人口数的变化也是能反映西藏人口死亡水平最直接的指标之一。

从三次人口普查数据来看，西藏年死亡人口数减少（见表4-1）。1989年西藏死亡人口为1.80万人，2000年死亡人口数变化不大，为1.82万人，到2010年死亡人口减少至1.59万人。西藏的年死亡人口数变动还存在区域差异（见图4-2）。2010年与1989年相比，拉萨、山南的死亡人口数减少幅度最大，分别为32.48%和25.49%；同期，阿里和那曲的死亡人口数增加，增幅分别为7.67%和3.01%。西藏各地区年死亡人口数变化幅度是地区间多方面差异的综合体现，同时也反映了各地区人口死亡水平下降程度的不同。从年死亡人口数和人口死亡率的变化可以看出，西藏人口死亡水平总体下降趋势明确。

表4-1　1989年、2000年和2010年西藏及各地区年死亡人口数

单位：人

年份	西藏	拉萨	昌都	山南	日喀则	那曲	阿里	林芝
2010	15 921	1 576	3 823	1 663	3 485	3 725	688	961
2000	18 218	2 599	4 074	2 369	4 478	3 079	558	1 061
1989	18 031	2 334	4 137	2 232	4 073	3 616	639	1 000

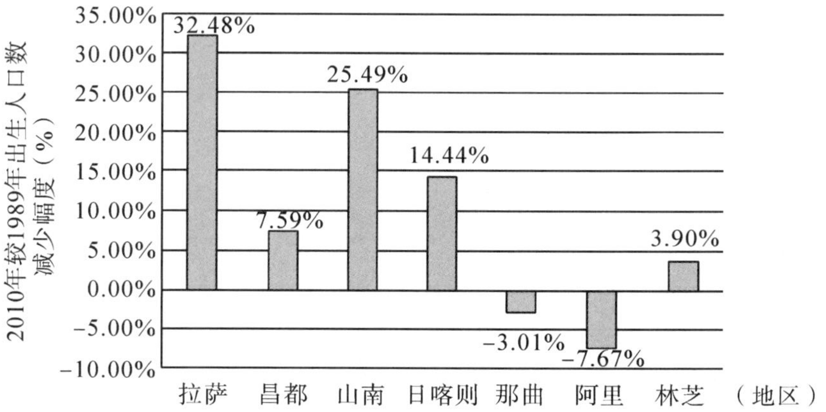

图4-2　西藏各地区2010年较1989年死亡人口数减少幅度

二、年龄别死亡率

通过比较各年龄组人口死亡率的变化情况，也可以看出西藏人口死亡水平总体呈下降的态势（见表4-2）。

表4-2 1990年、2000年和2010年西藏人口年龄别死亡率 单位:‰

年龄组（岁）	2010年	2000年	1990年
0~4	4.58	11.71	27.08
5~9	0.87	1.54	1.79
10~14	0.90	1.12	1.13
15~19	1.00	1.48	1.74
20~24	1.31	2.26	2.37
25~29	1.59	2.49	2.58
30~34	1.88	2.76	3.47
35~39	2.39	3.54	4.66
40~44	3.20	5.02	5.72
45~49	5.24	6.91	7.87
50~54	7.55	10.85	9.71
55~59	11.86	15.46	15.92
60~64	20.02	25.24	26.12
65~69	28.56	34.55	33.62
70~74	44.44	52.58	59.12
75~79	56.75	67.03	76.84
80~84	80.87	103.67	144.13
85~89	101.31	115.70	169.65
90~94	117.04	117.65	
95~99	79.68	126.98	324.02
100岁及以上	300.00	210.53	

注：1990年年龄别死亡率计算时，以上半年各年龄组死亡人数的两倍代替全年死亡人数，以第四次人口普查时点各年龄组人口数代替平均人口数；1990年90岁及以上年龄组人口死亡率为324.02‰。

一方面，1990 年到 2010 年，西藏人口死亡模式未发生明显变化。一般情况下，低龄人口特别是 0~4 岁组人口因出生时间不长身体素质不高，死亡率较高；在少年儿童年龄段，死亡率相对较低；其后随着年龄组递增，人口死亡率上升但升幅仅缓慢增大；在中老年年龄段，人口死亡率上升幅度增大。从三个时点的西藏人口死亡模式来看，都遵循此一般规律。1990 年，西藏 0~4 岁组人口死亡率为 27.08‰，5~9 岁组人口死亡率则显著下降至 1.79‰，10~14 岁组人口死亡率最低为 1.13‰。此后，随着年龄组向上推移，人口死亡率上升。1990 年西藏 90 岁及以上人口死亡率达到了 324.02‰。与此模式类似，2000 年、2010 年西藏人口死亡率最低的年龄组分别是 10~14 岁组和 5~9 岁组。2010 年最低死亡率的年龄组下移至 5~9 岁组，这反映了西藏自治区医疗卫生条件和水平的提升，低龄人口存活概率上升。

另一方面，1990 年以来几乎各年龄组人口死亡率都下降，例外的情况包括 1990 年至 2000 年 65~69 岁组人口死亡率小幅上升了 0.93 个千分点，50~54 岁组人口死亡率小幅上升了 1.14 个千分点；2000 年至 2010 年 100 岁及以上人口死亡率上升，但如此高龄的老人数量非常少，对总体人口死亡水平变化的指征意义较小。

总之，从年龄别死亡率的变化情况来看，西藏人口死亡水平下降的趋势是非常明显的。特别地，低年龄组人口死亡率的大幅下降更是人口死亡水平降低的重要反映。

三、婴儿死亡率和孕产妇死亡率

婴儿死亡率和孕产妇死亡率是反映人口死亡水平的两个关键指标，从西藏婴儿死亡率、孕产妇死亡率变化的趋势也可以看出，西藏人口死亡水平明显下降。

民主改革以前西藏的婴儿死亡率高达 430‰，是新中国成立前全国婴儿死亡率水平 200‰的两倍以上[267]。如此高的婴儿死亡率不仅与当时落后的医疗技术条件有关，宗教和习俗因素也有一定影响。传统上西藏的孕产妇多在家分娩，农牧区恶劣的医疗环境往往是婴儿死亡率偏高的直接原因之一。西藏部分地区有一些关于新出生不久婴儿的特殊习俗，这些因素也有一定影响。孕产妇是较为特殊的群体，西藏孕产妇死亡率下降的趋势也反映出人口死亡水平下降的现实。关于西藏孕产妇死亡率高的主要原因有两个方面，客观因素是医疗卫生事业相对落后以及自然地理条件制约，主观因素则是很少孕产妇选择住院分娩。

和平解放以来西藏各项事业迅速发展，医疗卫生条件不断改善，人口管理与服务工作不断强化，妇女生育观念逐渐改变，住院分娩、科学喂养逐渐普及。在此过程中，西藏婴儿死亡率下降明显，1990 年第四次人口普查结果显示的西藏 1989 年婴儿死亡率已经下降到 110.17‰。此后，西藏人口死亡水平进一步下降，据报道，2009 年西藏婴儿死亡率降至 21.19‰，到 2015 年降至 16‰[268]。在和平解放初期，西藏孕产妇死亡率高达 5 000/10 万，到 2009 年下降至 232.23/10 万，到 2015 年则进一步下降至 100.92/10 万。

总之，西藏婴儿死亡率和孕产妇死亡率大幅下降的事实表明西藏人口死亡水平显著下降，在不同时期推动“两率”下降的主要因素有所差异，营养与医疗条件、经济发展、人口管理与服务工作在不同时期作用不一，但共同为西藏人口死亡水平的下降作出贡献。

四、人口平均预期寿命

人口平均预期寿命是分析评价一个国家或地区人口健康状况的一个非常敏感而又具有重要意义的指标，也是可用来衡量一个区域社会经济发展水平及医疗卫生服务水平的指标。人口平均预期寿命表明了新出生人口平均预期可存活的年数，是假设当前的分年龄人口死亡率保持不变，同一时期出生的人预期能继续生存的平均年数。与人口死亡率类似，人口平均预期寿命也与社会制度、居民生活水平、医疗卫生水平、人口健康素质、社会传统习俗等因素有关。因此，就指标而言，西藏人口平均预期寿命的变动不仅是西藏人口死亡水平的一种反映，同时也是西藏社会发展水平以及西藏人口生活水平和健康状况的综合反映。

在和平解放前西藏是封建农奴制社会，农奴的生活水平十分低下，严重营养不良、流行病等都不罕见，人口死亡水平较高，人口平均预期寿命不长。依据相关资料估计，旧西藏人口预期寿命应不超过 30 岁[269]。

资料显示，1951 年和平解放时，西藏人口平均预期寿命约为 35.5 岁[270]。民主改革后，由于西藏社会制度得到了根本变革，劳动生产率得到大幅度提高，因此西藏居民的物质生活水平也显著上升，医疗卫生条件相应改善。在这种情况下，地方病及传染病等疾病也得到了有效预防和控制。在改革开放、援藏工作顺利推进的过程中，西藏社会经济发展水平稳步提升，包括卫生和计划生育在内的各项事业不断进步，西藏人口死亡水平明显下降。

根据第四次人口普查数据，1990 年西藏人口平均预期寿命达到 59.64 岁，与民主改革时相比已显示出惊人的变化。尽管人口死亡水平较之前已大幅下降，但是西藏人口平均预期寿命无论是与全国比还是与中国西部的四川省比，都存在不小差距。1990 年中国人口平均预期寿命为 68.55 岁，四川省为 66.33 岁，而西藏人口平均预期寿命与全国总体人口平均预期寿命的差距是 8.91 岁。

在 1990 年到 2010 年间，伴随着中国经济高速增长和社会事业继续进步，全国总体、四川、西藏的人口平均预期寿命都继续增加。2000 年，全国总体、西藏、四川的人口平均预期寿命分别达到 71.4 岁、64.37 岁和 71.2 岁，西藏与全国总体在人口平均预期寿命上的差距缩小至 7.03 岁。2010 年，全国总体、西藏、四川的人口平均预期寿命分别达到 74.83 岁、68.17 岁和 74.75 岁，西藏与全国总体在人口平均预期寿命上的差距进一步缩小至 6.66 岁（见表 4-3、图 4-3）。

表 4-3 1990 年、2000 年和 2010 年全国、西藏、四川分性别人口平均预期寿命

单位：岁

区域	1990 年			2000 年			2010 年		
	总	男	女	总	男	女	总	男	女
全国	68.55	66.84	70.47	71.4	69.63	73.33	74.83	72.38	77.37
西藏	59.64	57.64	61.57	64.37	62.52	66.15	68.17	66.33	70.07
四川	66.33	65.06	67.7	71.2	69.25	73.39	74.75	72.25	77.59

数据来源：历次人口普查数据。

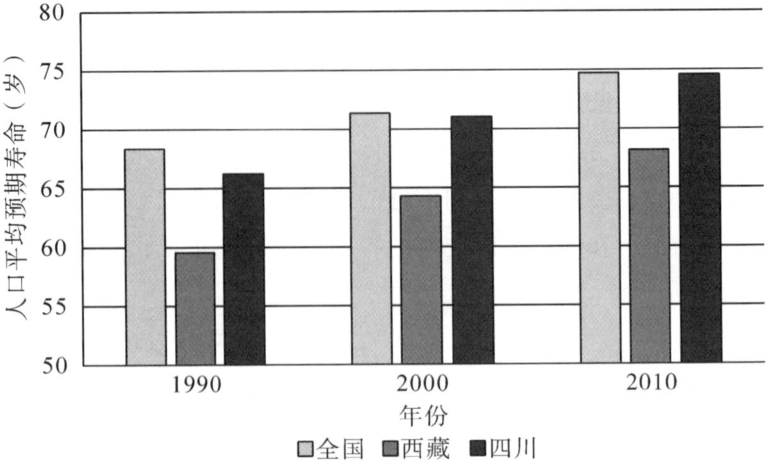

图 4-3 1990 年、2000 年和 2010 年全国、西藏、四川人口平均预期寿命比较

从表 4-3 和图 4-3 可以看出，从 1990 年到 2010 年，西藏人口平均预期寿命不仅快速增加，而且与全国水平的差距呈缩小的态势，这反映出西藏人口健康素质上升、人口死亡水平迅速下降的趋势。这种变化，不仅是西藏社会经济快速发展的结果，更是西藏人口管理与服务实践的成效所在。数据显示，2015 年西藏人口平均预期寿命已达到 68.2 岁，超过了世界银行数据所显示的中下收入国家平均 67.48 岁的水平，但离世界人口平均预期寿命 71.6 岁及中国 76.34 岁仍有差距[271]。

第二节 西藏人口死亡水平下降的经济动因

死亡作为一种社会现象，与经济发展有着密不可分的联系。就经济发展对人口死亡水平的影响而言，体现在直接和间接两方面。一方面是直接影响。经济持续快速发展意味着劳动生产率提升，社会物质生产和可供消费的物质财富积累也就相应增强，居民生活水平得以改善，因饥饿和营养不良而引起的死亡人数会大幅减少。另一方面是间接影响。经济发展在积累物质财富的同时，也会为医疗卫生事业的发展提供更好的条件，会在个人卫生医疗意识、健康意识、体育锻炼意识的提升等方面发挥作用，从而使传染病、流行病等的传播得到较好的控制，从而降低人口死亡水平。

民主改革以来，西藏经济发展成效显著。资料显示，1990 年西藏全区工农业生产总值比 1956 年增长了 4.13 倍，平均增速达到 4.93%；1990 年西藏农牧民人均纯收入比 1956 年增长了 5.9 倍左右；全区居民人均消费水平比 1979 年增长了 2.37 倍[272]。经济发展的同时西藏人口死亡水平明显下降，从 1970 年西藏人口转变开始至 1990 年西藏人口死亡率由 10.1‰下降至 7.55‰。

根据《西藏统计年鉴》数据，从 1990 年到 2010 年，西藏人均地区生产总值由 1 276 元增加至 17 027 元，同期人口死亡率由 7.55‰降至 5.11‰，两指标变动表现出明显的负相关，1990 年至 2010 年西藏人口死亡率和人均地区生产总值的相关系数为-0.87；此后西藏人均地区生产总值进一步增加至 2016 年的 35 143 元，人口死亡率基本稳定在 5.15‰左右，1990 年至 2016 年西藏人口死亡率和人均地区生产总值的相关系数为-0.79。由此可以看出，西藏自治区的经济发展的确与其人口死亡水平下降相关。

一、经济发展、卫生事业发展与人口死亡水平下降

医疗条件的改善、卫生事业的发展必须以特定的区域经济水平为支撑。经济水平提升有利于整体社会卫生环境改善，从而可以有效预防各种容易导致死亡的疾病发生，减少发病率，降低人口死亡率。同时，经济发展可以带动区域医疗水平提升、优化居民医疗环境、减少疾病导致的死亡，从而降低当地人口死亡率。

西藏地理环境特殊，除流行病外，高血压、心脏病、肺心病等与低氧、寒冷、干燥和紫外线照射等高原环境相关的疾病也较为常见，与农牧民生活条件、生活习惯和饮食结构相关的病症也较多。在和平解放之前，整个西藏只有拉萨有极少数官办医院，此外则只有民间藏医，医疗物资和设施极其匮乏，大多数西藏居民无法享受到正规的医疗服务。由于旧西藏在卫生知识宣传等方面水平十分低下，居民掌握的与卫生、健康相关的知识远远不足，因此各地区流行病、地方病等多发，对居民生命造成了严重危害，这也与旧西藏较高的人口死亡水平直接相关。

西藏民主改革后，在经济快速发展的支撑下，卫生健康事业得到了迅速发展，逐步建立了遍布城乡的医疗卫生网。从20世纪60年代初起，西藏再未发现过天花病例，各种传染病、地方病的发病率大幅下降；自1986年以来，西藏广泛开展计划免疫，免疫接种率达85%以上。“十二五”末期，西藏全面实施城乡居民、在编僧尼免费体检，免费救治先心病儿童，将孕产妇住院分娩率提高到了90.5%。据资料记载[273]，1970年西藏的卫生机构数共400个（其中有278所医院），到1990年时增加至1 110个（其中有449所医院），增加了1.78倍；1970年西藏卫生机构床位数和卫生技术人员数分别是2 132张和3 023人，到1990年分别增加至5 381张和7 498人，分别增加了1.52倍和1.48倍。从1990年至2015年，西藏卫生机构数由1 110个增加至1 463个，增幅为31.8%；卫生机构床位数由5 381张增加至14 013张，增幅为160.4%；卫生机构人员数由9 513人增加至17 676人，增幅为85.8%（见表4-4）。2015年年底，西藏医疗卫生机构中有医院139所、卫生院680所、门诊部（所）489家、疾病预防控制中心82个，基本形成了基层三层（县、乡、村）卫生网络服务体系（见图4-4）。一项2017年的调查数据显示，拉萨市农牧区746个家庭中有561个家庭在年内有过去村/乡镇卫生所或医院看病的经历，占比高达75.20%；有97.15%的调查对象会首选去乡/镇卫生所、县城卫生所或去拉萨市医院就诊[274]。可见，在经济快速发展的过程中西藏卫生事业保持了持续发展的态势，这对促进人口死亡水平下降起到了积极作用。

表4-4　1980—2015年西藏卫生事业发展情况

指标	年份							
	1980	1985	1990	1995	2000	2005	2010	2015
卫生机构数（个）	832	958	1 110	1 198	1 237	1 378	1 352	1 463
卫生机构床位数（张）	4 328	4 580	5 381	6 176	6 348	6 767	8 838	14 013
卫生机构人员数（人）	8 382	8 461	9 513	10 747	11 027	10 782	12 269	17 676

数据来源：《西藏统计年鉴（2017）》《西藏统计年鉴（2007）》。

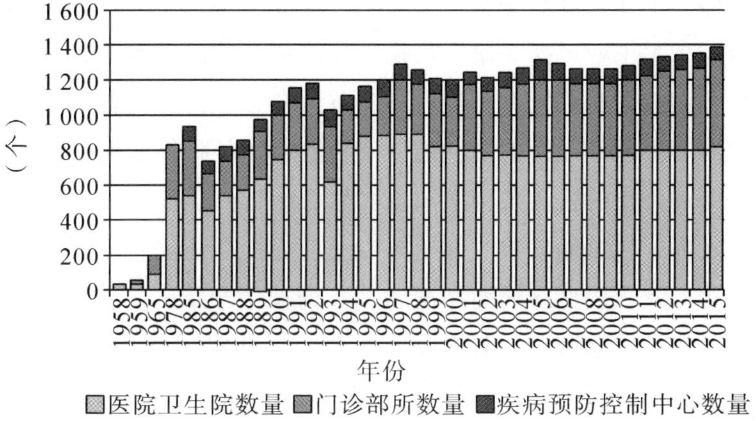

数据来源：历年《西藏统计年鉴》。

图 4-4　1958—2015 年西藏卫生机构构成情况

二、经济发展、居民生计改善与人口死亡水平下降

旧西藏是封建领主专制的农奴制社会。地方政府、封建贵族以及上层僧侣构成了旧西藏的三大领主，领主阶层虽人口约占西藏总人口的 5%，但却占有西藏几乎全部土地、草场以及绝大部分牲畜。西藏绝大多数居民也就是所谓的农奴，被分为“差巴”“堆穷”和“游民”三个阶层。领主阶层对农奴的人身占有极大地限制了社会劳动生产力，落后的生产力也使得社会物质资源十分匮乏。领主阶层对农奴严重剥削，农奴的社会地位十分低下，没有完全的人身自由，世世代代都是农奴，其子女后代都属于大领主，都必须要依附于大领主的土地之上。农奴们的劳动成果都被农奴主所占有，极少数农奴主享受了绝大部分的劳动成果。因此，农奴的生活条件以及其所拥有的物质资料都十分贫乏，生活极为艰难，这也直接导致了旧西藏较高的人口死亡水平。

在 1959 年西藏进行民主改革后，生产资料的农奴主所有制被废除，劳动人民的生产积极性高涨，其温饱生存的权利得以保障。自 1980 年以来，西藏农牧区实行以家庭经营为主的多种经营方式，如“土地归户使用，自主经营，长期不变”“牲畜归户、私有私养、自主经营、长期不变”；农畜产品的销售以市场调节为主；对农牧民免征农牧业税；对生产销售民族必需品的集体、个体工商企业免征工商税；对农牧民个人和集体上市出售、交换农牧副和手工业产品一律不收税。在改革政策的调动下，农牧区居民的积极性和创造力充分发挥：专业户、重点户和经济联合体成倍增加，勤劳致富的典型不断涌现；大批种地、放牧能手和各种能工巧匠的特长得以施展，一些现代化的机具及科学知识在生产中得到运用，地方的部分资源优势得到发挥，传统的农牧业开始向专业化、社会化转化，自然经济向商品经济转化；农牧民群众的商品观念、市场观念开始确立，加工业、运输业、商业、建筑、旅游业、服务业等各种经营迅速发展[275]。2017 年西藏城镇新增就业 5.46 万人，培训农牧民 5.93 万人，转移农牧区富余劳动力 110.48 万人次[276]。

就业改善对西藏居民增收和生计状况改善起到了非常重要的作用。西藏实施积极的就业政策，为农牧民走出农牧区到城镇和企业就业、经商创业提供帮助，政府投资项目、国有企业、对口援建项目优先吸纳当地劳动力就业。西藏三次产业就业人员从 1978 年的 93.09 万人增长至 2015 年的 234.73 万人，增长了 152.15%（见图 4-5）。此外，西藏完善就业援助制度，城镇登记失业率控制在较低水平，2016 年在 2.6%以内；规范公益性岗位开发，2016 年公益性岗位达 28 725 个，四年增长了 86%；扩大就业服务覆盖面，提高就业对象的职业技能和创业技能，着力解决就业困难人员就业，2016 年城镇新增就业 5 万余人，零就业家庭动态消零；提高农牧民市场化就业能力，2016 年转移农牧区富余劳动力 110 万人次。一项 2017 年的调查数据显示，拉萨农牧区有 94.71%的居民有工作（包括农牧业劳动）；在有工作的居民中，对自己工作状况感到非常满意的占 24.62%，感到比较满意的占 45.02%，感到一般的占 22.51%[277]。

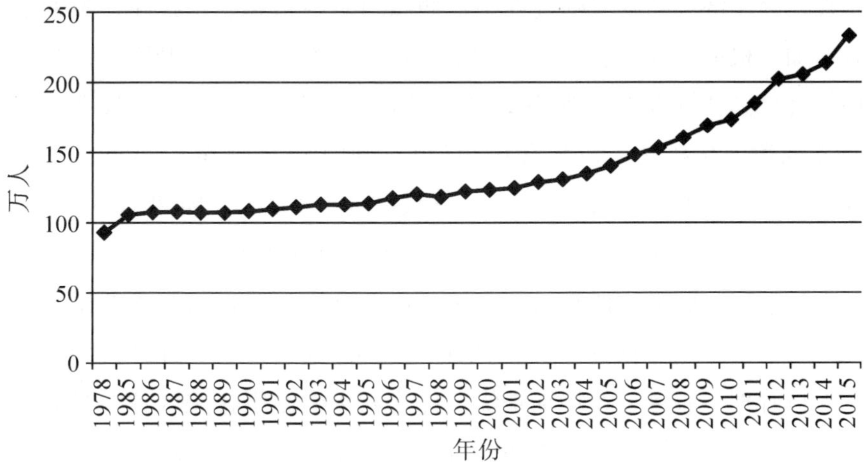

图 4-5　1978—2015 年西藏年末从业人员数变化情况

数据来源：历年《西藏统计年鉴》。

总之，西藏经济发展对居民就业和生活改善的作用是显而易见的，随着物质资料不断积累，西藏居民的生活需要不断得到满足，人口死亡水平下降。

第三节　推动西藏人口死亡水平下降的其他因素

除了经济因素通过改善居民生计、促进卫生事业发展等途径降低人口死亡水平以外，也有其他因素作用于西藏人口死亡水平的降低，主要包括西藏人口管理与服务实践、援藏工作的开展和社会习俗变化等。

一、西藏人口管理与服务实践

西藏人口管理与服务实践主要集中在优生优育、生殖健康等方面。从指标上来看，西藏优生优育和生殖健康相关服务状况可以从卫生机构、设施和人员的变化以及住院分娩率等方面予以反映，其对人口死亡水平的影响也表现在婴儿死亡率、孕产妇死亡率的变化方面。

在社会经济不断发展的进程中，西藏对卫生机构、设施和人员的投入显著增加。根据《中国卫生和计划生育统计年鉴》数据，2005 年西藏卫生机构数合计达 1 378 个，到 2016 年增加至 6 835 个，累计增加 3. 96 倍；2005 年西藏卫生机构床位数有 6 767 张，到 2016 年增至 14 456 张，累计增加 1. 14 倍；2005 年西藏卫生人员数共 10 781 人，到 2016 年增加至 29 187 人，累计增加 1. 71 倍。这些数据不仅反映出西藏卫生事业的发展，也与人口管理与服务密切相关，这正是由西藏人口管理与服务的工作重心不在生育数量控制方面这一特征决定的。在卫生和计生两机构合并之前，西藏人口管理与服务工作特别是优生优育和生殖健康相关服务的顺利开展就依赖于各项卫生资源，卫生和人口计生工作高度融合的结果是卫生资源得到高效利用以及突出的工作成效（见图 4-6）。以住院分娩率的变化为例，根据《中国卫生和计划生育统计年鉴》数据，2005 年西藏孕产妇住院分娩率仅为 34. 1%，之后逐年上升，到 2016 年已升至 91. 7%。尽管离全国平均水平仍有差距（2016 年全国孕产妇住院分娩率为 99. 7%），但是如此快的发展速度也确实反映出西藏人口管理与服务工作的显著成效。

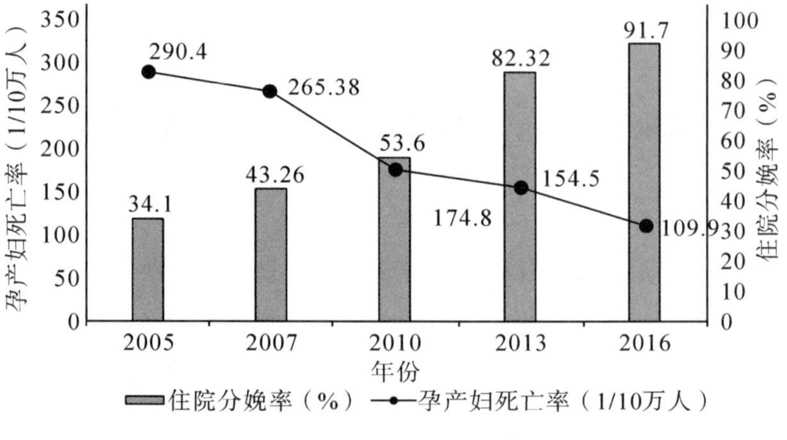

图 4-6 部分年份西藏孕产妇住院分娩率和孕产妇死亡率

西藏人口管理与服务工作直接作用于西藏人口生育水平和死亡水平的下降。为提高孕产妇住院分娩率，除了常规的宣传、教育外，西藏从地方政府到卫生计生部门都采取了一些强力措施，如采用最基本的住院分娩费用全免、奖励送即将分娩的妇女到医疗机构分娩的村医、各乡镇卫生院全部配备救护车以应对人口居住分散和就医路途遥远的现实、地方政府将孕产妇死亡率和婴儿死亡率指标纳入工作绩效考核范围等。在这些强力措施实施后，西藏育龄妇女对住院分娩的接受程度提升，这也对西藏“两率”下降起到了重要且直接的作用。“两率”下降直接作用于人口死亡水平下降，而住院分娩提高了活产婴儿比例，居民可能因此逐步改变因怕婴儿或幼儿死亡而希望多生孩子的观念。从数据上来看，2005 年西藏孕产妇死亡率为 290.4/10 万人，远高于当年全国孕产妇死亡率 39/10 万人；到 2016 年，西藏孕产妇死亡率下降至 109.9/10 万人，尽管仍有下降空间，但是进步已经非常明显。可以说，自 21 世纪开端以来，西藏人口管理与服务工作特别是生殖健康服务等相关工作在推动孕产妇死亡率、婴儿死亡率下降方面发挥了积极作用。虽然“两率”下降与活产婴儿比例提高未必对西藏人口转变带来趋势性影响，但是其在推进西藏人口转变过程中发挥的作用是显而易见的。

总之，西藏人口生育政策的重点不在于生育数量限制，与生育相关的优生优育和生殖健康服务是西藏人口管理与服务工作的核心内容之一。正是在降低“两率”过程中发挥了重要作用，西藏人口管理与服务实践在降低西藏人口死亡水平和人口转变过程中扮演了重要角色。

二、援藏工作的开展

全国支援西藏是党中央和国务院做出的重大决策，这为西藏各方面的发展注入了重要力量。自援藏工作开展以来，国家各部门、相关省（市、区）不断创新援藏模式，干部、人才、资金、技术、产业援藏力度都不断加大，取得了显著成效。援藏工作对西藏的经济社会发展做出了不可磨灭的贡献，对西藏医疗条件改善、卫生事业发展、健康观念普及等具有积极影响，从而也直接或间接地导致了西藏人口死亡水平下降。

2002 年 5 月，中共中央组织部、人事部、原卫生部联合发文（卫规财发〔2002〕132 号），要求将卫生援藏纳入对口支援工作。随后开展的卫生援藏工作对西藏人口死亡水平下降发挥了应有的积极作用。据报道，2012 年 4 月以来原国家人口计生委、卫生计生委和中国光彩事业促进会针对西藏和青海、甘肃、四川、云南藏族聚居区的工作实际和农牧民的需求先后联合实施了“同心·西藏和四省藏区幸福家庭工程”与“光彩·西藏和四省藏区健康促进工程”，带领多支由医学专家及志愿者组成的宣传医疗服务队伍，深入项目县、乡、村，开展义诊咨询、健康知识讲座等活动，受到了当地群众的欢迎[278]。资料显示，自党的十八大召开至2017年9月期间，为支持西藏医疗卫生事业的发展，中央财政和17个对口援藏省市共投入资金115.97亿元，派遣300多批援藏医疗队，诊疗患者近300万人次，完成手术2万多台次。可见，援藏工作对西藏人口死亡水平下降的积极作用是通过各种途径综合体现的，最直接的影响在于通过为西藏引进先进的医疗设备和技术人员来提升西藏的医疗技术和医疗水平，其他影响还包括通过转移支付等经济方面的支持来促进西藏经济发展和居民增收，从而改善居民的生计条件、提高居民的物质生活水平等。

三、社会习俗变化

由于独特的历史和宗教背景，社会习俗变化对西藏人口死亡水平的变动也有较大影响，这些社会习俗包含了传统的观念以及一些落后的观念和生活生产方式等。在和平解放以前的西藏，存在一些用今天的眼光来看不够先进的社会习俗，这些习俗在现如今也依然存在而没有完全消失，甚至在有的地方还根深蒂固。与城镇相比，农牧区受这些习俗的影响更大。

以生育为例：从西藏的传统习俗来看，一些地区存在认为妇女生产过程亵渎神灵的观念，因此过去的西藏农区有很多家庭将孕妇送到马棚、牛棚里生产，而牧区则将孕妇送至野外生产。由于生产环境十分恶劣，又因自然地理因素导致西藏交通极为不便，妇女在生产过程中一旦发生意外则无法及时送医，这些都极可能会直接导致婴儿或孕妇意外死亡。在市场经济体系不断完善、卫生事业不断发展、人口管理与服务积极实践的过程中，西藏居民的观念也发生着变化。目前，西藏绝大多数孕妇会到卫生机构进行分娩。2014年，研究团队一行在西藏某乡镇卫生院调研时碰到孕妇到卫生院做产前检查，当我们向此孕妇提问为什么决定到乡镇卫生院生产时，她反问道“为什么不呢?”。可见即使是农牧区育龄妇女，对住院分娩的态度、行为与过去相比也确实发生了很大变化，这种变化正反映了传统习俗的变化。虽然难以精确度量贡献程度，但是一些传统习俗的变化在西藏人口死亡水平下降中会起到一定作用，这是可以肯定的。

此外，一些关于疾病的观念和习俗也发生了变化。由于受传统宗教的影响，西藏不少地区的居民在遇到疾病时不及时去医院就诊，而是请求神汉、巫婆等用打卦、占卜、驱鬼等方式来"驱除病魔"。这种观念和行为方式无疑不利于疾病的治疗，甚至可能加重病情或导致病人死亡。在社会经济发展过程中，西藏居民有关疾病的观念也发生了变化，在医保参保和参与体检等方面有所反映。到 2015 年，西藏参加城镇职工基本医疗保险的人数已达到 34.08 万，参加基本医疗保险的人数达到 27.4 万①；截至 2016 年，西藏全区城乡居民免费体检率在 95%以上，在编僧尼免费体检率达 100%[279]。可见，用科学的方式对待疾病也反映出传统习俗的变化，广大西藏自治区的居民不再认为疾病是鬼神之事，这对降低西藏自治区的人口死亡水平具有积极意义。

社会习俗对居民个体的观念、行为具有直接影响，一些不够先进的社会习俗在西藏社会经济发展过程中逐渐发生变化，更现代、健康、科学的观念、生活方式正在西藏居民中逐步普及和深入人心，这促进了西藏人口死亡水平的下降。

本章小结

从人口死亡率、年死亡人数的变化以及年龄别死亡率、婴儿死亡率和孕产妇死亡率、人口预期寿命等指标值的变化中都可以看出，自 20 世纪 70 年代以来西藏人口死亡水平总体表现出明显的下降趋势。西藏人口死亡水平下降是多方面因素作用的结果，而经济因素最为直接和重要。一方面，西藏经济的快速发展为卫生事业发展、医疗水平提升提供了条件，这对该地区人口死亡水平的下降具有重大影响；另一方面，经济发展为西藏居民就业以及生计条件改善提供了可能，基本物质生活需要得到满足也是

① 参保人数数据来源于《西藏自治区 2016 年国民经济和社会发展统计公报》。

西藏人口死亡水平下降的原因之一。除经济动因外，西藏人口管理与服务实践主要通过降低孕产妇死亡率和婴儿死亡率来促进人口死亡水平下降；举全国之力开展的援藏工作无论是从卫生援藏的直接作用方面还是从经济援藏的间接作用方面都对降低西藏人口死亡水平做出了巨大贡献；一些西藏传统社会习俗的变化，也可能通过改变西藏居民的有关观念和行为从而作用于人口死亡水平的下降。总之，西藏人口死亡率明显下降是人口死亡水平下降的结果，后者是西藏人口转变过程的一项根本动力。

第五章　西藏人口转变发生机制：人口生育水平的变化

除了人口死亡率的变化之外，西藏人口转变进程的另一项直接体现就是人口出生率的变动。人口出生率可由已有人口数和新出生人口数计算得到，但其变动背后的机制是育龄妇女生育率的变化，综合来说就是人口生育水平的变化。本章分析了西藏人口生育水平的变化趋势及其原因，并以此对西藏人口转变的发生机制进行讨论。

第一节　西藏人口生育水平变化趋势

一、育龄妇女规模、年龄结构和生育率

育龄妇女数量以及育龄妇女的年龄构成，是一个区域未来人口规模变动的直接影响因素。因此要把握西藏人口生育水平变化趋势，有必要先掌握西藏育龄妇女数量及年龄构成的变动情况。由上文可知，西藏人口出生率从 20 世纪 90 年代中期开始显著下降，因此本书基于 1990 年以来第四、五、六次全国人口普查数据分析西藏育龄妇女变动情况。

首先，西藏育龄妇女总量增加。根据人口普查资料（见表 5－1），1990 年西藏育龄妇女共约有 53.53 万人，到 2000 年增加至约 69.05 万人，累计增加约 15.52 万人，增长了约 28.99%，远高于同期西藏总人口的增幅（19.16%）。此后西藏育龄妇女总数继续增加，到 2010 年增加至约 86.96

万人，较2000年增加了约17.91万人，增长了约25.94%，同样远高于同期西藏总人口增幅（15.54%）。可见，1990—2010年西藏育龄妇女总人数的增长是非常快的，这与较多的0~14岁女性人口逐渐进入生育年龄以及西藏育龄妇女年龄总体年轻有关。1990年、2000年和2010年分年龄组西藏育龄妇女人数见表5-1。

表5-1 1990年、2000年和2010年分年龄组西藏育龄妇女人数

单位：人

年份	育龄妇女总数	15~19岁	20~24岁	25~29岁	30~34岁	35~39岁	40~44岁	45~49岁
1990	535 326	106 878	108 115	95 128	68 456	57 606	51 762	47 381
2000	690 541	136 691	113 635	116 932	110 094	94 554	64 638	53 997
2010	869 604	129 489	154 631	148 833	119 902	117 755	109 077	89 917

数据来源：第四、第五、第六次全国人口普查资料。

其次，西藏育龄妇女年龄结构老化。由表5-1可见，1990—2010年，各年龄组的西藏育龄妇女人数都有不同程度的增加，其中增幅最大的是35~39岁和40~45岁年龄组的育龄妇女。尽管各年龄组的变动趋势总体相同，但是西藏育龄妇女的年龄构成却有所变化（见图5-1）。西藏育龄妇女中15~24岁人口占比在1990年时为40.16%，到2010年时降至32.67%，下降了7.49个百分点；同期25~39岁女性人口占比由41.32%上升至44.44%，40~49岁女性人口由18.52%上升至22.88%。可见，西藏育龄妇女中较年轻人口比例下降，较年长人口比例相对上升，西藏育龄妇女年龄结构表现出老化趋势。

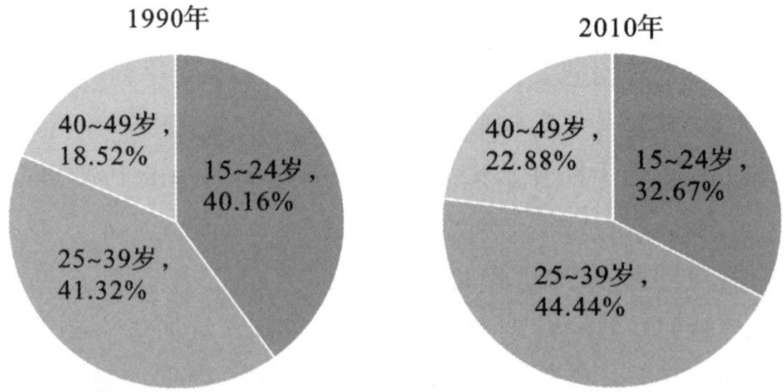

图5-1 1990年、2010年西藏育龄妇女年龄构成比较

再次，西藏育龄妇女生育率下降。如果说育龄妇女规模和结构是反映区域人口生育水平的基础指标，那么育龄妇女生育率则是体现区域人口生育水平最直接的指标。1990—2010 年，无论是总体还是分孩次观察，西藏育龄妇女生育率的下降趋势都非常明显。如表 5-2 所示，1990 年西藏育龄妇女生育率为 124.04‰，到 2000 年下降至 57.92‰，到 2010 年进一步下降至 33.01‰。西藏育龄妇女生育率显著下降意味着相同数量育龄妇女的活产子女数量显著减少，人口生育水平显著降低。分孩次来看，西藏育龄妇女生育率下降的结论依然成立，只是不同孩次之间下降幅度有所差异。具体而言，西藏育龄妇女一孩生育率由 1990 年的 31.01‰降至 2010 年的 14.83‰，下降了 16.18 个千分点；同期，二孩生育率下降了 15.49 个千分点，三孩生育率下降了 59.3 个千分点。

表 5-2　1990 年、2000 年和 2010 年分孩次西藏育龄妇女生育率 单位：‰

年份	生育率	一孩生育率	二孩生育率	三孩及以上生育率
1990	124.04	31.01	25.17	67.80
2000	57.92	20.84	15.42	21.66
2010	33.01	14.83	9.68	8.50

注：1990 年数据实际为 1989 年全年数，据第四次全国人口普查资料计算。

最后，西藏生育三孩或更多孩子的育龄妇女占比显著下降（见表 5-3）。1990—2010 年西藏生育一孩、二孩的育龄妇女占比分别由 24.99% 和 20.30% 上升至 44.92% 和 29.26%，分别上升了 19.93 个百分点和 8.96 个百分点；生育三孩及以上的育龄妇女占比则由 54.70% 下降至 25.82%，下降了 28.88 个百分点。可以看出，生育三孩及以上的育龄妇女占比已经显著低于生育一孩的育龄妇女占比，这也是西藏人口生育水平下降的明显标志。

表 5-3　1990 年、2000 年和 2010 年分孩次生育的育龄妇女占比 单位：%

年份	一孩	二孩	三孩及以上
1990	24.99	20.30	54.70
2000	36.00	26.65	37.36
2010	44.92	29.26	25.82

注：1990 年数据实际为 1989 年全年数，据第四次全国人口普查资料计算。

综上，尽管1990年以后西藏育龄妇女总人数有所增加，但是育龄妇女年龄结构老化、生育率下降等都反映出，西藏人口生育水平下降已成事实，且西藏育龄妇女显现出由“多子”向“少子”变化的特征。

二、年出生人数和人口出生率

除了育龄妇女的情况以外，西藏出生人口数的变化也反映出西藏人口生育水平下降。一是出生人口减少。1989—2010年西藏总人口持续增加，但此期间年出生人口数减少，如表5-4所示，1989年西藏出生人口约为6.89万人，2000年出生人口降至约5.18万人，2010年的出生人口下降至约4.57万人。二是人口出生率下降。1989—2010年西藏人口出生率由24.17‰下降至15.23‰，其后基本稳定在15.5‰左右，也即20世纪90年代中期到2010年前后是西藏人口出生率显著下降的阶段，此后的西藏人口出生率基本稳定。

表5-4　1989年、2000年和2010年西藏及各地区年出生人口数

单位：人

年份	西藏	拉萨	昌都	山南	日喀则	那曲	阿里	林芝
2010	45 731	5 564	11 926	4 091	11 050	8 152	1 728	3 220
2000	51 809	7 441	13 239	5 918	11 032	9 065	1 739	3 375
1989①	68 947	10 065	15 273	8 317	18 398	10 907	2 194	3 793

西藏年出生人口数变动存在一定的区域差异（见图5-2）。2010年与1989年相比，山南和拉萨的出生人口数减少幅度最大，分别为50.81%和44.72%；同期，阿里和林芝的出生人口数减少幅度较小，分别为21.24%和15.11%。西藏各地区年出生人口数减少幅度的差异反映了各地区间经济社会发展水平、自然地理条件等多方面差异，同时也反映了各地区人口生育水平下降程度的不同。由年出生人口数和人口出生率的变化可以看出，尽管存在区域差异，西藏人口生育水平下降的事实还是明确的。

① 1990年第四次全国人口普查数据中部分指标为1989年值。

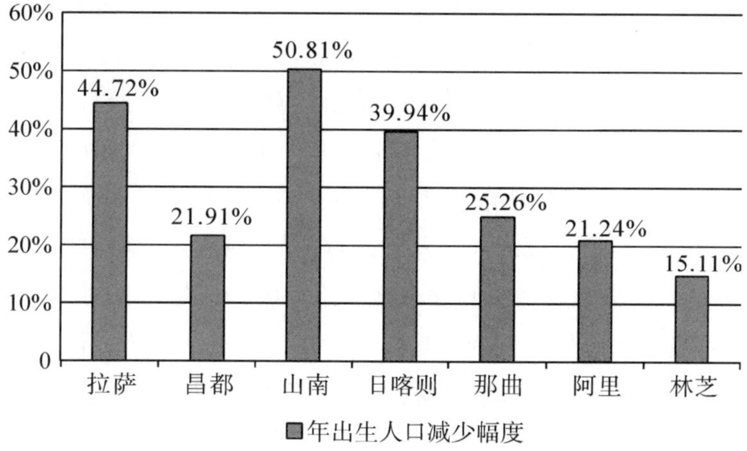

图 5-2 西藏各地区 2010 年较 1989 年出生人口数减少幅度

三、人口总和生育率

人口总和生育率排除了育龄妇女年龄结构对人口生育水平的影响，是能够对区域人口生育水平进行集中反映的一项综合性指标。一般认为 2.1 是总和生育率的更替水平，总和生育率低于 2.1 则意味着人口缩减，高于 2.1 则意味着人口增长。

根据《跨世纪的中国人口（西藏卷）》，1970—1975 年西藏人口总和生育率维持在 5.0 左右，其后有所波动，直到 1983 年以后才开始稳定下降[280]。西藏人口总和生育率下降的原因之一是计划生育政策对城镇和汉族人口生育数量进行控制，而在社会经济发展过程中西藏人口生育意愿下降也是原因之一。

根据第四次全国人口普查数据，1990 年西藏人口总和生育率为 4.22，较之前的 5.0 左右有明显下降。第五次全国人口普查数据显示，2000 年西藏人口总和生育率为 1.85，较 1990 年下降幅度更大。按照第六次全国人口普查数据计算的 2010 年西藏人口总和生育率仅为 1.05，降幅之大难免令人疑惑。

事实上，不仅西藏如此，依据人口普查数据计算的全国人口总和生育率也存在一定争议。西藏特殊的自然地理条件等原因可能导致西藏人口普查数据所反映的情况与实际产生出入也不足为奇，因此应参考各方面的资料来判断西藏人口总和生育率的变化情况。根据一项基于2004年的抽样调查数据研究得出的结论[281]，拉萨市已婚育龄妇女总和生育率为1.38。我们在西藏调研时从当时西藏有关部门获悉，2010年西藏人口总和生育率已低至2.07；2013年拉萨市人口总和生育率为1.32，2013年山南人口总和生育率略高于2。由于拉萨市流动人口多，人口性别比显著高于其他地区，按常住人口这一口径计算的人口总和生育率较低符合预期。综合来看，尽管到2010年西藏人口总和生育率未必低至1.05，但是较20世纪70年代中期的5.0左右显著降低这一变化是可以确定的。本书认为，西藏自治区有关部门所提供的2010年西藏人口总和生育率为2.07较为可信。

总之，综合判断西藏人口总和生育率从20世纪70年代中期起先稳定后下降，目前应已降至更替水平左右，部分地区、城市的人口总和生育率可能更低。西藏人口转变进程中人口总和生育率的下降直接反映了人口生育水平下降，在人口死亡率下降之后推动人口出生率显著降低。

四、西藏人口生育意愿变化

如上文所述，从西藏人口生育水平开始显著下降至“单独两孩”启动实施，这期间西藏人口生育水平下降一方面有生育政策的影响，同时也是社会经济发展过程中西藏居民生育意愿弱化的结果。因为汉族人口和城镇藏族人口毕竟占西藏总人口的比重不高，由此可以判断西藏居民生育意愿变化（从希望多生到不希望多生）是西藏人口生育水平大幅下降的重要原因。

与过去普遍希望多生相比，西藏妇女的生育意愿已经出现明显弱化，政府人口管理部门对此有非常直接和明确的把握。2014年我们在西藏调研时从西藏原有关部门了解到，“西藏老百姓以前观念上多想生育3孩或4孩，比如现在年龄在50~60岁的妇女中有3个子女者依然较多，后来生育2孩者增多，现在生育1孩的人也很多”“现在西藏农牧区20~40岁的妇女多数只生育1~2孩，很少有人生育3孩”等。此外，还有几个地（市）有关部门的工作人员都表示，有不少妇女在生育2孩甚至1孩后就主动强烈要求进行结扎，但因其不适用计划生育政策而尽量不做。2016年我们在西藏调研时，原有关部门相关工作人员表示：“西藏人口的生育行为、生育观念都是比较先进的，而且西藏85%以上的老百姓都没有实行计划生育，生育行为都是自愿选择的。现在很多城市居民都不愿意生了，牧区因为环境因素、劳动力需要生育意愿要相对强一点，但相对于以前生育率还是下降较多。现在的格局就是城镇、农牧区生育率都在下降。1996年以后才对农牧区开始避孕节育政策的宣传，和以前怀孕了就要生下来的观念不同了。现在二孩生育政策（‘单独二孩’）放开以后，城镇生育二孩的情况也不是很多。生育意愿也不算很强烈，现在年轻人也不是不愿意生，就是觉得养育孩子比较困难，没人照看，教育也是一个负担。”某地区有关部门相关工作人员谈到当地藏族人民生育观念时说到，“怀了孕顺其自然，两个最好，一男一女，现在城镇二十、三十几岁的年轻人一般选择生一个，主要考虑到生养成本，农村一般是生两个”。由此基本可以判断，就2010年以后的情况来看，西藏人口生育意愿较以前传统生育意愿发生了非常明显的变化，且城镇人口生育意愿较农牧区人口更弱。

从一些调查数据也可发现西藏人口生育意愿的变化情况。表5-5反映了西藏妇女生育意愿的变化情况。2014年我们在西藏调研时西藏原有关部门工作人员表示：“1990年时约有90%的西藏妇女希望生育3孩或更多子女，希望生育1孩和2孩的仅占10%左右；2010年，表示希望生育1孩或2孩的妇女比例已经高达70.54%；2014年调查数据显示这一比例继续升高，达到82.08%。”

表5-5　西藏妇女生育意愿变化情况

理想子女数	年份		
	1990	2010	2014
不要子女	—	9.72%	—
1个子女	10%左右	26.64%	9.64%
2个子女		43.90%	72.44%
3个子女或更多	—	—	—

数据来源：1990年数据来自西藏原有关部门座谈记录；2010年和2014年数据分别取自西藏原有关部门2010年、2014年调查，样本地区包括西藏七地（市），样本数分别为75 183个和664个；“—”表示数据缺失。

需要说明的是，与2010年调查结果相比，2014年希望生育2个子女的妇女占比有所升高，由43.09%上升至72.44%。研究团队在调研中了解到，许多西藏妇女认为独生子女风险高，生育2个子女更为合理。由此也可以看出，当前西藏妇女生育意愿与过去相比已经发生了明显变化，不少西藏妇女希望生育不超过2个子女。

除了西藏原有关部门以及调查数据外，也可从西藏居民处直接了解其关于生育的看法。2016年我们在西藏调研时对拉萨市堆龙德庆区和城关区部分居民进行了访谈，仅有20%左右的居民表示理想子女数是3个及以上或越多越好，绝大多数居民表示理想子女数是1个或2个。本书摘选部分关于生育意愿的访谈内容如下：

（1）拉萨堆龙德庆区某农村居民一，72岁，女性。“我有两个儿子，现在有一个分出去住了，是公务员。在家的大儿子40多岁，主要在县城打工……理想子女数的话，觉得少生一点好，经济负担轻一点，现在大儿子已经有两个孩子，不愿意生了，已经做了节育”。

（2）拉萨堆龙德庆区某农村居民二，41岁，女性。“家里有5口人，夫妻两人，3个小孩……理想子女数就是两三个，一个的话有风险……养孩子过程中最大的困难是上大学，养孩子的好处没怎么想过，现在也没想过以后是否让孩子留在自己身边”。

（3）拉萨堆龙德庆区某农村居民三，55岁，女性。“家里共6口人，夫妻两人，儿子儿媳妇，孙子孙女……理想子女数是两个，孩子有个伴最好，单个孩子如果发生意外，要多考虑……养孩子主要是经济上有压力，供养孩子上学很困难”。

（4）拉萨堆龙德庆区某农村居民四，26岁，男性。“家里一共7口人……我大学刚毕业，有一个姐姐和姐夫，他们有两个孩子，一个4岁，一个3个月……理想子女是一儿一女，可以互相照顾”。

（5）拉萨堆龙德庆区某农村居民五，45岁，女性。“从事农业方面的工作，有4个儿子……理想子女数是2个或3个，务农需要男丁劳动力……现在不想再要孩子了，因为4个儿子都已上学，最小的儿子都在上大二了……养育孩子最大的困难是经济压力，交纳4个孩子的学费对于务农家庭来说特别困难”。

（6）拉萨城关区某居民六，40 岁，女性。“家里 5 口人共同居住，现住在西藏大学里面，打工，没上过学，身体状况好，理想子女数是两个，他们有陪伴，一个的话害怕丢了或者病死……干农活人多点好，主要是养孩子快乐，孩子长大了可以帮忙干活”。

尽管从统计学意义上来说，这无法代表整个西藏的情况，但是西藏居民对生养子女的看法也是了解西藏人口生育水平变动及人口生育意愿变化的有效素材，希望生育 3 个或更少孩子的居民可能不在少数，且生育意愿较传统有所变化的一项明显影响因素是孩子教育、养育等带来的经济压力。

西藏育龄妇女避孕节育行为也可反映出妇女对生育的态度。2014 年，西藏原有关部门对全区育龄妇女进行的抽样调查提供了数据支撑。主要结果包括：一是西藏近九成育龄妇女采取了避孕措施，在回答相关问题的 596 位育龄妇女中有 88. 42%的人表示目前采取了避孕措施；二是宫内节育器和皮下埋植是西藏育龄妇女最主要的避孕方式，在回答相关问题的 571 位育龄妇女中有 21. 19% 的人表示宫内节育器是最主要的避孕方式，有 20. 32%的人表示皮下埋植是最主要的避孕方式（见图 5-3）；三是育龄妇女对目前的避孕方式满意程度高，在回答相关问题的 592 位育龄妇女中，分别有 22. 97%和 55. 24% 的人表示很满意和满意当前的避孕方式，仅有 2. 53%的人表示不满意（见图 5-4）。

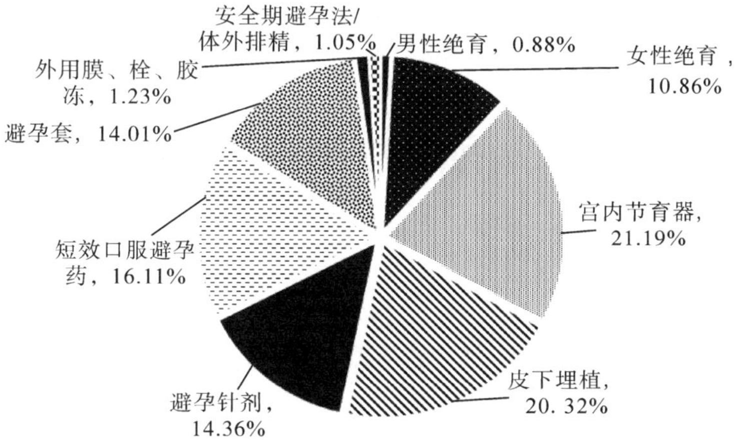

图 5-3　西藏育龄妇女主要避孕方式抽样调查结果

数据来源：2014 年西藏原有关部门调查数据，样本地区包括西藏七地（市），回答此题的有效个案数为 571 个。

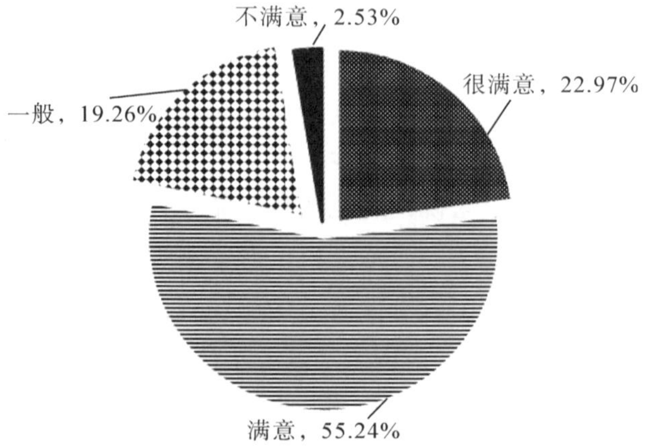

图 5-4 西藏育龄妇女避孕方式满意情况抽样调查结果

数据来源：2014 年西藏原有关部门调查数据，样本地区包括西藏七地（市），回答此题的有效个案数为 592 个。

由此可见，与传统相比西藏人口生育观念已经发生了明显变化，希望生育一孩、二孩的居民不在少数，可以判断希望生育三个以上孩子居民的比重较以前显著降低。虽然意愿与行为之间可能存在偏差，但是西藏人口生育观念变化和生育意愿弱化的事实表明，西藏人口生育水平下降与生育政策不无关系，但更是西藏居民自主选择的结果，这种自主选择在西藏人口转变过程中发挥了不可或缺的作用。

第二节 人口系统内部因素对西藏人口生育水平变动的影响

人口系统发展有其自身规律，西藏人口生育水平下降也是人口系统发展的结果，其中人口年龄结构和人口死亡水平变动是西藏人口生育水平下降的直接原因。

一方面，育龄妇女年龄结构老化降低了生育率从而降低了人口生育水平。人口年龄结构对人口生育水平有着重要影响。15~49 岁是女性的生育期，她们在总人口中所占比重是影响人口生育水平变动的一项重要因素。西藏育龄妇女年龄构成变化以及人口生育水平降低具有同步性特征。2010年西藏处于生育旺盛期（20~29岁）的妇女有30.35万人，虽然分别较2000年和1990年增加了7.29万人和10.02万人，但是这主要是西藏较快的人口自然增长带来的结果。年龄构成老化是西藏育龄妇女变化的重要特点：一是西藏育龄妇女占全部女性人口的比例明显上升，但处于生育旺盛期妇女占总人口的比例上升幅度非常小。1990年至2010年，西藏15~49岁女性人口占全部女性人口的比重由48.79%上升至59.58%，累计上升10.79个百分点；同期，西藏20~29岁女性人口占全部女性人口的比重由18.53%上升至20.79%，仅上升了2.27个百分点。二是西藏育龄妇女中相对大龄人口占比上升。西藏35~49岁女性人口占育龄妇女人口的比重在1990年是29.28%，到2000年上升至30.87%，到2010年进一步上升至36.42%。如上文所述，西藏育龄妇女生育率由1990年的124.04‰下降至2010年的33.01‰，年出生人口数也从6.89万人（1989年）下降至4.57万人。可见，西藏育龄妇女年龄结构老化对于降低育龄妇女生育率有正向影响，从而作用于年出生人口的减少。从人口系统内部来看，西藏育龄妇女年龄构成老化是人口生育水平下降的原因之一。

另一方面，婴儿死亡率下降通过弱化人口生育意愿从而降低人口生育水平。生育是人类自身繁衍和创造足够劳动力以创造物质财富的手段，若人口死亡水平高则必须有更多的人口生产出来以替代损失，因此人口死亡水平特别是婴儿死亡率的变化通过影响人口生育意愿而对生育水平产生影响。据文献记载，和平解放时西藏婴儿死亡率高达430‰，高于新中国成立时婴儿死亡率的两倍；第四次全国人口普查数据显示，到1989年西藏婴儿死亡率下降至110.17‰。据报道，到2009年西藏婴儿死亡率降至21.09‰，到2015年进一步降至16‰[282]。西藏婴儿死亡率的下降与中国医疗卫生条件的总体改善以及西藏卫生事业发展、人口管理与服务工作成效具有紧密联系，较好的医疗卫生条件和相关服务提高了婴儿存活概率，同时居民的生育意愿相应弱化。正如2016年我们在西藏调研时西藏原有关部门相关工作人员所述："过去偏远地区儿童人口死亡率高，如阿里、那曲等地，百姓为了保证有子女成活不得不多生，现在医疗卫生条件改善、人口死亡率下降，这也对妇女生育意愿的改变产生了影响。”

总之，人口系统发展规律决定了人口生育水平受人口系统自身因素的影响，对西藏而言，尽管1990年以来育龄妇女人数和总人口都有所增加，但是在育龄妇女年龄构成老化和婴儿死亡率显著下降的影响下，人口生育水平也表现出下降趋势。

第三节　推动西藏人口生育水平下降的经济因素

在分析西藏人口生育水平下降的原因时，经济方面的因素及其作用机制是不能忽略的。综合来看，经济发展与人口生育水平之间的反向关系是学术界的普遍共识，在西藏也不例外，且宏观经济现象背后的微观影响机制也须把握。

一、经济发展水平提升

西方诸多关于人口转变的研究都发现经济发展对生育水平变化有显著影响，虽然在发达国家与发展中国家以及相同国家的不同发展阶段这种影响有所不同[283]。随着生活水平不断提升，人们因从事生产活动而产生的单纯对劳动力数量的需求逐步减弱，对生育较多子女的依赖减轻，生育行为发生根本性变化，这促进了人口生育水平下降。而且，居民生活物质条件的改善、人口再生产投资费用的提高、人口再生产成本的增加，都促使人们选择少生育。

如果从一个国家或地区的经济发展程度和生育水平变动关系的视角来看，研究一般认为在经济发展初期生育率呈现上升趋势，而当经济发展到一定水平之后，经过若干中介环节的作用，生育率呈现下降趋势直至稳定。以人均地区生产总值和人口出生率指标来看，西藏经济发展和生育率变动关系基本与理论研究相符，随着人均GDP上升，西藏人口出生率下降（见图5-5）。从1990年到2010年，西藏人均地区生产总值由1 276元增加至17 027元，同期人口出生率由23.98‰降至15.23‰，两指标变动表现出明显的负相关，1990 年至 2010 年西藏人口出生率和人均 GDP 的相关系数为-0. 90；此后西藏人均地区生产总值进一步增加至 2016 年的 35 143 元，人口出生率基本稳定在 15. 5‰左右，1990 年至 2016 年西藏人口出生率和人均地区生产总值的相关系数为-0. 78。可见，从宏观视角来看，作为经典人口理论中的重要解释因素，经济发展水平提升也对西藏人口生育水平下降产生显著影响。

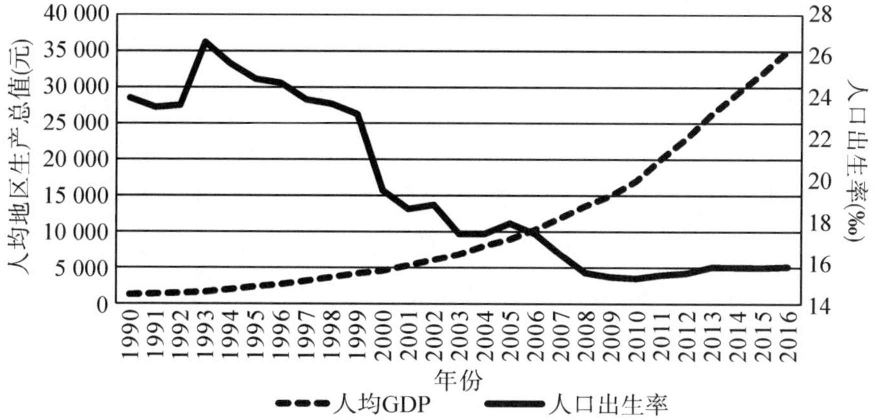

图 5-5　1990—2016 年西藏人口出生率与人均地区生产总值变动趋势图

数据来源：人均地区生产总值数据取自《西藏统计年鉴（2017）》，人口出生率数据出处同上文。

经济发展促使人口生育水平下降有若干作用机制，对西藏而言主要是生养、教育孩子成本增加导致居民生育意愿弱化。随着西藏市场经济的发展和居民对子女教育重视程度的提高，子女生活和教育所花费的成本增加，同时农牧民多无稳定的经济来源，城镇居民经济条件也千差万别，由此促使生育意愿弱化。在西藏的调研中获悉，西藏老百姓已有“越生越穷”的观念，在问及西藏居民为什么不想多生育子女时，诸如“生多了养不起”“经济负担大”“生养子女成本高”“费精力”等回答频繁出现。

总之，在西藏经济发展水平提升的过程中居民生育意愿弱化和人口生育水平下降是客观事实，生养孩子成本是居民重要的考量因素，经济因素对西藏人口生育水平的这种影响符合一般规律。

二、城镇化

有不少研究对人口迁移流动与生育水平变动之间的关系进行了分析[284]，发现由于流动和迁移人口的生育率一般较低，地区人口生育水平会受到城市外来人口低生育率的影响。城镇化对西藏人口生育水平变动的影响主要是通过城镇人口及流动人口增加来体现。

一方面，城镇化进程中西藏城镇人口显著增加。尽管 2016 年西藏的城镇化率仅有 29.56%（同年全国城镇化率为 57.35%），但是自 20 世纪 90 年代以来西藏城镇化率的变动趋势依然是稳步上升，只是发展速度并不快。《西藏统计年鉴》数据显示，1990 年西藏城镇化率是 16.4%，在随后的几年基本稳定，到 1995 年小幅上升至 16.7%；1995 年后西藏城镇化发展速度相对提升，到 2000 年城镇化率达到 19.3%，到 2016 年达到 29.56%。从 1990 年到 2016 年，西藏城镇人口由 36.32 万人增加至 97.71 万人，净增加 61.39 万人。

另一方面，西藏流动人口也有所增加，且以年轻或未婚者为主体，这些流动人口一般生育水平较低。第六次人口普查数据显示，西藏的流动人口总规模达到了 26.20 万人，比 2000 年“五普”时的 21.38 万人增长了 4.82 万人，增幅为 22.54%。根据人口普查数据，西藏总流动人口中男性占比在 2000 年是 55.96%，至 2010 年进一步升高至 57.17%，在此期间性别比也从 127.07 上升至 133.48。从年龄结构上来看，西藏流动人口主要以青壮年人口为主，2000 年和 2010 年的数据均显示出西藏流动人口的年龄主要集中在 20~49 岁，这一年龄段的人口占比分别为 73.83%和 77.95%。

与过去不同的是，西藏农牧区居民也产生了到城市务工或居住的意愿，未来西藏城镇人口占比和流动人口规模还将继续增大。2016 年我们在西藏调研时，某地区相关部门的工作人员表示：“外出务工的年轻人一般从事手工、服务、经商行业，外出的年轻人本身有一些手工技能。现在农村除了上学的，年轻人外出打工的也是多数，是季节性打工，每年 5~10 月份外出就近打工，主要集中在山南市、拉萨市，留守情况较少。”同时，不少农村居民都表达了希望进城务工的想法，比如：①拉萨堆龙德庆区某农村居民，26 岁，男性，“以后要考公务员，会到城市生活，拉萨经济好一点，机会会多一点”。②拉萨堆龙德庆区某农村居民，45 岁，女性，“亲戚朋友中有去城市务工的，我也想去城市工作，想去城市当老师，为家庭减轻负担，首选城市是拉萨”。③拉萨堆龙德庆区某农村居民，55 岁，女性，“主要是家长觉得做农活太累，希望子女找个好工作，所以本地比较重视教育，这个观念是慢慢演变过来的，主要是看到了上学没上学的变化……（小儿子的）姐姐已经毕业在城里医院工作，如果子女在城市定居的话，我们乐意去城市居住”。

总之，无论是城镇人口相比农牧区人口还是流动人口相比常住人口，都意味有更弱的生育意愿，也就意味着较低的人口生育水平。西藏城镇化进程中城镇人口相对增加以及流动人口规模增大，都是促使人口生育水平下降的原因。

三、产业变迁和就业结构变化

产业变迁和就业结构变化也会影响生育水平。第三产业的发展意味着整个社会生产对劳动者知识和技术水平要求增加而对体力要求下降，这为妇女提供了较以前相对更多的就业机会，强化了妇女在进行就业和生育之间的选择和自主决策意识，越来越多的妇女参加社会劳动而推迟甚至放弃生育子女，从而从总体上影响了人口生育水平。同时，正是由于这一变化，妇女需要更加注重个人知识水平及素质的提升，不得不花费更多时间和精力在个人提高和发展上以适应社会劳动的要求，这也影响了妇女的生育决策。

在西藏的经济发展过程中，女性越来越多地参与到就业中。从人口就业结构指标来看，1990 年至 2010 年西藏第三产业从业人员占比由 15.5%上升至 35.5%，累计上升 20 个百分点，第三产业在西藏经济体系中的作用加强。同期，西藏从业人员中女性占比基本稳定，由期初的 44.73%小幅上升至期末的 46.20%。此外，从国有经济、城镇集体经济和其他经济三类单位的女性从业人员规模及占比变动情况也可看出西藏女性就业的变化。根据《西藏统计年鉴》数据，1990 年三类单位中女性从业人员共 5.04 万人，到 2016 年增加至 12.02 万人；同期，女性从业人员占此三类单位从业人员的比重由 32%上升至 38.8%。西藏越来越多的女性在第三产业和此三类单位就业，这些情况会对总体人口生育水平产生一定影响。

一般来说，到城市务工的女性劳动者多在酒店、餐饮、旅游等行业从事服务工作，西藏第三产业特别是旅游产业的发展在吸纳女性就业方面发挥了重要作用。城镇化进程中也有不少农区妇女随丈夫一同外出打工或做小生意，多从事餐饮等服务行业。拉萨市原有关部门 2014 年 10 月的数据显示，在拉萨市流出人口中女性有 2 993 人，占流出人口的 40. 66%。总之，与人口转变理论相符，在西藏经济发展进程中越来越多的妇女参与经济活动和社会生产，这促进了她们生育观念的转变，最终作用于区域人口生育水平的下降。

第四节　推动西藏人口生育水平下降的其他因素

一、西藏人口管理与服务实践

在“单独两孩”政策启动实施以前，计划生育政策也未对西藏全部人口进行生育数量限制，而将重心放在优生优育宣传服务、计生服务等方面。在西藏人口生育水平下降过程中，相关部门人口管理与服务工作的有效开展产生了非常明显的影响。

生殖健康和优生优育服务是西藏计生工作的主要内容之一，育龄妇女对相关政策和服务的知晓及满意情况可以作为评价计生服务质量和水平的参考。本书基于 2014 年西藏原有关部门在全自治区进行的育龄妇女问卷调查数据，以免费药具发放和住院分娩相关政策的知晓和满意情况为例，对西藏人口管理与服务工作的成效进行分析。

首先，避孕药具免费发放政策知晓情况良好。一方面，育龄妇女对避孕药具免费发放政策的知晓程度高。调查数据显示，在 576 个有效回答中有 485 人知道国家对育龄群众提供免费避孕药具的政策，占比为 84. 2%，绝大多数育龄妇女知晓避孕药具免费发放的政策。另一方面，各级卫生和计生服务机构作为避孕药具免费发放的实施主体被认知情况较好。相关调查数据显示，当询问育龄妇女知道可以从哪里获得免费避孕药具时，绝大多数育龄妇女选择了各级医疗卫生或计生服务机构，其中“乡级卫生院”

的被选频次最高，作用最为突出；仅有极少数人选择“街头、居民小区等免费避孕药具箱”和“其他”途径（见图5-6）。

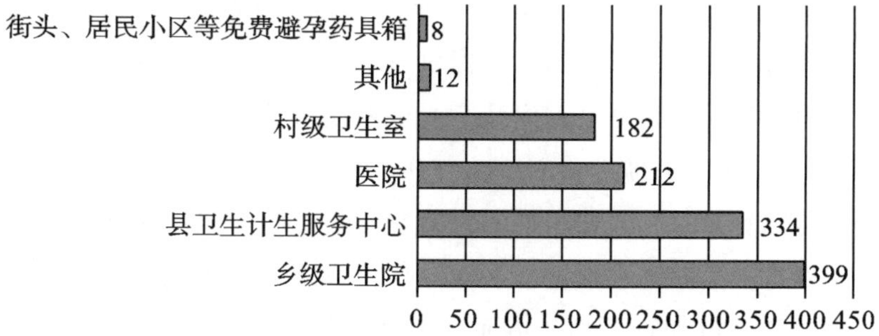

图5-6 西藏育龄妇女对各避孕药具免费发放主体的认知情况

注：相应调查问题为多选题，一个应答人可同时选择多个选项。

其次，育龄妇女对住院分娩好处的知晓程度和住院分娩的积极性较高。一是西藏育龄妇女对住院分娩的知晓程度较高，调查数据显示，在644个提供有效回答的育龄妇女中有521人表示知道住院分娩的好处，占比为80.9%。二是西藏绝大多数育龄妇女愿意住院分娩，根据相关调查数据，在提供有效回答的671名育龄妇女中有604人表示愿意到卫生医疗机构生孩子，占比达到90.01%；又如拉萨市2013年住院分娩率已达96.58%，比2010年上升了18.69个百分点。可见，西藏推进妇女住院分娩的措施成效显著。三是相比非农户口的育龄妇女而言农业户口的育龄妇女更倾向于愿意住院分娩。根据相关调查数据，在421名提供有效信息的农业户口育龄妇女中有91.21%的人愿意住院分娩，高于非农户口育龄妇女愿意住院分娩者比例约5.79个百分点（见表5-6）。

表5-6 西藏育龄妇女住院分娩意愿的城乡差异

户口类型		是否愿意住院分娩		合计
		愿意	不愿意	
农业	人数（人）	384	37	421
	比例（%）	91.21	8.79	100.00
非农	人数（人）	164	28	192
	比例（%）	85.42	14.58	100.00

注：Pearson Chi-Square值为7.47，在5%水平上显著（Sig. <0.024）。

最后，住院分娩报销政策运行情况良好。一是住院分娩报销政策知晓程度高，根据调查数据，在提供有效回答的666名育龄妇女中有574人知道住院分娩报销政策，占比达到86.19%。二是住院分娩报销服务便捷性被认可程度高。根据调查数据，在提供有效回答的675名育龄妇女中分别有426人和173人认为可以方便地享受到住院分娩报销政策，合计占比达到88.74%；认为不方便的仅有3人（0.44%）（见表5-7）。三是相比非农户口育龄妇女而言，农业户口的育龄妇女对住院分娩报销服务便捷性的认可程度更高。根据调查数据，在420名提供有效回答的农业户口育龄妇女中表示可以“很方便”和“方便”地享受到住院分娩报销服务者分别为298人和106人，合计占比为96.19%；而在188名提供有效回答的非农户口育龄妇女中表示可以“很方便”和“方便”地享受到住院分娩报销服务者分别为71人和58人，合计占比为68.62%。四是住院分娩报销政策满意度高。根据调查数据，在提供有效回答的664名育龄妇女中分别有413人和174人表示很满意和比较满意住院分娩报销政策，合计占比达到88.4%；认为不方便的仅有3人（0.45%）。五是农业户籍的育龄妇女对住院分娩报销政策的满意程度比非农户籍育龄妇女高。根据调查数据，在426名提供有效回答的农业户口育龄妇女中表示对住院分娩报销政策“很满意”和“满意”者分别为303人和102人，合计占比为95.07%；而在191名提供有效回答的非农户口育龄妇女中表示对住院分娩报销政策“很满意”和“满意”者分别为82人和55人，合计占比为71.73%。

表5-7　西藏育龄妇女对住院分娩报销便捷性和满意度评价

便捷性评价			满意度评价		
便捷程度	选择频次（次）	占比（%）	满意程度	选择频次（次）	占比（%）
很方便	426	63.11	很满意	413	62.20
比较方便	173	25.63	比较满意	174	26.20
一般	73	10.81	一般	74	11.14
不方便	3	0.44	不满意	3	0.45

注：便捷性评价和满意度评价的有效回答分别是675个和664个。

总体来看，西藏育龄妇女对生殖健康和优生优育相关政策和服务的知晓情况比较理想，且对相关政策和服务的评价及满意程度较高，这体现了政府人口管理与服务工作的成效。除此之外，西藏卫生计生部门大力推行科学避孕节育方法，并不断提高计生服务的可及性，自然地理条件对居民获取计生服务的限制被大大减弱。

由于特定的自然条件，过去计生服务可及性不高，相对偏远地区的居民无法及时获取健康保健知识以及免费避孕药具等。由于宗教原因，在西藏居民中几乎不存在“打胎”现象，因此，过去西藏的人口生育基本处于自然状态。我们在调研中获悉，一位西藏原有关部门工作人员2006年到一个偏远牧区考察时曾看到一个28岁女性已生育多个孩子，原因却是“想采取（避孕节育）措施但没有办法”。随着交通条件、基层医疗卫生条件等不断改善，西藏计生服务可及性提高，这也有助于生育意愿的弱化。2010年西藏原有关部门调查数据显示，有78.9%的妇女采取了避孕节育措施，在2014年调查的596名西藏妇女中，有88.4%的人表示目前采取了避孕节育措施。西藏计生服务可及性的提升也是西藏人口管理与服务工作的显著成效之一。

无论是对优生优育和相关计生服务政策知晓程度的提升，还是能够更方便、快捷地享受到计生服务，对西藏居民来说，都对其生育行为产生了直接影响，“不知道如何避孕节育”“避孕药具和知识匮乏”等问题对西藏绝大多数居民来说已成为过去。总之，西藏人口管理与服务工作的显著成效，在西藏人口生育水平下降过程中发挥了积极作用。

二、家庭发展

家庭发展和变迁也会通过家庭决策影响个体生育行为，最终影响人口生育水平。有研究表明，“独生子女家庭育龄妇女相对非独生子女家庭育龄妇女倾向于少要孩子，且性别偏好要弱化”[285]，可见生育行为人所处家庭的规模可能通过固化认知和行为习惯以及弱化性别偏好的方式来影响行为人的生育决策。此外，结构越简单的家庭倾向于生育子女数越少，结构越复杂的家庭倾向于生育子女数越多，可以推断相对于其他结构类型家庭而言，核心家庭的生育意愿更弱。西藏家庭变迁过程中表现出家庭规模缩小、家庭结构简化的趋势，因此西藏人口生育水平的下降难以避免地也与西藏家庭变迁过程有着密切关系。

改革开放后，西藏家庭规模总体表现出收缩的趋势。从户均人口变化来看，1982 年西藏户均人口为 5.06 人，到 2010 年减至 4.23 人；《西藏统计年鉴》数据显示，2014 年西藏城镇平均家庭人口仅为 2.93 人，农村为 5.4 人。从不同成员数量的家庭户比例变化情况来看（见表 5-8），1990 年至 2010 年，西藏 5 人及以上户的比重持续下降，而 3 人及以下户的比重显著上升，家庭发展呈现小型化特征。

表 5-8　1982—2010 年（部分年份）人口普查西藏家庭户均规模情况

单位:%

区域	年份	1 人户	2 人户	3 人户	4 人户	5 人户	6 人及以上户
西藏	1982	10.25	10.7	12.13	12.5	12.89	41.54
	1990	7.74	10.03	12.61	14.48	13.59	41.55
	2000	13.03	11.35	13.41	14.69	12.57	34.96
	2010	14.7	16.19	16.22	15.2	11.34	26.35

数据来源：历次人口普查数据。

除了家庭规模缩小以外，西藏家庭结构也发生了变化。西藏家庭结构的三种主要类型是核心家庭、直系家庭和单人户家庭，90%以上的家庭可纳入其中。西藏家庭结构的变化特征如下（见表 5-9）：一是核心家庭比例始终居于首位。1990 年、2000 年和 2010 年的人口普查数据显示西藏核心家庭比例均在五成以上，且表现出递增趋势，至 2010 年已接近 60%。二是直系家庭比例小幅下降。在城镇化和人口流动加剧的背景下，西藏直系家庭比例缩小，2010 年已低于 30%，但整体降幅不大。三是单人户比例迅速上升。2000 年西藏单人户比例升至 10%以上。总体来说，当代西藏家庭变迁呈现出核心家庭比例上升、直系家庭相对稳定、单人户比例迅速上升的格局。

表 5-9 2000 年、2010 年西藏城乡家庭结构状况 单位：%

类型/区域	2000 年		2010 年	
	城市	农村	城市	农村
核心家庭	69.3	54.4	64.1	55.7
1. 夫妇核心	—	2.2	28.1	3.9
2. 标准核心	—	51.0	24.7	31.3
3. 单亲核心	12.9	10.8	7.9	11.1
直系家庭	4.8	30.8	3.4	29.8
1. 三代及以上直系家庭	3.2	26.1	2.3	24.3
2. 二代直系	1.6	2.7	—	3.5
3. 隔代直系家庭	0	2.0	1.1	2.0
单人户	17.7	11.3	30.3	11.5

注：城市与农村分别为人口普查中的“市”和“县”的数据，没有将“镇”的数据包含在内，部分数据有缺损，并用“—”标记。

数据来源：

①王跃生. 五个民族自治区家庭结构分析：基于 2000 年、2010 年人口普查数据［J］. 广西民族研究，2014（6）：39-51.

②王跃生. 中国当代家庭核心化变动的区域比较：以 2010 年人口普查数据为基础［J］. 晋阳学刊，2015（1）：80-89.

③王跃生. 当代家庭结构区域比较分析：以 2010 年人口普查数据为基础［J］. 人口与经济，2015（1）：39-53.

④王跃生. 中国当代家庭结构变动分析：立足于社会变革时代的农村［M］. 北京：中国社会科学出版社，2009：151-403.

可以看出，在社会经济发展过程中西藏也出现了家庭规模缩小和家庭结构简化的现象，家庭对西藏居民生育观念、行为和结果的影响存在于整个家庭变迁过程。也就是说，人口生育水平降低虽然是导致家庭规模缩小和家庭结构简化的原因之一，但同样也是家庭变迁的效应之一。

三、社会保障体系的完善

社会保障体系通常包括社会保险、社会救济、社会福利以及优抚安置等内容。社会保障特别是养老保障的不断发展，无论是从观念还是从行为方面，都使原本人们对子女养老方式的较高依赖逐渐弱化，从而影响了人口生育意愿和行为，降低了整体人口生育水平。

经过多年发展，西藏逐步完善了覆盖城乡居民的社会保险体系和社会救助体系，到 2016 年各项社会保险参保人数达 300 万人次；城乡居民基本养老保险制度逐步完善，基本社会保险覆盖率巩固在 95%以上；农牧区医疗制度和城镇居民基本医疗保险制度逐渐整合，农牧区医疗制度统筹层级得以提高，商业医疗保险发展得到支持，以免费医疗为基础的农牧区医疗制度覆盖全区农牧民。

由于西藏独特的人文地理、历史条件和相对落后的经济发展，生活相对贫困的农牧民占比较高，因此，中央政府通过财政转移支付的方式将西藏户籍居民无条件全部纳入养老保障体系内：无论是否曾经缴纳过社会保障金，户籍居民达到特定年龄后每月就能够从政府领取相应数额的养老保障金，这对于西藏农牧区的居民来说是社会福利优惠；同时，西藏农牧区也有依据家庭收入与财产条件而认定的分等级补贴。西藏农牧区可享受地方特色的生产性补贴、农补与牧补以及类型诸多的惠农补贴（如：家电下乡补贴、建房补贴、农业贷款贴息补贴等）。政府以转移支付形式发放的各类社保与补贴是许多农牧民家庭货币收入的重要来源。

四、教育事业发展

教育事业发展能够有效提升人口受教育水平，而后者可通过影响人口生育意愿和行为来影响生育水平。其一，居民接受教育时间越长，所掌握的科学文化知识也相应增加，这有利于接受现代思想，摆脱传统生育观念的束缚，由多生向少生优生的意愿转变；其二，居民接受教育越多，对事业发展的期望越大，于是倾向于为了避免家庭和子女过度负担的干扰而推迟生育或减少生育子女的数量；其三，居民接受更多的教育还有助于掌握有关生育方面的知识和避孕节育技术，这也有助于较低生育水平的维持。

改革开放以来，西藏教育进入了新的发展时期，中央政府和地方政府高度关注西藏教育问题，研究制定了发展西藏教育的方针政策。围绕西藏教育发展，中央先后出台了一系列政策，促进了西藏教育事业稳步发展。西藏将科教兴藏和人才强区作为发展战略，优先发展教育，逐步建立起了以区内办学为主、与区内外教育相结合的较为完善的社会主义现代民族教育体系。

从相关统计数据也可看出西藏教育事业发展的成效。一是教育经费大幅增加，1996 年西藏教育经费仅有 5. 01 亿元，到 2016 年增加至 191. 94 亿元。二是小学和初中毕业生升学率提升，1990 年西藏小学毕业生和初中毕业生升学率分别为 62. 1% 和 36. 2%，到 2015 年分别上升至 84. 9% 和 61. 9%。三是人口受教育程度提高，2004 年西藏高中阶段学校平均在校生数为 1 344 人，到 2016 年增加至 2 316 人，同期小学和初中阶段学校平均在校生数分别由 12 119 人和 4 046 人减少至 9 349 人和 3 712 人。四是义务教育覆盖面广，2000 年以来，西藏接受初等教育的人数比重有了大幅提升，西藏小学学龄儿童入学率在 2000 年为 85. 8%，到 2016 年已经高达 99. 2%。最近几年，适龄儿童小学升初中的比例也有了极大提高，西藏适龄儿童小升初比例在 2000 年时只有 55%，到 2016 年已经达到了 91%，目前绝大部分适龄儿童接受了义务教育，见表 5-10。

表 5-10　1982—2016 年（部分年份）西藏地区适龄儿童入学率与升学率

单位：%

年份	初中毕业生升学率	小学毕业生升学率	小学学龄儿童入学率
1982	38. 1	41. 1	78. 0
1990	36. 2	62. 1	67. 4
2000	82. 5	55. 0	85. 8
2010	46. 3	93. 5	99. 2
2016	71. 6	91. 0	99. 2

数据来源：《西藏统计年鉴（2017）》。

总之，西藏教育事业发展的成效显著，人口受教育程度也大幅提升。基于人口受教育程度与生育率之间的理论关系判断，教育事业发展也是西藏人口生育水平下降的关键原因之一。

本章小结

无论是从育龄妇女的规模、年龄结构、生育率的变化等来观察，还是从人口总和生育率或实际年出生人数的变动情况来看，自 20 世纪 90 年代以来西藏人口生育水平下降的事实是客观存在的。西藏自治区政府相关部门工作人员、西藏城乡居民提供的信息以及相关问卷调查数据都表明，西藏居民的生育观念较传统已发生明显转变，人口生育意愿弱化从而使生育行为的发生减少，这是西藏人口生育水平下降的微观动因。从人口系统视角来观察，西藏人口生育水平下降是育龄妇女年龄结构老化、婴儿死亡率下降等作用的直接结果，这符合人口发展的客观规律；从经济方面来考量，经济发展水平提升、城镇化、产业变迁以及人口就业结构变化都是促进西藏人口生育水平下降的因素，这也与相关理论预期相符。此外，家庭发展、社会保障体系完善、教育事业发展以及西藏人口管理与服务工作卓有成效地开展等也对西藏人口生育水平下降具有正向影响。总之，西藏人口出生率在人口死亡率之后也表现出显著下降趋势，这是西藏人口生育水平下降的体现，人口生育水平下降同人口死亡水平下降一样也是西藏人口转变发生的根本动力之一。

第六章　人口生育政策视角下的西藏人口转变场景分析

第一节　中国人口生育政策与中国人口转变

本节以中国人口生育政策变迁为主线，对中国人口生育政策进行概述，以作为讨论西藏人口管理与服务实践及其效应的基础。

一、中国人口生育政策变迁

在新中国成立之初，政府行政机构的建设尚不够完善。从社会环境的角度来看，长期大规模的战争结束后，居民生产生活趋于稳定，使得过去因战争等受限制的生育意愿得到释放，往往会出现补偿性生育高峰。随着食物供给逐步充分以及医疗卫生水平不断提升，人口平均预期寿命得以有效增加，人口死亡率相应下降。同时，婴儿死亡率、孕产妇死亡率下降也在一定程度上促进了人口自然增长率的提升，根据2000年《中国统计年鉴》数据，1952年中国人口自然增长率高达20‰，并在1965年之前呈现上升趋势。在这一阶段，有观点认为高人口自然增长率是社会主义制度优越性的体现且符合社会主义建设的客观需求，因此在人口生育政策态度方面基本放任人口发展，同时对流产、节育等进行限制，出台了一些法规。1950年，中央人民政府卫生部和中央军委卫生部联合出台了《北京地区中央所属各军区、政机关部队妇女干部打胎限制办法》，该办法对非法打胎进行了限制。在此基础上，1952 年中央人民政府政务院文化教育委员会同意卫生部呈报的《限制节育及人工流产暂行办法》（草案），严格限制节育与人工流产，规定只有在继续妊娠会危害孕妇生命安全或新生婴儿的身体健康时经过批准才能进行人工流产；有关绝育的规定更为严格，“已婚妇女年逾三十五岁，有新生子女六人以上，其中至少有一个年逾十岁，如再生育将严重影响其健康以至危害其生命者，经过批准方可绝育”。在未经批准的情况下私自进行人工流产或绝育手术会被判处“非法堕胎罪”[286]。可见，在新中国成立初期，人口生育政策的主题是限制节育。

1953 年第一次全国人口普查的开展为新中国人口生育政策调整提供了基础性信息。在第一次人口普查之前，普遍认为中国人口总数为“四万万七千五百万人口”。1954 年第一次全国人口普查结果显示，截至 1953 年 6 月 30 日全国人口总数为 601 938 035 人。受限于当时相对落后的技术条件等，实际的人口数量可能更高。如此庞大的人口数量与当时中国落后的生产条件以及资源禀赋所能提供的供养能力不相符合，远高于预期的人口数量也引起了国家领导层的高度重视，各级政府、学术界都逐渐提出了一些有关“限制生育”的观点。时任政务院政务委员的邵力子先生在 1954 年 9 月召开的第一届全国人民代表大会第一次会议上发言提出了限制生育和宣传避孕节育知识的观点，提倡控制人口增长；后来《人民日报》刊登了他的发言，这在一定程度上反映了高层领导集体对限制人口生育的认同态度。后来，刘少奇、周恩来、毛泽东在不同场合都提到过对人口生育进行控制的可行性。1957 年 6 月，时任全国人大常委会委员的马寅初在第一届全国人大四次会议上发言阐述了关于人口控制的理论，《人民日报》后来整版刊登了马寅初的发言，标题为《新人口论》。可以看出，从新中国成立至此，中国人口生育政策虽未明显调整，但限制生育的思想萌芽已经出现。

随后，由于 1958 年至 1961 年间的特殊情况，中国人口再生产出现了重大变化，人口数量变动出现了极大幅度的负增长。受各种因素影响，“人多力量大”的认知重新确立。此时，主张限制人口过快增长的人口学家马寅初被批判，这标志着中国以限制过多生育为主的人口政策调整进入停滞。其后一段时间，中国控制人口数量的工作也处于停顿状态，人口增长基本处于自发状态，人口继续增长、经济建设停滞等进一步加剧了人口供养供需之间的矛盾。

在国民经济建设逐步回到正轨后，高层领导集体随后重申了限制生育和控制人口数量的重要性。1973 年召开的第一次全国计划生育工作汇报会提出，将“晚、稀、少”的政策在全国范围内推行，同年国务院成立了计划生育领导小组，各级政府也成立了相应的职能部门。在 20 世纪 70 年代末，随着家庭联产承包责任制实施以后中国农村生产力水平显著提升，农村居民生活得以改善，其生育意愿也相应增强。同时，随着 20 世纪 60 年代中期补偿性生育出生的人口进入婚育年龄，在 20 世纪 80 年代初期中国人口出生率、人口自然增长率都表现出回升的变化趋势，人口总和生育率也有所上升。出于对庞大人口基数和人口增长惯性的担忧，高层领导集体采取进一步措施来进行人口控制。1980 年中共中央发布的《关于控制人口增长问题致全体共产党员、共青团员的公开信》中，提倡一对夫妇只生育一个孩子，1982 年党的十二大把计划生育确定为基本国策，同年将计划生育基本国策写入新的《中华人民共和国宪法》。自此，“计划生育”作为一项基本国策予以全面推行，政策内容可以概括为“干部、职工和城镇居民除特殊情况只能生育一孩；农村普遍提倡一孩，特殊情况可批准二孩，严禁三孩”。

由于“一孩”政策的实施与广大居民既有的生育意愿出现矛盾，计划生育政策在执行过程中也采取过强制性措施、经济处罚措施等，在社会上出现了一些负面影响。基于此，1984 年中共中央转发的《关于计划生育情况的汇报》要求进一步完善计划生育政策；1988 年 3 月中央政治局常委专门会议讨论并原则上同意国家计生委的《计划生育工作汇报提纲》，会议确定了后来计划生育政策的主要内容，主要变化是允许农村“独女户”有间隔地生育二孩[287]。可见，中国以限制生育、控制人口过快增长为主要内容的人口生育政策始终在不断地调整和完善当中。

由于计划生育的强有力施行及经济发展等原因，中国人口再生产类型逐渐发生着变化。根据第五次人口普查数据，2000 年时中国 60 岁以上人口达到 1.3 亿人，占总人口的 10.2%；65 岁以上人口达到 8 811 万人，占总人口的6.96%，人口老龄化等问题引起了广泛关注。2002年，于前一年通过的《中华人民共和国人口与计划生育法》开始施行，指出“国家提倡一对夫妻生育两个子女”，并开放“双独二孩”，各省、自治区、直辖市随后予以落实和推开。随后，学界关于进一步调整和完善人口生育政策的呼声渐强，有学者向中央建议调整生育政策。2010年，国家人口与计划生育委员会发布的《国家人口发展“十二五”规划思路（征求意见稿）》提到，要“稳妥开展实行‘夫妻一方为独生子女的家庭可以生育第二个孩子’的政策试点工作”。2013年中国共产党第十八届中央委员会第三次全体会议通过的《中共中央关于全面深化改革若干重大问题的决定》提出，“坚持计划生育的基本国策，启动实施一方是独生子女的夫妇可生育两个孩子的政策，逐步调整完善生育政策，促进人口长期均衡发展”。2013年12月，全国人大常委会通过了调整完善生育政策的决议，“单独两孩”政策开始依法启动实施。2015年10月，中国共产党第十八届中央委员会第五次全体会议提出，“坚持计划生育的基本国策，完善人口发展战略，全面实施一对夫妇可生育两个孩子政策，积极开展应对人口老龄化行动”。2015年12月2日，《中华人民共和国人口与计划生育法修正案（草案）》在国务院常务会议中通过，明确在全国实施“全面两孩”政策，该草案经十二届全国人大常委会第十八次会议审议后，于2016年1月1日起实施。由此，中国人口生育政策的主要内容，从“双独两孩”经“单独两孩”过渡，进入到“全面两孩”阶段。

二、中国人口生育政策对人口转变的影响

中国人口生育政策特别是计划生育政策对中国人口转变进程的影响，主要在于其推动人口生育水平下降方面。从1979年算起，在其后的30年间，中国人口总和生育率由2.75降至1.5左右，几乎减半，这是社会经济快速发展以及计划生育政策严厉执行共同作用的结果[288]。

关于计划生育政策促进生育率下降的机制，有观点认为中国计划生育政策并非是生育率下降的决定性因素，而是加速了生育率的下降[289]。类似的观点认为计划生育状况和社会经济发展水平都直接与生育率有关，经济社会发展水平会通过影响居民的生育需要以及生育观念从而影响计划生

育政策的开展程度[290]。

无论计划生育政策对于人口生育水平下降是有直接影响还是有间接影响抑或是两者兼有，在政策实施过程中人口生育水平下降是不争的事实。有研究指出，在早期“城市有规定、农村无政策”的政策环境中，1971 年城镇妇女生育水平远低于农村妇女；在全面推行“晚、稀、少”生育政策的阶段，全国人口自然增长率由 25.83‰降至 11.87‰，总和生育率由 1970 年的 5.812 下降到 1980 年的 2.238；在“生育政策向一孩紧缩并严厉实行”的阶段，1990 年以后中国人口生育率迅速下降，调查显示总和生育率仅为 1.52；其后生育政策稳定发展，到 20 世纪 90 年代，中国人口生育水平实质性下降，并保持在更替水平以下[291]。

总之，中国人口转变进程受多重因素影响，也先后经历了死亡率下降主导的初级阶段以及生育率下降主导的高级阶段，计划生育政策在中国人口转变进程中的作用特别是降低人口生育水平方面的作用是必然存在且不可忽视的。

第二节　西藏的人口管理与服务实践

在各项人口政策中，人口生育政策对人口系统的发展具有最直接和最深远的影响。人口生育政策不仅包括生育数量的规定，还包括生殖健康服务等与生育有直接关系的政策。谈到中国总体的人口生育政策，最易于想到的便是在社会经济发展的不同阶段对人口生育数量从鼓励到严格限制再到逐步放开这一过程。然而，对于西藏而言，对生育数量的相关规定并非人口生育政策的主要内容，西藏的人口管理与服务工作也具有鲜明的西藏特点。

由于西藏特殊的人口、历史和区位背景，在 2013 年全国“单独两孩”政策实施以前，西藏一直执行 1992 年出台的《西藏自治区计划生育暂行管理办法（试行）》，对藏族人口和汉族人口实施差异化的生育政策。由于汉族人口占西藏总人口的比例仅为 10%左右，因此当时的西藏人口工作不以控制人口数量为主，2010 年西藏人口总和生育率为 2.07，略低于更替水平。在西藏藏族和汉族生育政策存在差异的前提下，西藏人口工作的重心在于人口管理与服务方面，当时的主要工作可归纳为以下几类：

一是对优生优育的宣传和教育，通过宣传与教育推动政策法规、相关知识、优生优育和生殖保健知识等的宣传和普及。西藏通过拓宽渠道、创新形式、丰富载体等措施不断深化宣教工作，事实上也取得了良好的效果。以住院分娩为例，受传统习惯和农牧区交通不便等因素影响，过去西藏特别是农牧区的育龄妇女并不认为到各级卫生机构进行分娩有什么好处，往往选择在家分娩；但 2014 年西藏全区抽样调查数据统计结果显示，在 644 名接受调查的育龄妇女构成的样本中有 80.9%的人表示知道到医疗卫生机构生孩子的好处。

二是优生优育服务和生殖健康服务，如免费孕前优生健康检查、出生缺陷干预、计生药具免费发放、住院分娩报销等。近年来，西藏免费孕检项目覆盖面不断扩大（截至 2013 年年末覆盖 133 万人），并启动了出生缺陷一级干预项目试点（截至 2013 年年末 9 个试点县完成检查建档共 5 201 人），综合节育率和住院分娩率已达较高水平，如拉萨市 2013 年综合节育率和住院分娩率已经分别达到 94%和 96.6%。

三是优生优育惠民活动，如特殊家庭特别扶助、创建幸福家庭等。截至 2013 年年末，西藏确认“一孩双女户困难家庭扶助制度”和“特殊子女家庭特别扶助制度”受助对象分别为 31 068 人和 5 285 人，落实资金分别为 2 982.5 万元和 838.8 万元；又如山南从 2008 年起开展幸福工程救助贫困母亲项目，通过提供脱贫致富启动资金共救助贫困母亲 25 人。

四是流动人口服务和管理，如流动人口信息管理和动态监测、流动人口计生服务等。西藏积极推进流动人口计划生育基本公共服务均等化，为流动人口提供免费计生药具和孕检服务。

五是人口信息化建设和人口发展研究。人口信息化与人口发展研究的有机结合是统筹解决区域人口问题的关键，推动人口信息化建设、开展人口发展研究是西藏人口工作的重要内容，这些领域的工作成效也体现了西藏人口管理与服务实践的积极作用。

在西藏人口管理与服务各项工作中，优生优育和生殖健康相关服务是核心的内容之一，因为直接影响着出生人口和死亡人口数量，因此对西藏人口转变的影响也最为直接。西藏地域广阔且自然地理条件复杂，因此，在过去即使卫生和人口计生部门向居民提供优生优育和生殖健康相关服务，由于这些服务的可及性较低，有许多居民也无法方便地享受到服务，特别是偏远地区或农牧区。随着西藏各项事业发展以及人口工作克服各种困难长期努力推进，西藏优生优育和生殖健康服务的可及性已经有了很大程度的提高，相应地居民对相关服务也表现出了较高的满意程度。以“住院分娩报销”政策和相关服务为例，2014 年西藏有关部门的一项调查数据显示：当被问及“您是否知道住院分娩报销政策”时，在回答此问题的 666 个育龄妇女中有 574 人回答“知道”，占比为 86. 19%；当被问及“您认为是否能方便地享受住院分娩报销政策”时（见图 6-1），在回答此问题的 675 个育龄妇女中分别有 426 人和 173 人回答“很方便”和“比较方便”，合计占比为 88. 74%，有 10. 81%的人回答“一般”，仅有 0. 44%的人回答“不方便”；当被问及“对住院分娩报销政策是否满意”时（见图 6-2），在回答此问题的 664 个育龄妇女中分别有 413 人和 174 人回答“很满意”和“比较满意”，合计占比为 88. 4%，有 11. 14%的人回答“一般”，仅有 0. 45%的人回答“不满意”。可以看出，较高的服务可及性和满意度反映出西藏人口管理部门优生优育和生殖健康工作取得了明显成效。

总之，正如上文所述，西藏人口管理与服务实践在西藏人口死亡水平下降、人口生育水平下降过程中都起到非常重要的作用。一方面，西藏人口管理与服务通过降低孕产妇死亡率、婴儿死亡率来降低人口死亡水平；另一方面，西藏人口管理与服务实践在居民优生优育知识宣传、相关药具发放、优生优育相关政策宣传等方面成效显著，对西藏人口生育水平的下降也具有正向影响。西藏人口转变过程不仅是经济社会发展的必然结果，西藏的人口管理与服务实践也发挥了非常重要的作用。

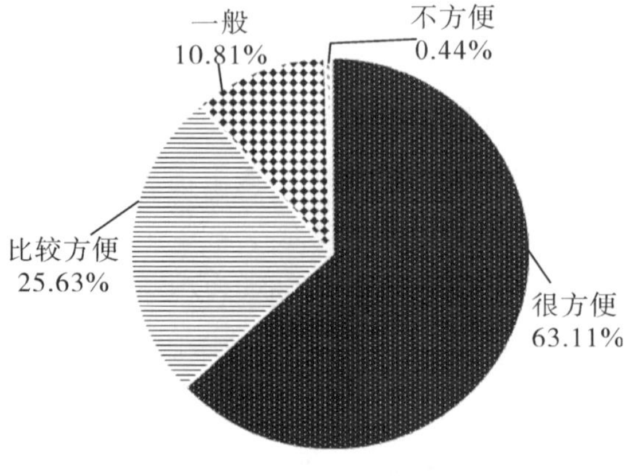

图 6-1　西藏住院分娩报销服务可及性调查情况

数据来源：原西藏有关部门 2014 年调查数据。

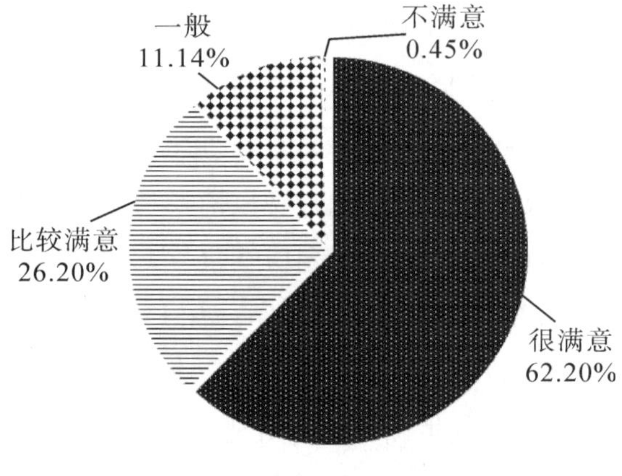

图 6-2　西藏住院分娩报销服务满意度调查情况

数据来源：原西藏有关部门 2014 年调查数据。

第三节　关于西藏人口生育政策调整完善效应的讨论

尽管西藏人口管理与服务工作的重心不在于生育数量的限制方面，但是在全国人口生育政策的几次调整完善过程中，西藏也相应进行了调整。由于人口生育政策是区域人口生育水平变动的重要影响因素，从而也可能对区域人口转变产生影响，因此也有必要讨论人口生育政策调整完善在西藏的实践情况。

一、汉藏差异的生育政策

西藏与全国一道在2013年实施“单独两孩”政策，又于2016年实施“全面两孩”生育政策。在2013年之前，西藏一直执行1992年出台的《西藏自治区计划生育暂行管理办法（试行）》，这也构成了“单独两孩”政策之前西藏人口生育政策的主体内容。

《西藏自治区计划生育暂行管理办法（试行）》对在西藏的汉藏、城乡人口生育数量进行了规定，核心包括三点。一是在藏工作的汉族干部、职工及家属，“提倡一对夫妇只生育一个孩子，严格控制生育第二胎，禁止生育第三胎”。二是城镇藏族干部、职工及其家属，“一对夫妇可有间隔地生育两个孩子，生育第二胎必须间隔三年以上，严格控制生育第三胎”。三是在腹心农牧区提倡少生、优生和有间隔地生育，提倡已有三个孩子的夫妇不再生育。概括而言，即对在西藏的汉族人口实施与内地相同的“一孩政策”；对城镇藏族人口实施有间隔的“两孩政策”；对农牧区藏族人口不进行生育数量限制，而是以教育、自愿和服务为主，提倡少生、优生和有间隔地生育。

在“单独两孩”实施以前西藏实施“藏汉有别、城乡有别”的人口生育政策，这是由全国人口计划生育制度的总体框架决定的，对藏族特别是农牧区藏族人口设置了相对宽松的条件，但未对在藏汉族人口的生育给予相对放松。事实表明，尽管西藏城镇藏族人口的生育数量限制相对宽松，农牧区藏族居民并没有明确生育数量限制，但是西藏居民生育意愿弱化，人口生育水平下降，这也成为西藏后来与全国一道进行人口生育政策调整的现实基础。

二、“单独两孩”政策的实施

根据2013年12月《中共中央、国务院关于调整完善生育政策的意见》（中发〔2013〕15号）精神，西藏自治区于2014年9月印发了《西藏自治区“单独两孩”政策实施方案》（藏政发〔2014〕100号），并于

2014 年 11 月召开了全区启动实施“单独两孩”政策的工作会议，这表明西藏自治区的“单独两孩”政策正式启动实施。

西藏“单独两孩”政策的适用对象是“一方为独生子女、只生育或合法收养一个子女的夫妇”，事实上的主要适用对象是在藏汉族单独夫妇。2010 年西藏汉族人口约有 24.5 万人，其中户籍人口约为 10.9 万人，即使到目前西藏的汉族人口基数仍然不大。研究团队于 2014 年在西藏调查时了解到，根据西藏有关部门“单独夫妇信息核查”数据，当时西藏符合“单独两孩”政策的汉族“单独夫妇家庭”仅有约 6 000 个。考虑到有真实二孩生育意愿人员比例、生育意愿与生育行为偏差、生育时机选择等因素，“单独两孩”政策对西藏人口数量变动的影响有限。

西藏启动实施“单独两孩”政策是在全国统一部署之下进行的一次人口生育政策的调整，作为“全面两孩”的过渡政策，其影响范围相对较小，对区域人口数量、人口年龄结构未产生趋势性影响。

三、从“单独两孩”到“全面两孩”

2015 年 12 月 31 日，党中央国务院印发《关于实施全面两孩政策 改革完善计划生育服务管理的决定》，要求依法组织实施全面两孩政策，即“贯彻落实新修改的《中华人民共和国人口与计划生育法》，完善相关行政法规以及地方性法规。从 2016 年开始实施全面两孩政策。各省（自治区、直辖市）政府综合评估本地人口发展形势、计划生育工作基础和政策实施风险，科学制定实施方案，报国务院主管部门备案，确保政策平稳落地，生育水平不出现大幅波动”。2015 年 12 月 27 日全国人大常委会审议通过的《中华人民共和国人口与计划生育法》（修正案），从 2016 年 1 月 1 日起正式实施。

国家通过两年间“单独两孩”的过渡，于 2016 年正式实施“全面两孩”政策，这是基于对中国社会经济发展、人口发展的深刻把握做出的决定，既是对发展需要的主动满足，也是对人口规律的及时响应。在国家的统一部署下，各省（区、市）相应推进“全面两孩”相关政策安排，西藏也不例外。由于此项工作政策性强、人群关注度高，尤其对于是否取消《独生子女证》、是否允许生育二孩、产假时间等问题咨询较多。为了在正式的地方生育条例出台之前做好政策衔接工作，西藏自治区卫计委下发了《关于我区实施国家全面两孩政策衔接工作的通知》（藏卫发〔2016〕35号）。通知要求自2016年1月1日起至西藏地方生育法规正式出台之前，产假按《西藏自治区计划生育暂行管理办法（试行）》（藏计育字〔1992〕06号）规定执行，符合《中华人民共和国人口与计划生育法》规定生育二孩的准予办理《生育服务证》，对生育两个以内（含两个）孩子的不实行审批等。

2017年7月，西藏卫计委和人社厅两部门联合发布《关于调整西藏自治区干部职工两孩生育待遇的通知》（藏卫发〔2017〕237号），规定西藏户籍干部职工女性享受一年产假、配偶享受三十天护理假，将“全面两孩”政策全面实施以来西藏的产假待遇提升至全国之最。2017年5月西藏自治区政府印发《西藏自治区妇女发展规划（2016—2020年）》和《西藏自治区儿童发展规划（2016—2020年）》，在其中特别是前者中对生育有关的规定有所涉及，但也主要集中在妇女生育服务和生育保障以及农牧区生育女孩家庭的保障方面。

可以看出，西藏“全面两孩”政策实施及配套政策调整，同样是在全国生育政策调整的大框架下进行的，具有一定的稳健性。但是，就地方生育相关立法而言，西藏的进度却相对滞后。

四、关于西藏人口生育政策调整完善效应的讨论

总体而言，通过梳理西藏人口生育政策调整完善的进程，本书的基本结论如下：

第一，政策调整对西藏人口和社会经济发展有利。在当前背景下生育水平持续下降以及人口结构不断老化，长期来看不利于社会经济持续健康发展，全国先后启动实施了“单独两孩”“全面两孩”生育政策。尽管当前西藏人口年龄结构相对均衡，人口红利对经济发展的积极作用明显，但是人口生育水平下降却是事实，此时西藏与全国同步启动实施“全面两孩”政策对于区域人口长期均衡发展和社会经济长期发展具有积极意义。

第二，政策调整对西藏优生优育服务工作提出更高要求。对于调节人

口变动而言，开放“全面两孩”并非只意味着人口“量”的增加，而是更要求“质”的提升。优生优育服务是西藏人口工作的主要内容之一，在弱化人口数量控制的大趋势下，西藏须进一步强化妇幼保健工作，继续采取措施降低孕产妇死亡率和婴儿死亡率，不断提高出生人口素质。西藏人口生育政策调整对相关服务工作的影响包括：一是增加对基层卫生健康部门工作人员的需求，为保证服务质量，基层卫生健康部门的工作人员须得到保障；二是增加对卫生专业技术人才的需求，可能增多的高危孕产妇和新生儿将加大对掌握剖宫产技术、新生儿窒息复苏技术等专业技术卫生人才的需求；三是加大医疗卫生资源保障的需求，产科出血是导致孕产妇死亡最主要的原因，西藏医疗卫生资源基础依然较弱，专业血站短缺，而可能增多的高危孕产妇将加大临床用血需求，同时对产科、麻醉、输血等医疗环节均提出了更高要求。

第三，在生育意愿普遍弱化的背景下政策体系完善力度仍可加大。就西藏而言，无论是藏族人口还是汉族人口，相比以前生育意愿都有明显弱化。“单独两孩”政策符合条件生育二孩的家庭基数小，“全面两孩”政策相应的配套制度也仍然不够健全，从进一步促进人口长期均衡发展来看政策取得明显效果的难度依然不小。

尽管西藏已经启动实施“全面两孩”生育政策，但是有两点事实不能忽视：第一，西藏人口转变已进入收尾阶段，人口转变带给区域社会经济发展的影响是直接且深远的，既有积极作用也可能带来一些消极影响，因此应尽早审视西藏长期人口发展态势及其社会经济效应。第二，西藏妇女生育观念改变、人口生育水平下降成为西藏人口发展的现实状况，无论是“单独两孩”还是“全面两孩”，西藏人口生育政策调整的效应还有待观察。基于这两点，在“全面两孩”实施的政策环境下，有必要及时分析并探讨有利于西藏人口长期均衡发展的政策思路和措施。此外，西藏目前人口年龄结构相对均衡，严重人口老龄化在短期内还不会发生，这是提前把握促进西藏人口长期均衡发展的有利条件。

基于上述考虑，本书认为，为促进西藏人口长期均衡发展，应将生育政策重心更多地集中到优生优育服务方面，并提前分析西藏人口可能的发展轨迹及其社会经济效应，讨论和研究有利于促进西藏人口长期均衡发展的政策思路和措施。

第四节 不同生育水平场景下的西藏人口转变趋势

西藏未来人口生育水平、死亡水平的变化将继续影响西藏人口转变的进程。尽管全国已于 2016 年起正式实施“全面两孩”生育政策，但是关于中国人口生育水平及其变动、关于生育政策进一步调整完善的讨论从未停止。如果全国进一步放松生育数量限制，那么在西藏流动人口继续增加以及城镇化进程持续推进的背景下，西藏人口生育水平甚至人口转变进程也可能受到影响。因此，本书基于不同生育水平参数对未来西藏人口变动进行预期，并以此为基础讨论不同生育政策场景下西藏未来的人口变动及其社会经济效应。

关于西藏未来人口生育水平变动趋势的预期，至少有三方面的因素需要考虑：一是西藏人口生育水平已呈现出的下降态势，二是全国“全面两孩”政策实施以及人口生育政策进一步调整完善的预期，三是西藏未来社会经济发展可能对人口生育水平产生的复杂影响。因此，对西藏未来人口生育水平的变动趋势难以简单判别，相应地对西藏未来人口转变趋势及其与区域经济社会发展之间关系的分析更须谨慎。本书通过假定不同生育水平参数，对西藏未来人口转变趋势及其效应进行场景分析，目的是对西藏未来可能的人口转变态势进行合理预期，并讨论其与西藏社会经济发展之间的关系。需要说明的是，尽管场景分析依托于对西藏人口进行预测来进行，但是人口预测的最终目的并非精准估计未来西藏的人口数量等，而是观察不同生育水平场景下西藏人口变动的基本态势。事实上，做到精准人口预测是极其困难甚至是不现实的，但由于人口系统具有自身发展的惯性，对人口变动趋势的预期是可能的，并且这也是研究区域经济社会发展的必要手段。

一、场景分析方法和参数说明

对人口发展变动进行预测，涉及预测方法的选择和预测参数的选择。首先在人口预测方法方面，本书采用人口矩阵预测方程式[292]，利用数理统计技术对2011—2035年①的西藏人口变动状况进行预测。使用西藏第六次人口普查以及统计、公安、民政和卫生计生系统等各部门公开发布的相关数据，假定不同人口生育水平参数，以2010年数据为预测基点。需要特别说明的是，本书预测所使用的基础数据包括了跨区流入的流动人口信息，但预测时暂不考虑流动人口，因此预测结果应不包含西藏未来流动人口增加对人口变动所带来的影响。考虑到西藏人口流动的单向性、季节性以及流入人口基本属于劳动年龄人口等现实情况，本书预测数据中的人口总量、劳动年龄人口数量等与未来实际情况相比可能存在一定程度的低估。其次是人口预测相关参数的选择，需要假定生育参数、死亡参数、出生人口性别比等。

人口总和生育率是生育水平的直接体现，在参数假定的操作中，既要考虑未来西藏社会经济发展可能的变动情况，同时又要考虑西藏人口发展的内在规律及生育水平的历史发展趋势。2013年西藏人口总和生育率约为2.07②，结合对西藏社会经济发展总体情况和在西藏的田野考察资料判断，近几年西藏人口生育水平不会发生较大变化，在此基础上对西藏2011—2035年总和生育率进行预设。第一，场景一假设西藏人口生育水平为“先稳定后下降”，假定西藏人口总和生育率在2011—2020年保持在2.1的水平，从2020年起线性下降，至2035年降至1.8。场景一的设置是考虑在一段时间内人口生育政策暂不调整，随着社会经济发展西藏居民生育意愿弱化，人口生育水平进一步下降。第二，场景二假设西藏人口生育水平为“持续稳定”，假定西藏人口总和生育率在2011—2035年保持在2.1的水平。场景二的设置是考虑在一段时间内虽然人口生育政策暂不调整，但是西藏居民特别是藏族居民普遍希望生养两个孩子的意愿较强，人口生育水

① 以2010年数据为基础的预测起止年份为2011—2035年，但本书仅使用预测得到的2017年及其之后的数据，2011年至2016年预测数据与现实统计数据应存在合理误差。

② 原西藏相关部门工作人员访谈资料。

平基本稳定在更替水平。第三，场景三假设西藏人口生育水平为“先稳定后上升”，假定西藏人口总和生育率在2011—2020年保持在2.1的水平，从2020年起线性上升，至2035年升至2.4。场景三的设置是考虑未来人口生育政策可能进一步调整，生育数量限制进一步放松，在城镇人口和跨区流入人口增加的情况下西藏人口生育水平上升至超过更替水平。

人口预测需要对西藏未来的人口平均预期寿命进行假设。一方面，从西藏人口发展的纵向历史来看，1990—2000年，西藏人口平均预期寿命在10年间由59.64岁增加到64.37岁，增加了4.73岁；在2000年到2010年又增加了3.8岁。另一方面，从横向来看，当前世界发达国家的人口平均预期寿命约为男性76岁、女性82岁；在亚洲，日本人口平均预期寿命最长，平均约为男性79岁和女性85岁；2010年中国人口平均预期寿命为男性72.38岁和女性77.37岁。

2010年，中国西藏自治区人口平均预期寿命为男性66.33岁和女性70.07岁[①]。总体来看，西藏人口平均预期寿命仍有较大的增加空间。考虑到西藏自然地理条件的特殊性和未来经济社会发展潜力等诸因素，假定西藏人口平均预期寿命到2020年男性和女性分别较2010年增加2岁，到2030年男性和女性分别较2020年再增加3岁，且三个场景中人口平均预期寿命变化趋势相同。

出生人口性别比是区域人口预测的另一项关键参数。以人口普查资料“上年分性别出生人口”数据来计算，西藏2000年和2010年出生人口性别比分别是102.73和106.61，虽小幅上升但仍处在合理区间。西藏居民没有“男孩偏好”，总体来说西藏总人口性别比基本均衡，根据人口普查数据，2000年和2010年西藏总人口性别比分别为102.67和105.69。因此假定从2011年起西藏出生人口性别比小幅上升但总体稳定，即到2025年出生人口性别比惯性上升至109，之后线性下降，到2030年下降至108，且三个场景中出生人口性别比变化趋势相同。

此外，预测使用的各年龄组人口死亡率假定与2010年相同。总之，除了人口总和生育率参数在三个场景中设置为不同的值以外，其他参数均保

① 此处的数据取自《中国人口与就业统计年鉴（2017）》。

持相同（见表6-1）。

表6-1　西藏人口预测不同人口生育水平场景设置

参数	场景一 先稳定后下降	场景二 持续稳定	场景三 先稳定后上升
人口总和生育率			
2011—2020年	保持在2.1	保持在2.1	保持在2.1
2020—2035年	下降至1.8	保持在2.1	上升至2.4
平均预期寿命（岁）			
男性	到2020年增加至68.33，到2035年再增加至71.33		
女性	到2020年增加至72.07，到2035年再增加至75.07		
出生人口性别比	到2025年上升至109，到2035年下降至108		

根据预测，在三个不同场景下2011—2017年西藏总人口预测数据相同，且与真实统计数据的误差在0.4%~3.3%，误差虽逐年增大，但仍在可接受范围之内。结合相关数据判断，误差增大与跨区流入西藏的人口增加有直接关系。如上文所述，本书预测暂未考虑西藏流动人口可能的增量，但自2010年以来跨区流入西藏的人口明显增加，经流入人口增量修正的西藏总人口预测值与实际值之间的误差则显著降低。以2017年为例，根据人口普查数据，2000年西藏总流动人口有21.38万人，其中区外流入人口为10.87万人，占比为50.93%；2010年西藏总流动人口有26.2万人，其中区外流入人口为16.54万人，占比为63.14%；2017年西藏总流动人口达到38.9万人[293]，若假定区外流入占比为65%，则区外流入约为25.29万人，区外流入人口较2010年增加8.7万人。若在预测所得2017年西藏总人口数量的基础上再增加8.7万人，则经修正的预测数据与实际数据之间的误差缩小至0.71%。总之，本书关于西藏2011—2035年人口变动的预测数据可用来对不同人口生育水平假设下的西藏人口自然变动趋势及其社会经济效应进行场景分析，在考虑人口机械变动可能的情况之后，也可用来对西藏未来人口总量与社会经济发展之间的关系进行讨论。

二、不同人口生育水平场景中的西藏人口转变趋势

在上述各项参数假定下，不同场景中西藏未来人口死亡率的差异微乎其微，因此人口出生率的差异成为影响西藏未来人口转变的核心因素。以下对三个场景中西藏人口出生率、总人口、人口年龄结构等进行说明。

一是人口出生率。由于在三种不同场景中假定了具有明显差异的人口生育水平参数，西藏人口出生率可能表现出不同的变动态势（见图 6-3）。根据预测数据，2020 年西藏人口出生率在 16.35‰左右，场景一中西藏人口出生率较快下降，场景二中西藏人口出生率下降后基本趋于稳定，场景三中西藏人口出生率先下降后有回升态势。在场景一、二、三中，2035 年西藏人口出生率分别达到 12‰、13.78‰和 15.51‰左右。

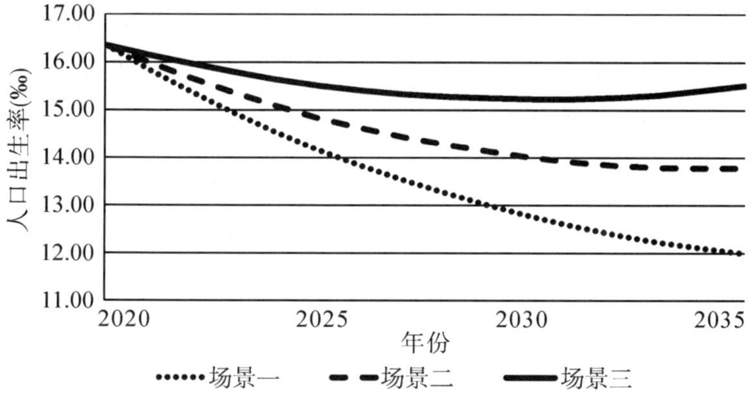

图 6-3　不同场景中 2020—2035 年西藏人口出生率变动趋势预测

二是总人口。不同场景下西藏未来人口总量存在一些差异（见图 6-4），与场景一相比场景二中西藏未来人口增长较快，场景三中西藏未来人口增长相对最快。在场景一、二、三中，2035 年西藏人口总量分别达到 366 万人、372 万人和 377 万人左右，场景一和场景三中 2035 年西藏总人口相差 12 万人左右。考虑到可能的跨区流入人口数量，未来实际的西藏总人口还将更多。

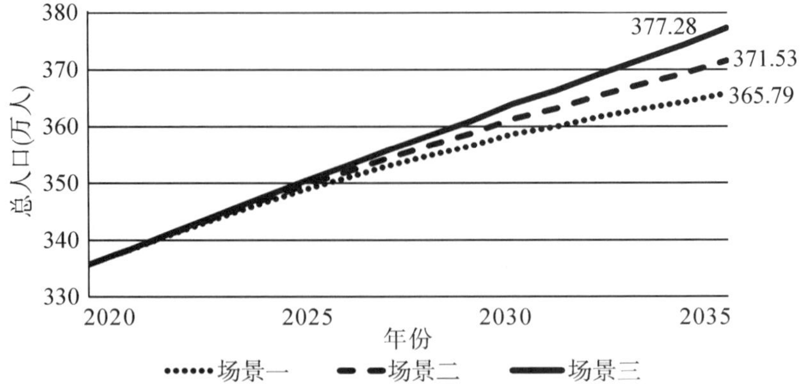

图 6-4　不同场景中 2020—2035 年西藏总人口变动趋势预测

将预测所得西藏人口出生率、人口死亡率与 1970 年至 2017 年实际数据绘制在同一张图中，并展示不同场景中西藏人口出生率的差异（见图 6-5）。可以看出，未来西藏人口死亡率将继续逐步下降，而无论是表示人口生育水平先稳定后下降的场景一，还是表示人口生育水平持续稳定的场景二，抑或是表示人口生育水平先稳定后上升的场景三，在 2035 年以前西藏人口转变的总体趋势未受到显著影响。人口出生率和人口死亡率之间较大的差额反映出较高的人口自然增长还将继续，西藏总人口将继续持续稳定增加。

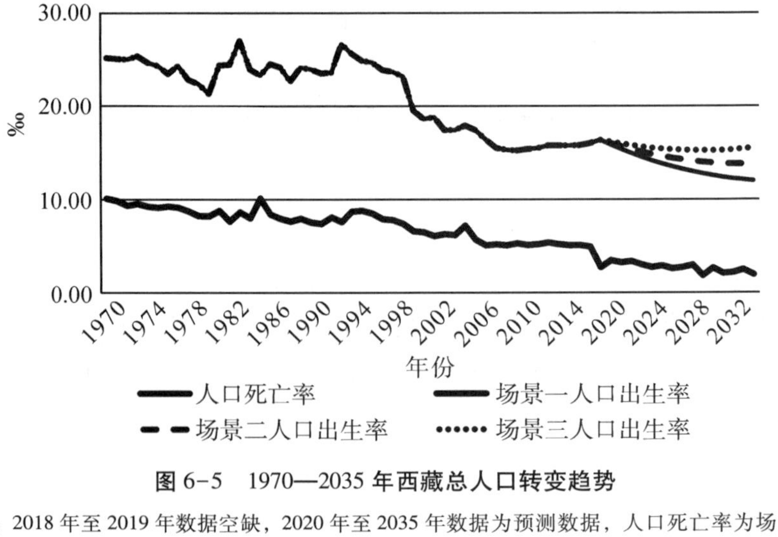

图 6-5　1970—2035 年西藏总人口转变趋势

注：2018 年至 2019 年数据空缺，2020 年至 2035 年数据为预测数据，人口死亡率为场景一数据且场景二、三数据与其之间的细微差异暂时忽略。

三是人口年龄结构。不同生育水平参数假定将导致不同的人口转变场景，相应地人口年龄结构变动情况也会有所不同（见表 6-2）。在不同场景中，西藏未来人口年龄变动趋势基本相同，西藏 65 岁及以上人口占比在 2025 年至 2030 年间都将超过 7%而达到 9%左右，到 2035 年都将超过 11%。也就是说，如果以 65 岁以上人口占总人口比重超过 7%作为人口老龄化的标准，那么西藏在 2025 年至 2035 年间也将步入老龄社会。在不同场景中，虽然都呈现下降趋势，但是西藏 0～14 岁少年儿童占比变化情况有较明显差异，在 2035 年场景一、二、三中西藏 0～14 岁人口占比分别降至 19. 16%、20. 41%和 21. 63%，这种差异也是假定不同生育参数的直接结果。不同场景中西藏 15～64 岁人口变动也表现出一定差异，与 2020 年相比，场景一、二、三中 2035 年西藏 15～64 岁人口比例分别下降 0. 48、1. 55 和 2. 59 个百分点，但在 2020 年至 2035 年间西藏劳动年龄人口占比始终保持在 67%至 70%之间。

表 6-2　不同场景中 2020—2035 年西藏人口年龄结构预测情况　单位:%

年份	场景一			场景二			场景三		
	0～14 岁	15～64 岁	65 岁及以上	0～14 岁	15～64 岁	65 岁及以上	0～14 岁	15～64 岁	65 岁及以上
2020	23. 87	69. 72	6. 41	23. 87	69. 72	6. 41	23. 87	69. 72	6. 41
2025	23. 19	69. 59	7. 23	23. 35	69. 44	7. 21	23. 51	69. 29	7. 20
2030	21. 09	69. 65	9. 26	21. 67	69. 14	9. 20	22. 24	68. 63	9. 13
2031	20. 69	69. 75	9. 56	21. 39	69. 14	9. 48	22. 07	68. 54	9. 40
2035	19. 16	69. 24	11. 60	20. 41	68. 17	11. 42	21. 63	67. 13	11. 24

对不同场景中 2035 年西藏人口金字塔进行比较也有助于把握西藏未来人口转变进程（见图 6-6）。不同场景中 2035 年西藏人口金字塔的中部和上部并未表现出明显差异，由于届时 65 岁及以上人口占比已超过 11%且 40～55 岁人口占比明显较高，西藏在 2035 年前已经进入人口老龄化社会，并还将至少持续 25 年左右。三个场景中 2035 年西藏人口金字塔最显著的区别在于底部，即在不同生育参数假定下西藏未来出生人口数量存在差异，场景三中的人口金字塔表现出增长型特征，而场景一中的人口金字塔的缩减型特征则较为突出。因为生育参数的不同，三个场景中 0～14 岁人

口数的变动趋势表现出明显差别（见图 6-7），在场景一、二、三中 2035 年西藏 0~14 岁人口数分别为 70.1 万人、75.8 万人和 81.6 万人。人口金字塔底部的这种差异在短期内的影响可能不甚明显，但从中长期来看，将对西藏未来人口年龄结构产生显著影响，将直接决定 21 世纪中后期西藏劳动年龄人口和老年人口的相对比例，进而可能对西藏社会经济发展产生全局性影响。

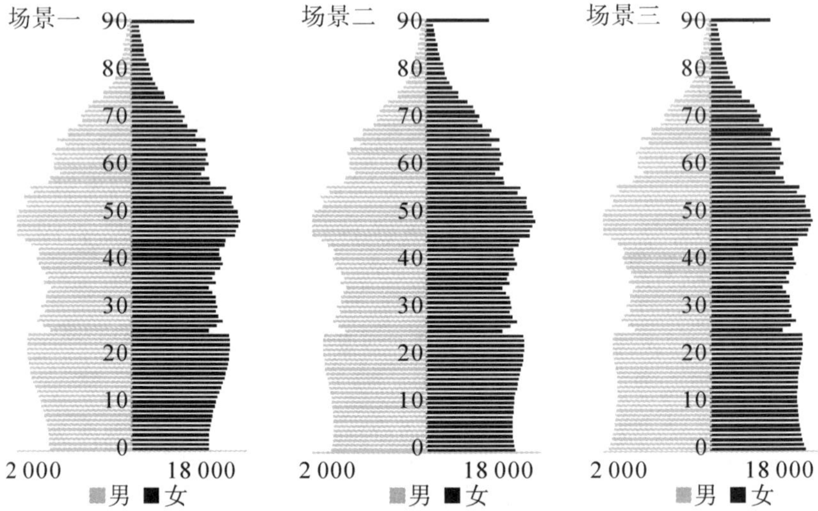

图 6-6　不同场景中 2035 年西藏人口金字塔预测情况（单位：人）

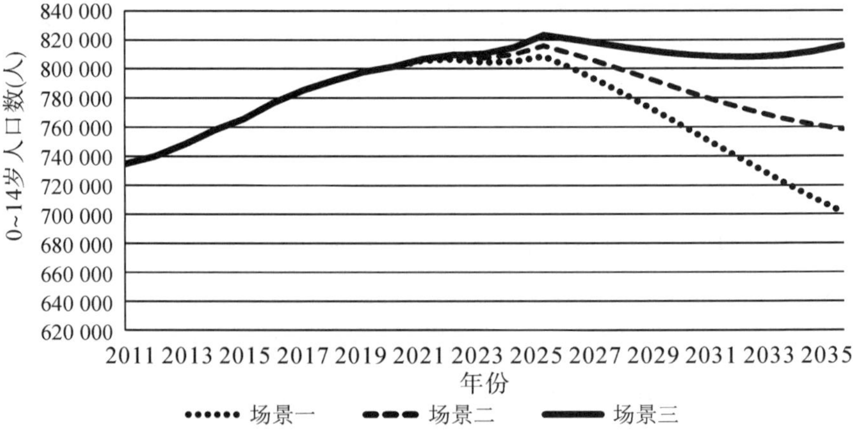

图 6-7　不同场景中 2011—2035 年西藏 0~14 岁人口数预测情况

总体来说，因生育参数假定不同，不同场景中西藏未来人口出生率、总人口、人口年龄结构的变动都将存在一定差异。尽管人口预测仅能反映变动趋势，但是基本的结论是，无论何种场景中西藏在 2025 年至 2035 年间都将步入老龄化阶段，无论何种场景中西藏在 2035 年之前的人口增长率依然不低，总人口的稳步增加应在预期之中；但是，长期来看人口生育水平对人口系统的影响是必然且明显的，人口生育水平下降无助于西藏应对老龄化社会的到来，维持在更替水平甚至在一定程度上上升的人口生育水平对未来西藏人口金字塔均衡变动可能具有积极作用。当然，由于跨区流入西藏的人口多在劳动年龄段，这也可能在一定程度上缓解人口老龄化带来的各种压力，但从长期来看西藏人口生育水平仍然是西藏人口系统发展的决定性因素。

三、关于西藏未来人口转变趋势的几点判断

结合人口生育政策视角，根据不同的人口生育水平参数假定，对未来西藏人口转变趋势进行场景分析。由上文可知，在不同的场景中西藏未来出生人口数存在较明显的差异，短期内由此带来的影响主要体现在人口年龄结构特别是 0~14 岁人口占比方面，而长期来看其影响可能更为深远。基于场景分析，关于西藏未来人口转变趋势的基本结论如下：

第一，西藏人口总和生育率从 2020 年开始下降、稳定或上升，西藏人口出生率将表现出不一致的变动趋势，其中在人口总和生育率上升的场景中西藏人口出生率也仅会在 2030 年前后才出现由降转升的转折点，而在人口总和生育率稳定和下降的场景中西藏人口出生率都总体出现下降趋势。不同场景中西藏未来 0~14 岁人口数量和占比将出现较明显的差异。

第二，若按 65 岁及以上人口占比 7%为老龄社会的标准，西藏在 2025 年至 2035 年间将步入老龄社会，西藏老年人口占比在 2035 年将升至 11%以上，即使调整生育政策干预人口生育水平，在短期内也难以避免。长期来看，人口生育水平上升将有助于均衡西藏人口年龄结构，但直到 2035 年之后再 25 年左右，西藏老年人口比例才可能明显下降，且这与未来人口生育水平的变动有密切联系；如果人口生育水平下降，那么未来西藏人口金字塔向衰减型转变的风险将大大加剧。

第三，即使在不同生育水平场景中西藏2020年至2035年人口出生率变化趋势存在差异，但较高的人口自然增长率依然持续，2035年之前西藏总人口稳步增长的趋势仍将继续。考虑到我国西部开发开放战略格局和西藏社会经济发展潜力，未来跨区流入西藏的人口增加是可以预期的，那么西藏未来人口总量超过预测值也在情理之中，也就是说，到2030年和2035年西藏总人口超过365万人和380万人也符合预期。

第四，西藏人口转变何时完成取决于人口生育水平的变动情况。若西藏人口生育水平继续下降，人口出生率继续降低，则西藏人口转变进程将继续推进，收尾阶段将持续较长时间，直到人口出生率在更低的水平稳定。如果西藏人口生育水平能够稳定在更替水平附近，且人口生育意愿和行为根本性转变得到确认，就可以判断西藏人口转变将在21世纪20年代至30年代之间完成。如果是后一种情况，就可认为西藏人口转变与一般人口转变最显著的区别，就是人口转变完成时的人口生育水平接近更替水平，人口年龄结构相对均衡。

总之，由于未来一段时间内西藏人口预期寿命延长和人口死亡水平稳定在低位的趋势可以预期，所以，未来西藏人口转变进程的主要影响因素在于人口生育水平及其变化趋势。

本章小结

人口生育政策对区域人口转变进程具有关键作用。就中国实践而言，包括计划生育在内的人口生育政策通过推动人口生育水平下降对人口转变进程产生影响，其效果也非常明显。从中国总体情况来观察，全国人口生育政策的调整完善与社会经济的实际情况和发展需要有直接联系。在“单独两孩”政策启动实施之前，西藏的人口生育政策主要是有汉藏差异的计划生育和优生优育服务等，而在其后的生育政策调整中这种差异始终存在。客观来说，人口生育政策的实施与调整完善，对西藏社会经济发展具有明显的积极作用，同时也对西藏人口管理与服务工作提出了更高要求。

基于西藏人口变动与社会经济发展的现实来考虑，西藏当前的人口转变进程所处阶段具有特殊性，正处在及时讨论和采取措施促进人口长期均衡发展的机会窗口当中。基于不同参数假定对西藏未来人口变动进行的场景分析结果表明：若人口生育水平上升，西藏仍将难以避免地在2025年至2035年间步入老龄社会，但长期来看这种调整对西藏人口年龄结构的均衡具有积极作用。考虑到人口发展惯性和中国西部开发开放潜力，即使人口生育水平继续下降，西藏总人口的增长还将继续保持一段时间，未来西藏人口转变进程的决定因素在于人口生育水平及其变化趋势。

第七章　西藏人口转变与经济发展

在西藏人口转变过程中人口死亡率、人口出生率先后下降，其最直接的效应就是人口数量增长和人口年龄结构的变化。人口系统发生的这种变化，对西藏经济发展也具有显著影响。相应地，西藏未来的人口转变进程，也将会影响西藏未来的区域经济发展进程。

第一节　人口转变视角下的西藏经济发展

经济发展是一个综合性概念，包括但不限于经济增长、产业结构和就业结构升级、城镇化、市场经济体系完善等内容，其中，经济增长和产业结构变迁是经济发展最直观的体现。审视西藏经济发展情况必须考虑人口因素，本节基于人口转变视角对西藏经济增长和产业结构变迁的状况进行分析。

一、人口转变与经济增长

西藏人口转变对人口系统的直接影响是人口数量和人口年龄结构的变化，反映经济增长情况的指标除了地区生产总值之外，与人口变动有直接关系的还有消费、储蓄等。下面将分别结合人口数量、人口年龄结构变动情况来考察西藏地区生产总值、消费及储蓄的变化情况。

第一，西藏人口数量变动与经济增长。人口作为影响经济增长的基本因素之一，同其他经济指标相比，无论是在短期内还是从中长期来看其影响均表现出较为稳定的趋势性。从20世纪80年代中期以来的数据来看，西藏人口转变进程同较快的经济增长具有较强的同步特征。人口转变进程开始以来，西藏人口死亡率、人口出生率先后下降，到21世纪初期时基本都降至并维持在相对较低的水平。人口转变使西藏人口总量明显增加，1989年西藏有215.91万人，到2015年增加至323.97万人，累计增加了108.06万人（见图7-1）。20世纪70年代后期中国的经济体制改革全面深化，西藏经济也快速增长。1989年西藏地区的生产总值为21.86亿元，2015年为1 026.39亿元，若以不变价（1985年）计算，2015年西藏地区生产总值是1989年的18倍。总之，若基于1989年至2015年的数据来看，此阶段西藏人口转变带来了西藏人口总量的显著增加，同期西藏实际经济产出也持续增加（见图7-1）。

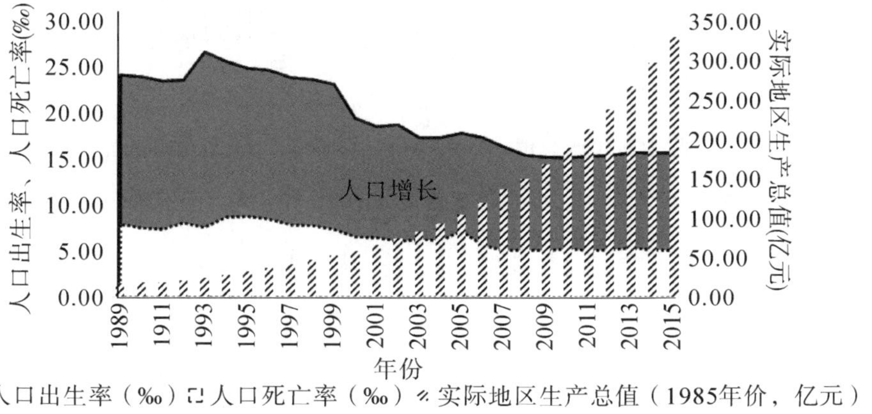

图7-1　1985—2015年西藏人口出生率、人口死亡率及实际地区生产总值

资料来源：1985年至1989年人口出生率、人口死亡率和人口自然增长率数据取自《跨世纪的中国人口（西藏卷）》第36页；1990年至1994年人口出生率、人口死亡率和人口自然增长率数据取自《中国人口与就业统计年鉴（2017）》；1995年至2016年人口出生率、人口死亡率和人口自然增长率数据取自《西藏统计年鉴（2017）》；2017年数据取自《2017年西藏自治区国民经济和社会发展统计公报》；地区生产总值数据取自《西藏统计年鉴（2017）》；下同。

第二，西藏人口年龄结构变动与经济增长。西藏劳动年龄人口数在 1989 年时有 135.65 万人，到 2015 年增加至 229.14 万人，累计增长了 93.49 万人；从 1989 年至 2015 年，西藏劳动年龄人口占总人口的比重由 62.82%上升至 72.73%，总人口抚养比由 58.17%下降至 41.39%。总人口抚养比的下降意味着社会供养老年人和少年儿童的经济负担下降，劳动年龄人口增长意味着全社会的生产性增强，这些对于西藏经济增长而言都是具有积极影响的因素。如上文所述，同期西藏实际地区生产总值也表现出持续、显著的增长趋势（见图 7-2）。

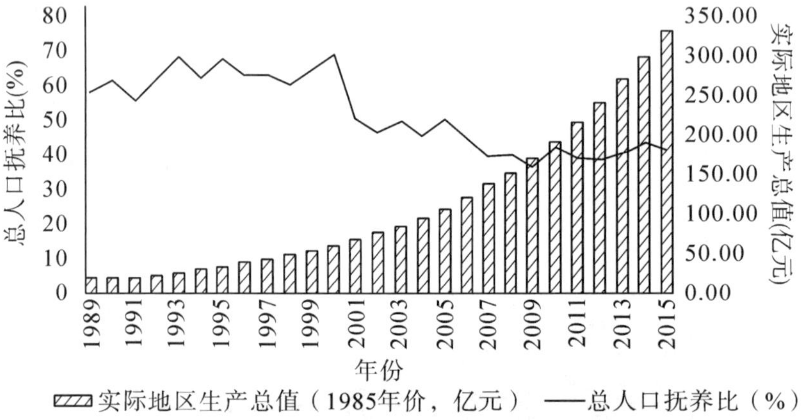

图 7-2　1985—2015 年西藏总人口抚养比和实际地区生产总值

第三，西藏人口变动与消费、储蓄。从消费角度来看，在总人口和劳动年龄人口增加的过程中，西藏经济也表现出持续增长的趋势。1989 年至 2015 年，西藏居民总消费量由 2.55 亿元增加至 35.93 亿元，人均消费量由 118 元增加至 1 109 元，人均储蓄（以各项金融机构存款总和除以总人口替代）由 996 元增加到 11.31 万元（见图 7-3、图 7-4）。同样，1989 年至 2015 年间，西藏总人口抚养比与人均消费、人均储蓄的相关系数分别为-0.8 和-0.69，人口年龄结构变动与消费、储蓄的增长也表现出一定的相关性。

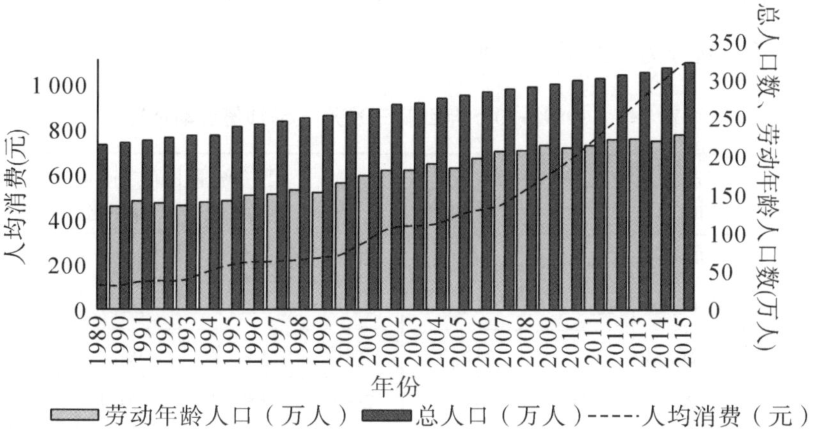

图 7-3　1985—2015 年西藏总人口、劳动年龄人口和人均消费变动趋势

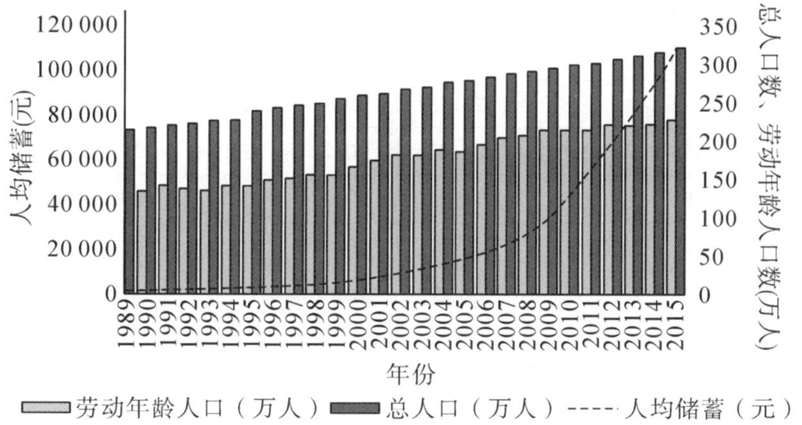

图 7-4　1985—2015 年西藏总人口、劳动年龄人口和人均储蓄变动趋势

注：人均储蓄用各项金融机构存款总和除以总人口替代。

总之，西藏人口增长和人口年龄结构变动既是人口转变的直接结果，又与区域经济增长具有高度相关性。西藏人口转变对经济增长的影响，可能通过人口数量、人口结构的变化来发挥作用。

二、人口转变与产业结构变动

自和平解放至 20 世纪 80 年代末，西藏逐步形成了以农牧业为主、工业特色明显、第三产业稳步发展的产业结构。此后第三产业发展加速，至今已成为西藏经济最主要的支撑。1989 年至 2015 年，西藏产业结构的演进大体可以划分为三个阶段（见表 7-1）。

表 7-1 1989—2015 年西藏三次产业增加值变动情况 单位：亿元

年份	第三产业增加值	第二产业增加值	第一产业增加值	年份	第三产业增加值	第二产业增加值	第一产业增加值
1989	8.98	2.84	10.04	2003	96.8	47.6	40.7
1990	10.03	3.57	14.1	2004	123.3	52.7	44.3
1991	10.86	4.17	15.5	2005	137.2	63.5	48
1992	12.24	4.46	16.59	2006	159.8	80.1	50.9
1993	13.63	5.49	18.3	2007	188.1	98.5	54.9
1994	16.97	7.88	21.14	2008	218.7	115.6	60.6
1995	19.39	13.24	23.48	2009	240.9	136.6	63.9
1996	26.46	11.32	27.2	2010	274.8	163.9	68.7
1997	31.13	16.88	29.23	2011	321.9	209.5	74.4
1998	39.99	20.14	31.37	2012	373.5	241.7	80.4
1999	47.86	23.86	34.25	2013	427.9	292.9	86.8
2000	54.4	27.1	36.4	2014	492.4	336.8	91.6
2001	69.7	32	37.5	2015	553.3	376.2	96.9
2002	89.6	32.7	39.8				

数据来源：历年《西藏统计年鉴》。

第一阶段是 1989 年至 1996 年，这一阶段西藏产业结构呈现出“一三二”的格局，但第二产业增加值占比上升。1989 年西藏第一、二、三产业的增加值分别为 10.04、2.84、8.98 亿元，产业结构为 45.9：13.0：41.1；到 1996 年分别增加至 27.2 亿元、11.32 亿元、26.46 亿元，产业结构变动为 41.9：17.4： 40.7。第二阶段是 1997 年至 2002 年，这一阶段西藏产业结构呈现出“三一二”的格局。具体而言，在此期间西藏第三产业增加值超过第一产业，而第一产业增加值仍然高于第二产业。此期间西藏产业结构由 37.8：21.9：40.3 变动为 24.6：20.2：55.2，第一和第二产业的增加值占比都有所下降，第三产业增加值占比显著上升。第三阶段是 2003 年之后，这一阶段西藏产业结构呈现出“三二一”的格局。由此可以看出，西藏产业结构的变动未经历第二产业占主体的阶段，到21世纪初期以后西藏已形成现代型的产业结构，即第三产业主导经济增长。

在人口转变进程中，西藏总人口数量和劳动年龄人口数量相应增加。劳动年龄人口是劳动力的源泉，在劳动参与率和经济活动人口比例一定的情况下，劳动年龄人口数与劳动力供给数量具有正相关的关系。经济发展理论认为产业结构变迁过程就是第二产业和第三产业先后得到大量劳动力从而非农产业不断发展的过程，非农产业的劳动力一方面来自传统农业部门，另一方面则来自人口的自然增长。1989 年至 2015 年间西藏总人口和劳动年龄人口持续增长，同期产业结构也由“一三二”逐步转变成“三二一”的格局，农牧业向非农部门转移人口与人口自然增长共同贡献于西藏非农产业发展和产业结构变迁（见图 7-5）。

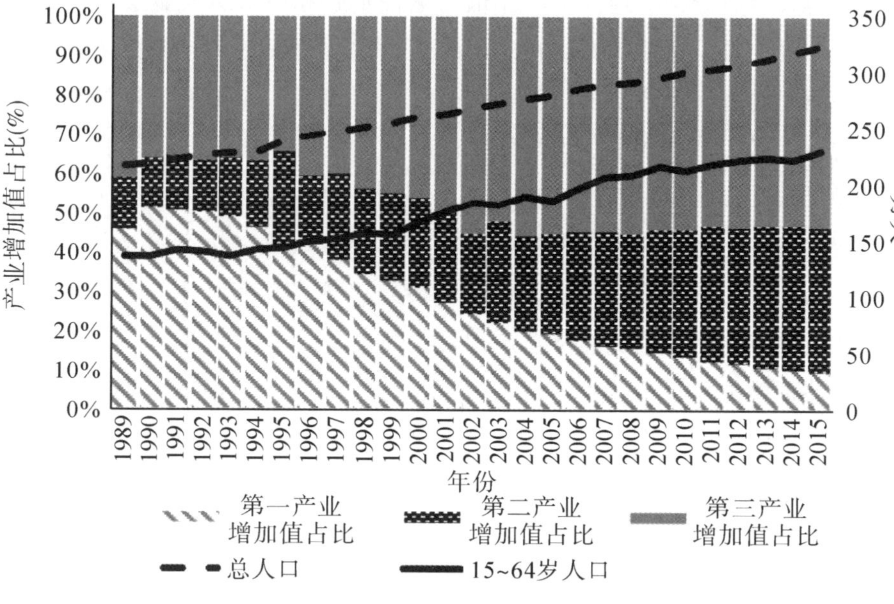

图 7-5　1985—2015 年西藏总人口、劳动年龄人口和产业结构变动趋势

此外，人口年龄结构变动对产业结构变迁也具有影响。总人口中劳动年龄人口占比越高，相对而言在产品市场上对非农产品的需求越大，从而带动非农产业的发展。1989—2015 年，西藏 15~64 岁人口占总人口的比重由 62.82%上升至 70.73%，虽然技术、制度等对产业结构变动的影响也非常重要，但是从不同生命周期阶段人口生产性、消费性不同这一点来看，人口转变进程中人口年龄结构变动也是西藏产业结构变迁的影响因素之一。

三、人口转变与经济发展的相关性

如上文所述，西藏人口转变主要通过影响人口总量变动和人口年龄结构变动来作用于区域经济增长。具体而言，人口总量变动导致劳动力供给发生变化从而间接影响经济增长，人口年龄结构变动通过影响社会抚养情况作用于消费、储蓄等，从而间接影响经济增长。因此，分别从西藏人口总量变动以及西藏人口年龄结构变动两方面分析西藏人口转变与经济增长的相关性。

一方面，从人口数量变动与经济发展的相关性来看，西藏人口总量、劳动年龄人口数分别与地区生产总值、居民消费水平、人均储蓄额存在显著的正相关关系。可能的原因在于西藏人口总量越多，劳动年龄人口数越多，从而正向影响经济增长。从相关分析结果来看，西藏劳动年龄人口与经济增长、居民消费水平、人均储蓄额的相关系数分别高达 0.93、0.91 和 0.87（见表 7-2），且均在 1%的水平上显著。就一个区域而言，劳动年龄人口增加和占比上升对经济增长产生贡献，与人口既是生产者又是消费者有关。从生产者的角度来考虑，劳动年龄人口越多越有利于社会生产，分工及规模效应有利于增加经济总产出和人均收入，在其他条件不变的情况下人均储蓄增加；从消费者角度来考虑，劳动年龄人口消费水平相较于其他生命周期阶段人口更高，消费是经济增长的直接组成部分，从这个角度来看劳动年龄人口越多越有利于促进经济增长。

另一方面，从人口年龄结构变动与经济发展的相关性来看，西藏总人口抚养比、少儿抚养比、老年抚养比分别与地区生产总值、居民消费水平、人均储蓄额存在显著的负相关关系（见表 7-2），除老年抚养比与经济增长的关系仅在 10%的水平上显著外，其他变量与经济增长的关系都通过了 1%显著水平的检验。无论基于生命周期理论还是“抚养负担假说”，少年儿童、老年人的消费多于生产，因此人口抚养比越高则社会储蓄水平越低。

表 7-2　西藏人口转变与经济发展的相关性分析

指标	地区生产总值	居民消费水平	人均储蓄额
总人口	0.934 6***	0.926 4***	0.888 0***
劳动年龄人口	0.925 9***	0.907 5***	0.873 0***
少儿抚养比	-0.750 1***	-0.725 2***	-0.693 5***
老年抚养比	-0.365 5*	-0.338 2*	-0.350 6*
总人口抚养比	-0.715 5***	-0.691 3***	-0.649 5***

注：*** 1%水平上显著，** 5%水平上显著，* 10%水平上显著。

第二节　西藏人口转变对经济增长影响的实证分析

经济增长是经济发展最重要的内容之一，本节基于实证数据，分析西藏人口转变在西藏经济增长中的作用。

一、人口转变与经济增长的动态关系

采用 1989 年至 2015 年西藏自治区有关统计指标的时间序列数据构建模型进行实证分析，分别从人口数量变动和人口年龄结构变动两方面探讨西藏人口转变与经济增长的关系。关于人口数量变动影响经济增长，关注的解释变量是人口总量、劳动年龄人口数量；在人口年龄结构变动对经济增长的影响方面，主要解释变量包括老年抚养比、少儿抚养比；被解释变量均为经济增长，以 1985 年价的西藏地区生产总值反映，同时对其进行对数化处理。由于地区生产总值与人口总量、劳动年龄人口数量表现出明显的同向变动趋势，且数据有非平稳性，因此使用 EG 协整检验方法来判断西藏人口转变与经济增长之间是否存在长期稳定关系。

首先，对时间序列数据进行 ADF 单位根检验。根据 Schwert（1989）建议的最大滞后阶数 = 12×（T/100）1/4，对数据进行 DF-GLS 检验。结果显示，地区生产总值、劳动年龄人口从 1 阶至 8 阶滞后，均无法在 10%

的水平上拒绝"存在单位根"的原假设；人口总量从1阶至3阶滞后，均无法在5%的水平上拒绝"存在单位根"的原假设；老年抚养比、少儿抚养比从1阶至6阶滞后，均无法在10%的水平上拒绝"存在单位根"的原假设。因此变量序列均存在单位根，数据具有非平稳性。

其次，确定变量的滞后阶数，以此作为协整检验的基础。从表7-3、表7-4可以看出，人口总量变动与经济增长、人口年龄结构变动与经济增长、劳动年龄人口与经济增长的最优滞后阶数均是1阶。

表7-3　人口总量变动与经济增长的滞后阶数

变量	Lag	LogL	LR	FPE	AIC	HQ	SBIC
人口总量	0	-66.006 5		1.268 6	5.913 61	5.938 4	6.012 3
	1	31.544 1	195.1*	0.000 4*	-2.221 2*	-2.146 7*	-1.925 0*
劳动年龄人口	0	-93.013 9		13.282 3	8.260 2	8.286 9	8.360 8
	1	5.614 1	245.8	0.003 5*	0.033 5*	0.108 0*	0.329 7*

表7-4　人口年龄结构变动与经济增长的滞后阶数

变量	Lag	LogL	LR	FPE	AIC	HQ	SBIC
少儿抚养比	0	-100.271 0		24.964 6	8.893 1	8.917 9	8.991 8
	1	-1.692 8	197.16	0.006 7*	0.668 9*	0.743 4*	0.965 1*
	…	…	…	…	…	…	…
老年抚养比	0	-65.372 4		1.200 6	5.858 47	5.883 3	5.957 2
	1	33.568 1	197.88*	0.000 3*	-2.397 22*	-2.322 7*	-2.101 0*
	…	…	…	…	…	…	…

最后，构建向量误差修正模型。由于本书是从人口总量变动、人口年龄结构变动两方面来分析西藏人口转变同经济增长之间的关系，因此构建两个VECM模型（见表7-5）：第一，利用西藏人口总量、劳动年龄人口数分别同地区生产总值构建模型，命名为VECM（1）；第二，利用西藏老年抚养比、少儿抚养比分别同地区生产总值构建模型，命名为VECM（2）。具体估计结果如下：

表 7-5 人口总量、人口年龄结构变动与经济增长的误差修正模型

模型	变量	R^2	chi^2	P 值	调整系数
VECM 模型（1）劳动年龄人口	LnGDP	0.945 6	417.005 8	小于 0.001	0.058 6
	劳动年龄人口	0.563 9	31.028 4	小于 0.001	0.099 8***
	协整关系		544.682 0	小于 0.001	
VECM 模型（1）人口总量	LnGDP	0.940 5	379.366 1	小于 0.001	-0.090 2
	人口总量	0.897 2	209.469 6	小于 0.001	26.656 2***
	协整关系		8 106.446 0	小于 0.001	
VECM 模型（2）老年抚养比	LnGDP	0.942 2	391.073 0	小于 0.001	0.003 6
	老年抚养比	0.365 9	13.851 5	0.001	-0.560***
	协整关系		15.928 7	小于 0.001	
VECM 模型（2）少儿抚养比	LnGDP	0.942 8	395.514 0	小于 0.001	0.010 8
	少儿抚养比	0.281 9	9.421 5	0.009 0	-5.774 9**
	协整关系		34.387 2	小于 0.001	

注：*** 表示 1%水平上显著，** 表示 5%水平上显著，* 表示 10%水平上显著。

VECM（1）模型反映了西藏人口总量、劳动年龄人口数与地区生产总值的误差修正结果。其一，从西藏人口变动与经济增长的协整关系来看，西藏人口总量的短期调整系数在 1%的水平上显著，说明人口总量会对地区生产总值产生影响；西藏劳动年龄人口的短期调整系数显著，说明西藏劳动年龄人口数也会对地区生产总值产生影响。其二，短期调整系数的大小反映了对偏离长期均衡的调整力度。从人口总量方面来看，地区生产总值的长期调整系数约为 26.6，符合正向修正机制，说明当前一期的人口总量偏离长期均衡关系时，当期的人口总量对前期的非均衡状态进行调整，将其拉回长期均衡状态；从劳动年龄人口数的角度来看，地区生产总值的长期调整系数为 0.1，当前一期的劳动年龄人口偏离长期均衡关系时，则当期的劳动年龄人口对前期的非均衡状态进行调整，将其拉回长期均衡状态。人口总量的调整系数大，反映其调整幅度大，同时也反映出人口总量与地区生产总值在短期内还受其他因素的影响，需要其他因素调节才能达到长期均衡。

VECM（2）模型反映了老年抚养比、少儿抚养比与地区生产总值的误差修正结果。其一，从老年抚养比、少儿抚养比与地区生产总值的协整关系来看，老年抚养比、少儿抚养比的短期调整系数均显著，说明两类抚养比会影响地区生产总值。其二，老年抚养比的调整系数为-0.56，存在反向修正机制，当前一期的老年抚养比存在偏离长期均衡关系时，当期的老年抚养比对前期的非均衡状态进行调整，将其拉回长期均衡状态；少儿抚养比的调整系数为-5.77，符合反向修正机制，当前一期的少儿抚养比存在偏离长期均衡关系时，当期的少儿抚养比对前期的非均衡状态进行调整，将其拉回长期均衡状态。少儿抚养比的调整系数绝对值较大，反映其调整幅度较大，同时也反映出少儿抚养比与地区生产总值在短期内还受其他因素的影响，需要其他因素调节才能达到长期均衡。

从长期来看，人口总量与地区生产总值呈正相关关系，劳动年龄人口与地区生产总值呈正相关关系，老年抚养比与地区生产总值呈负相关关系，少儿抚养比与地区生产总值呈负相关关系。对模型的稳定性进行检验，结果显示除VECM模型本身所假设的单位根位于单位圆线上外，其他特征根均位于单位圆内，因此可判断构建的模型整体具有稳定性。

二、人口红利对经济增长的贡献

如上文所述，在人口转变过程中会有一个劳动年龄人口比重较高、社会总抚养负担较低、劳动力资源丰富从而有利于提高劳动生产率的阶段，由此对经济产生的积极影响被称为人口红利。人口红利是中国经济快速发展的动力源泉之一，这已达成普遍共识。西藏虽具有特殊的地理环境和独特的文化传统，但人口转变带来的人口红利同样也是推动区域经济发展的重要源泉。何景熙（2006）基于西藏自治区人口普查资料，研究提出2010年至2030年西藏地区劳动年龄人口比重较高，会出现社会总负担比最轻的人口红利期[294]。

为探讨人口红利对经济增长的影响，本书采用陈友华（2008）构建的模型来估算人口红利对区域经济增长的贡献[295]。具体而言，一个区域地区生产总值的构成如下：

$$GDP_t^s = \frac{GDP_t}{L_t} \times \frac{L_s}{P_s} \times P_t$$

其中，GDP 为地区生产总值，L 和 P 代表 15~59 岁组人口数与总人口数，下标 t 代表年份；L_s 和 P_s 分别代表标准人口（或参照人口）中 15~59 岁人口与总人口数；GDP_t 表示含有人口红利的第 t 年实际 GDP，GDP_t^s 表示不含人口红利的第 t 年理论地区生产总值。人口红利要素对地区生产总值的贡献率的计算公式为：

$$贡献率 = \frac{GDP_t - GDP_t^s}{GDP_t} \times 100\%$$

根据上式计算的西藏人口红利对经济增长的贡献见图 7-6。在 2000 年以前，西藏 15~64 岁劳动年龄人口比重相对较低，此时人口红利对西藏的经济增长影响较小，在 2000 年的地区生产总值中，人口红利的贡献占 8.8%。随着人口转变持续推进，西藏人口年龄结构也继续发生变化，在 15~64 岁人口比重上升的同时总人口抚养比下降，人口红利对经济增长的影响程度逐渐加大，人口红利对经济增长的贡献率越来越高。进入 21 世纪以后，人口红利对西藏地区生产总值的增长具有较大贡献，人口红利的贡献率维持在 10%以上，2009 年的贡献率甚至高达 20%。到 2015 年，西藏人口红利对经济增长的贡献率为 17.32%。

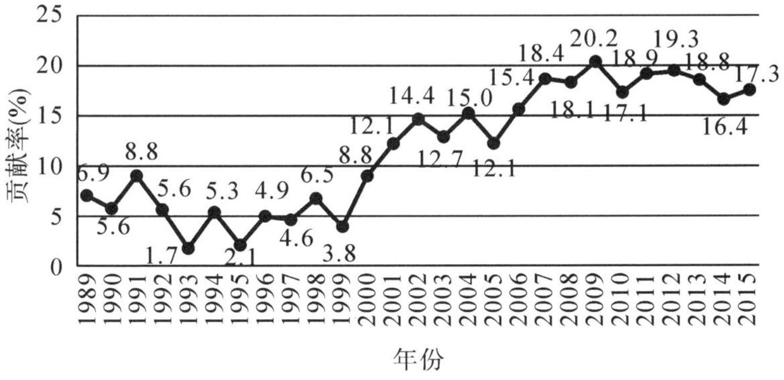

图 7-6　场景二中西藏不同年龄段人口数量变动趋势

第三节 西藏未来人口转变的经济效应

尽管对西藏未来人口转变过程中的人口数量、质量、结构数字难以精准预测，但是基于对西藏未来人口转变场景分析结果来讨论西藏经济发展可能受到的影响，仍是可行且必要的。

一、人口数量增加的影响

西藏的人口增长主要来自两个方面，一是人口发展惯性中出现的人口自然增长，根据上文场景分析结果，在不考虑流入人口增量的前提下 2035 年西藏总人口可能达到 370 万人左右；二是跨区流入西藏人口的增量，在西部开发开放、“一带一路”建设和西藏社会经济加速发展的大背景下，西藏人口流入总量增长的趋势是可以预期的。结合以上两点可知，西藏总人口在未来一段时间内仍将继续增长，至少在 2035 年前这种趋势改变的可能性很小。

无论是从生产视角还是从消费视角来看，人口增长都意味着经济活力增强，西藏未来的人口增长主要通过提供充足的劳动力来助力区域经济发展。根据上文的场景分析结果，在不考虑流动人口增量的情况下，2020 年至 2035 年西藏 15~64 岁人口数将由 230 万人左右增加至 250 万人左右。在劳动参与率和经济活动人口比例一定的情况下，劳动适龄人口增加意味着经济系统可以获得更加充分的生产要素，直接贡献于经济增长。同时，消费对于人的生存和发展而言属于刚性需求，人口越多社会消费需求规模越大，社会消费的多样化程度就越高。

除人口自然增长外，西藏人口增长的另一个主要来源是跨区流入的人口增加。人口普查数据显示，2010 年西藏区外流入人口较 2000 年增长了 52.16%，且西藏人口净流入特征明显（见表 7-6）。随着“一带一路”建设逐步深入，将有更多区外人口流入西藏，这成为未来西藏经济发展的重要机遇。流入人口增加导致城市规模扩大，增加了市场需求，西藏区外人口净流入可为经济发展提供较高质量的人力资本，带来较为先进的技术和管理经验，有利于促进西藏经济高质量发展。为高效利用流入人口的人力资本，西藏应进一步深化改革，在创造良好就业环境、优化产业和行业构成、为流动人口提供更高水平的社会保障和管理服务等方面及时采取相应措施。

表 7-6　2000 年、2010 年西藏流动人口规模

指标	2000 年（万人）	2010 年（万人）	增幅（%）
区外流入人口数	10.87	16.54	52.16
区内流入人口数	10.50	9.70	-7.62

资料来源：第五、六次人口普查数据。

此外，在为经济发展提供充足劳动力的同时，西藏人口的自然增长和机械增长在一定程度上也可能加剧就业市场竞争，因此也须关注人口就业和失业问题。对西藏城镇新增劳动适龄人口而言，如果他们的素质和劳动技能无法与城镇产业相匹配，结构性失业则可能加剧。从西藏目前的情况来看，经济转型发展期间因劳动力素质与产业发展需求不相匹配的结构性失业和摩擦性失业将在一定时期内存在。

二、人口年龄结构变动的影响

不同生命周期阶段个体的生产性和消费性具有不同特征，因此人口年龄结构变迁会引起社会需求结构、产品结构、消费结构变化，从而在生产领域影响产业结构和就业结构。若按上文对西藏人口转变场景分析中的场景二，即假设西藏人口生育水平持续稳定，则可以发现西藏未来人口年龄结构变动至少有以下两个特征（见图 7-7）。

一方面，人口老龄化难以避免。如上文所述，无论假设三种场景中的何种人口生育水平变动模式，西藏在未来一段时间内老年人口数量增加和老年人口占比上升的趋势难以改变。人口向老龄化发展过程中预期寿命延长，居民进行人力资本投资的机会更多，对经济增长具有积极意义。从理论与实践上来看，随着老龄化社会的到来，传统劳动密集型产业将不断向人力资本推动、创新驱动型产业升级；同时老龄事业、产业将逐渐涌现和发展，改变既有的产业结构，促使第三产业占比进一步提高及产业结构优化。在行业方面，面向老年人的用品及服务市场需求将相对提高，如传统的食物、交通、医疗以及现代化的老年产业如旅游、住宅、社区服务、长期照护等。需要说明的是，尽管趋势可以预期，但相较于全国人口老龄化程度而言，西藏目前的人口年龄结构相对年轻，目前聚焦老龄产业似乎为时尚早，且西藏还有一段时间可进行准备来应对老龄社会可能带来的相关问题。

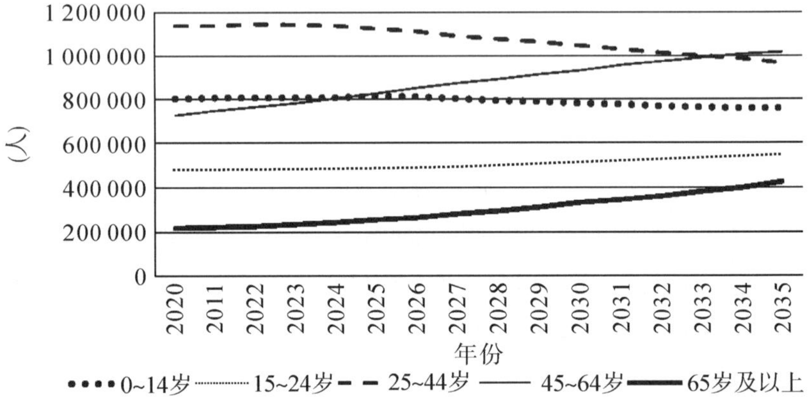

图 7-7　场景二中西藏不同年龄段人口数量变动趋势

另一方面，劳动年龄人口的年龄构成也将表现出老化态势。若人口生育水平保持稳定，则西藏劳动年龄人口中 15~24 岁青年劳动力表现出增加趋势，但同期 45~64 岁中老年劳动力数量也明显增加，且后者绝对数量远高于前者。工业化和城镇化进程要求劳动力在不同地区、不同产业间相互转移流动，但相对高龄的劳动力在地区、行业间转移的可能性降低，从而可能对产业结构调整和经济活力带来一定的消极影响；同时高龄劳动力比重提升不利于产业创新和新兴产业发展。

总体而言，人口年龄结构变动是西藏人口转变的必然结果，西藏未来产业和就业都难免受其影响，只是鉴于人口与经济的复杂关系，可能的影响机制和影响程度仍须进一步评估。可以明确的是，目前西藏仍存在有利的时间窗口来为未来的老龄社会进行必要的经济社会制度安排。

三、人口红利的经济效应

人口红利拥有时期性和阶段性等基本特性，绝不是永久性的增长源泉，在不同阶段、不同时期人口红利影响经济增长的程度或对其的贡献都可能存在差异。发达国家或地区大多曾在某特定阶段获益于人口红利，但在人口转变过程推进中也迎来了低生育水平和人口负增长，人口年龄结构形态发生变化，人口老龄化加剧，这种特殊的增长源泉终会消失。

人口年龄结构的变动决定着传统意义上人口红利的多寡及其存续与消解。在西藏人口转变过程中，人口生育水平显著下降，未来人口年龄结构也难以避免地老化，若人口生育水平继续大幅度下降，则西藏人口红利终将迎来消解阶段。根据上文对西藏未来人口转变的场景分析结果，到2035年，西藏总人口抚养比在场景一、场景二和场景三中将分别达到44.4%、46.7%和49.0%；若按65岁及以上人口达到7%的标准，即使生育政策继续调整完善进一步干预人口生育水平，则西藏也难以避免地在2025年至2035年间步入老龄社会。

现在以及未来一段时间，人口转变带来的人口红利仍然是西藏经济增长的重要源泉，有必要从人口红利的经济效应视角来思考未来一段时间西藏的经济发展问题。一般而言，人口红利通过更高的储蓄率、更高的劳动参与率、更佳的劳动力资源配置效率等多个方面作用于区域经济增长。

其一，人口红利意味着较高的劳动参与率和就业率。在相应的制度安排下，劳动年龄人口比重较大这一情况可能转化为较高的劳动参与率和就业率，这也就意味着年轻型的人口结构所产生的劳动力资源充足的优势，有条件或者有可能得到更为充分的利用，比如能够发挥劳动力自有比较优势的劳动密集型产业的产业安排和人力资源市场建设等。中国自改革开放以来经济活动人口绝对数量不断增加，劳动参与率在2000年以后也几乎都保持在80%以上。高劳动参与率条件下经济高速增长，也自然带来了总体就业机会的增加和较高的就业率。从这一视角来看，西藏经济发展应注意适度扩张环境友好的劳动密集型产业，吸纳大量就业，将人口年龄结构优势转化为劳动力资源优势。

其二，人口红利的存在一般情况下表明社会储蓄总量和储蓄率较高，这种情形对资本形成和积累而言是有利的。因为人口年龄结构相对年轻，改革开放后中国及各地区大量充沛的适龄劳动人口使得社会整体抚养负担下降，人口红利得以高效利用，在这个时期容易形成较高的储蓄率。人口红利所引致的高储蓄率有利于资本形成和积累，对经济增长具有积极作用。由于西藏距进入老龄社会还有一段时间，年轻型的人口年龄结构优势依然存在，在此期间仍应关注投资在拉动经济增长过程中的积极意义。若从人力资本方面来考虑，人口红利还为经济增长提供了充足的人力资源，西藏还应通过教育深化、职业培训、健康投入等措施促使人力资源向人力资本转化。

其三，人口红利意味着更优的劳动力资源配置效率。在经济增长中，城市化和工业化无疑需要大量的劳动力转移到城镇和非农产业，在此期间劳动力资源配置会发生重大变化，劳动力资源的使用效率也会相应提高。西藏目前的市场化程度仍有待提高，传统的城乡二元经济结构形态依然明显，目前农牧区及农牧产业仍存有大量的待转移劳动力。西藏劳动力资源转移和重新配置要求经济社会进行相应的配套改革和制度优化，如何稳妥推进人口城镇化以及完善有关劳动力资源配置的经济社会制度体系，是西藏经济发展须关注的重要内容。

综上所述，充分挖掘人口转变的潜在贡献，是推进区域经济在特定阶段发展的重要手段。目前，西藏人口年龄结构仍然属于比较年轻的类型，劳动适龄人口比重较大，拥有相对充沛的劳动力资源。另外，西藏农牧区待转移的劳动力向城镇和非农产业大量转移的步伐才刚刚开始，劳动力要素的投入和贡献将逐渐上升至区域经济增长中的重要地位。总之，在人口转变所带来的人口红利影响下，西藏是有条件、有机会享受更高速经济增长的；相应地，若要充分吸收、消化人口红利带来的好处，西藏也须紧抓机遇，积极创造更全面、更好的条件，在有利的时间窗口围绕着挖掘人口红利贡献的各个方面去进行社会经济政策的调整和优化。

第四节　后人口转变时期西藏经济发展面临的人口形势

人口转变不是一个永续的过程，在人口死亡水平、人口生育水平下降到一定阶段并持续稳定之后，人口转变过程也将结束。虽然从直观上来看人口转变过程中人口增长为经济增长提供了充足劳动力，人口年龄结构变动影响社会消费、储蓄等，但是这并不能完全反映人口转变与区域经济发展之间的复杂关系。与此同时，人口始终是经济系统的核心要素，人口转变完成之后的区域经济发展，依然需要人口的有力支撑。尽管在人口生育水平变动情况仍需观察的当前无法断言西藏人口转变已经完全结束，但是基于人口与经济之间的理论关系对后人口转变时期西藏经济发展中需要如何考量人口因素进行预期和讨论，依然是有意义的。

之所以无法确定目前西藏的人口转变是否已经结束，是因为西藏目前的人口生育水平并未显著低于更替水平，人口老化速度也并非特别迅速，这与一般意义上人口转变结束时的特征有所不同。然而，西藏人口生育水平若在当前水平上持续稳定甚至回升，则也表明传统意义上的西藏人口转变过程已经结束，其与一般意义上人口转变最显著的差异就是结束时的人口生育水平相对较高。虽然在人口转变何时完全结束方面仍难下定论，但是基于当前的现实和资料分析，西藏未来经济发展将面临以下人口形势：

第一，在西藏经济发展过程中，劳动力供给相对充分。首先，若西藏人口生育水平稳定在现有水平甚至回升，则西藏未来的人口自然增长将成为经济系统所需劳动力的重要源泉。其次，全国及各省（区、市）人才援藏依然继续，这些赴藏工作的劳动力加大了西藏劳动力市场上的供给。再次，西藏城镇化率远低于全国平均水平，基于城镇化一般规律来考量，西藏农牧区仍有大量待转移的农牧民将向城镇非农产业转移。最后，考虑到中国西部开发开放、“一带一路”建设、西藏发展的潜力以及人居环境改善等因素，未来跨区流入西藏的人口规模也不能小视。总之，从劳动力供给角度来考虑，西藏未来经济发展总体出现劳动力短缺情况的可能性较小。

第二，西藏未来经济发展的人口红利优势将逐渐减弱，经济系统对劳动力的需求从数量导向将向质量导向转变。一方面，如上文所述最近十年是西藏人口红利对经济增长贡献较高的阶段，若人口转变完成后西藏人口生育水平处在一个非常低的位置，则传统意义上人口红利的经济效应也将消失。同时，供给侧改革、高质量发展等宏观层面的政策导向也要求西藏在经济发展中更重视挖掘人力资本优势而非人口数量优势；西藏经济系统将基本实现由传统农牧业为主向第三产业为主转变，未来劳动力市场对高素质劳动力的需求将更加迫切，质量型人口红利对经济增长的影响将加大。另一方面，西藏人口文化素质也将继续提升。根据第五次和第六次人口普查数据，西藏每万人中受教育程度者是小学、初中、高中、大专及以上的人数在2000年时分别是3 044人、634人、355人和128人，到2010年分别增加至3 659人、1 285人、436人和551人。随着西藏教育事业的快速发展以及居民对教育重要性认识程度的加深，未来西藏的人口文化素质会以较快的速度提高。

第三，经济发展须对劳动力结构变化有较为充分的预期和准备。劳动力结构指劳动就业人口在不同产业的分布，即不同产业的劳动就业人口在总劳动就业人口中所占的比重。其一，劳动力素质结构总体优化。未来一段时间内西藏人口继续增长是可以预期的，如果供过于求的情况在劳动力市场出现，那么劳动者个体就业技能和文化素质等可能因市场机制和竞争的倒逼而得以提高；同时，城镇化也要求原本适应农牧区劳动的劳动者增加或提升城镇就业技能。劳动者劳动技能的提升可促进劳动力总体素质提升，劳动力结构得以优化。其二，劳动力产业分布变化即人口就业结构升级。农牧区劳动力供过于求，第一产业中承载的劳动力减少，而第二和第三产业承载的劳动力会有较明显的增加；同时，西藏传统服务业有一定基础，特别是民族手工业、旅游业有得天独厚的发展优势，随着服务业政策体系的逐渐完善，西藏第三产业将聚集更多的就业者。其三，劳动力职业结构变化。随着产业结构变迁、市场经济发展和群众思想认识的转变，农林牧渔劳动者、机关、团体和事业单位工作人员占比将下降，商业工作人员、服务性人员等比重会上升。其四，劳动力地域结构变化。有劳动能力的青壮年向城镇转移，各类资源相对集中的区域和水电、有色金属等产业适度集中的区域，其承载的就业人口都将更多。

第四，人口老龄化趋势难以避免，与老龄相关的产业发展在未来存在机遇。随着年龄增长，个体消费、储蓄行为会发生变化，这种微观变化的效应体现在宏观经济中就是行业和产业的机遇。随着西藏人口预期寿命进一步延长，老龄人口占比逐渐加大，相关的行业如健康、休闲、老年用品、藏医药、老年照护、医疗保健等都可能面临发展机遇。然而，与全国总体情况相比西藏目前的人口老龄化程度依然不高，若人口生育水平未继续下降，则未来的人口老龄化问题也可能逐步得以消解，因此老龄相关产业目前仍难作为西藏经济发展的主导产业予以考量。

综上所述，在西藏未来的经济发展过程中，人口的贡献将逐渐由数量优势向质量优势转变，人口文化素质提升，社会人力资本不断积累，创新在经济发展中的积极作用将逐渐加大。随着城镇化发展，城镇经济、非农经济在区域经济中的主体作用进一步加大，城镇人口比重逐步提高，经济系统的规模效应进一步加大。此外，西藏人口生育水平下降、妇女受教育程度提高等，可能强化女性从业人口的劳动参与，使之更多地从事社会劳动生产和更多地追求个人职业发展，伴随着女性逐步更多地进入劳动力市场，婴幼儿托管和照料可能成为新的社会需求。总之，即使是人口转变完成之后，西藏未来的经济发展也必须充分重视人口因素的作用，更系统地评估后人口转变时期的人口形势及其与经济发展之间的关系。

本章小结

人口转变对西藏经济发展具有全局性影响。通过观察有关经济指标和人口指标值的变化趋势发现，西藏经济增长、产业结构变动、人口增长、人口年龄结构变动具有相关性，西藏人口增长、人口年龄结构变化一方面是人口转变的直接结果，另一方面分别通过为社会生产提供劳动力、影响社会消费与储蓄等途径作用于区域经济增长。基于时间序列数据的 VECM 模型结果显示，西藏人口转变与经济增长之间存在动态关系，人口总量、劳动年龄人口数与地区生产总值存在正相关关系，老年抚养比、少儿抚养比与地区生产总值存在负相关关系。从人口红利视角来观察，西藏人口转变对经济增长具有明显贡献，特别是自21世纪初期以来贡献度加大，最近十年的贡献程度更高。未来人口转变对西藏经济发展的影响包括：一是人口规模继续增加可为区域经济发展增加活力，但也可能加剧劳动力市场竞争，给人口就业带来挑战；二是人口老龄化和劳动年龄人口老化的趋势难以避免，西藏经济发展应对此有所预期并提前进行有关制度安排；三是在人口红利消失之前，目前西藏仍面临着难得的经济发展机遇，利用好较高劳动参与率、较高储蓄率和较好的劳动力资源配置仍是当务之急；四是人口转变可能间接促进市场经济的发展和完善。即使未来人口转变结束，西藏经济发展也应对人口形势及其与经济之间的关系有充分考虑。西藏经济发展中劳动力供给相对充分的格局可能保持，但人口红利对经济增长的贡献将逐步减弱，经济系统对高素质劳动力的需求将加大，人口就业的产业结构、行业结构、区域结构等都将发生变化；虽然老龄相关产业在未来可能存在发展机遇，但是目前西藏经济发展的重心仍应在如何高效收获人口红利以及加大人力资本积累等方面。

第八章　西藏人口转变的主要影响

西藏人口转变不仅对区域经济发展有直接贡献，对其他方面发展也具有明显影响。本章首先分析西藏人口出生率、人口死亡率变动对人口系统自身的影响，然后从家庭与婚姻变迁、文化与生态等几个方面分析西藏人口转变的效应。

第一节　西藏人口转变对人口发展的影响

一、人口数量、素质和自然结构

第一，人口数量和人口再生产类型变化是西藏人口转变对人口系统最显著的影响。在西藏人口转变过程中人口死亡率和人口出生率先后下降，这期间人口数量会显著增长。如上文所述，1970 年西藏总人口仅有 151.2 万人，到 2010 年时已增至 300.22 万人，增幅高达 98.6%，40 年间西藏总人口几乎翻番。

人口数量增长的背后是人口再生产类型的转变，西藏人口再生产类型已接近减少型。当 0~14 岁人口比重大于 40%，低龄人口比重大，人口出生率高，未来人口增长速度较快，此时人口再生产类型为增加型；当 50 岁及以上人口比重大于 30%，老龄人口占比较高，人口出生率低，人口老化，未来人口发展缓慢，此时人口再生产类型为减少型；稳定型的人口再生产类型是指 15~49 岁人口比重在 50%左右，老少比为 1∶1.5，此时人口处于平衡状态，人口既不增加也不减少（见表 8-1）。根据近三次人口普查数据，从 1990 年到 2010 年西藏 0~14 岁人口比重逐渐下降，15~49 岁人口比重逐渐上升，50 岁以上人口比重基本稳定。可见，西藏人口再生产类型在一段时期内基本处于稳定型，但到 2010 年时已至减少型边界，由于人口发展惯性等的影响，未来西藏人口再生产类型将向减少型过渡。

表 8-1　人口再生产类型判断依据和西藏情况　　单位:%

指标	桑德巴人口增长类型划分			西藏人口年龄构成		
	增长型	稳定型	减少型	1990 年	2000 年	2010 年
0~14 岁人口比重	大于 40	26.5	小于 20	32.31	31.30	24.37
15~49 岁人口比重	50	50.5	50	49.8	54.63	60.8
50 岁及以上人口比重	小于 10	23	大于 30	14.6	14.18	14.83

第二，人口质量是人口总体身体素质、文化素质和思想素质等的综合表现，西藏人口转变同样会对西藏人口质量产生影响。一方面，人口转变本身就意味着人口死亡水平的下降，人口预期寿命延长，这是人口身体素质提升的体现。另一方面，随着人口生育水平下降，家庭中子女数量减少，这意味着家庭可以将有限的资源更大限度地投入到每个孩子身上，促使他们接受更多更好的教育。

第三，人口转变与人口年龄结构变动几乎同步，西藏人口年龄构成类型从成年型向老年型过渡。根据静态人口划分标准（见表 8-2），通过 0~14 岁人口占比、65 岁及以上人口占比、老少比及年龄中位数四项指标可判定人口类型属于年轻型、成年型和年老型中的哪一类。根据人口普查数据，1990 年和 2000 年西藏人口年龄结构的有关指标值均落在成年型人口指标值范围内，到 2010 年西藏 0~14 岁人口比重已经落入老年型人口指标值范围内（见表 8-3）。具体而言，从 1990 年到 2010 年，西藏 65 岁及以上人口比重始终在 5%左右，没有出现大幅变动，但 0~14 岁人口比重不断下降，从 1990 年的 32.31%降至 2010 年的 24.37%；与此同时老少比不断上升，到 2010 年时已达到 20.89%。

表 8-2　静态人口类型划分标准

	年轻型	成年型	老年型
0~14 岁人口比重（%）	40 以上	30~40	30 以下
65 岁及以上人口比重（%）	4 以下	4~7	7 以上
老少比（%）	15 以下	15~30	30 以上
年龄中位数（岁）	20 以下	20~30	30 以上

注：老少比是指 65 岁及以上人口与 14 岁及以下人口数的比值；年龄中位数，是指在此年龄以上及以下的人口，各占总人口的一半的分界线年龄。

表 8-3　西藏 1990 年、2000 年和 2010 年人口年龄结构　　单位:%

指标	1990 年	2000 年	2010 年
0~14 岁人口比重	32. 31	31. 3	24. 37
65 岁及以上人口比重	5. 75	4. 58	5. 09
老少比	17. 79	14. 43	20. 89

数据来源：历次人口普查数据。

根据上文所述，从不同场景中所得预测数据来看，西藏未来人口的年龄构成类型都属于老年型。尽管预测值有略微差异，但是三个场景中西藏 65 岁及以上人口占比均在 2025 年超过 7%，老少比也均在 2025 年超过 30%，因此可以预测西藏将在 2025 年后逐步达到老年型的人口年龄结构。

从历史数据来看，西藏 65 岁及以上人口占比从 1990 年到 2010 年 20 年间基本没有大幅变动，但在未来将不断提升。根据场景分析中的预测结果，2020 年到 2035 年的 15 年间西藏 65 岁及以上人口占比升幅将达到 5 个百分点左右，老少比的上升速度也较以前更快；然而，0~14 岁人口占比的降速要慢于从前，从 2020 年到 2035 年这一指标值的降幅将在 2 到 4 个百分点之间，远远低于 1990 年到 2010 年 8 个百分点左右的降幅。可以预计，西藏未来人口年龄结构老化的速度并不慢，且老年人口占比较快速上升是主要原因。

第四，在西藏人口转变的整个过程中，人口性别结构始终较为均衡，人口性别比维持在一个健康状态且总体上低于全国水平（见图 8-1）。根据统计年鉴数据，西藏人口性别比在 2000 年之前都在 100 以下，女性略多于男性；到 2000 年，西藏总人口中男性为 131. 47 万人，女性为 128. 36 万人，男性人口数超过女性，人口性别比达到 102. 42；到 2015 年，西藏总人口中男性人口为 164. 29 万人，女性人口为 159. 68 万人，人口性别比达到 102. 89。在这一段时间内，西藏男性人口增长速度较女性更快，但总体上升幅度较小，性别结构比较均衡。

西藏居民对子女几乎没有性别偏好，因此西藏在人口转变过程中尽管人口生育水平下降，但是对子女进行主观上性别选择的情况却极少甚至几乎不会发生。西藏人口性别比的缓慢上升可能与人口流动迁移有关，流入西藏的人口无论是经商、务工人员还是援藏工作人员，抑或是军队人员，男性都是主体。

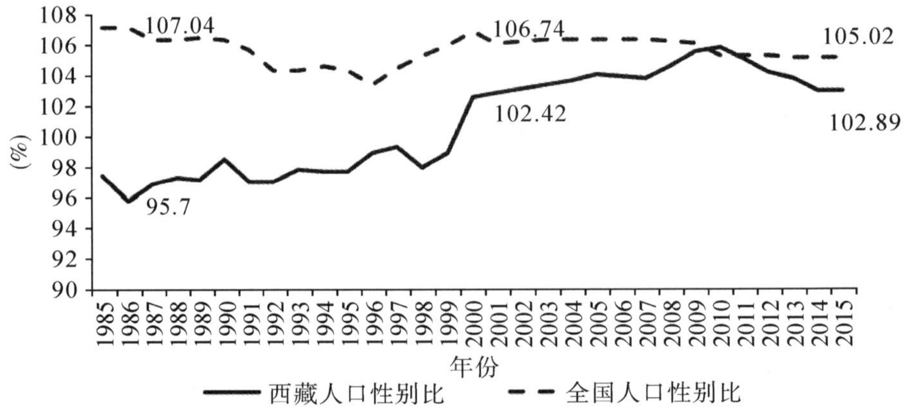

图 8-1　1985—2015 年西藏和全国人口性别比变化

数据来源：历年西藏统计年鉴。

二、人口转变与人口婚姻

人口转变还会对人口婚姻产生影响，具体包括人口初婚年龄、人口婚姻状况、不同民族人口间通婚情况等。

第一，人口初婚年龄。人们的婚育观念和婚育模式往往伴随着人口转变进程发生巨大变化。纵观世界各国人口婚育变化历史，都呈现出人口初婚年龄增大的趋势，中国人口初婚年龄也是在波动中整体趋于增大。人口初婚年龄增大是随着人口转变而发生的。从微观机制上来看，人口生育水平下降使得平均家庭子女数减少，这使家庭增加对子女人均教育投入有了更高的可能性，总人口人均受教育年限增加。人口受教育水平提升作用于人口初婚年龄增大的机制已然明确。同时，人口受教育水平提升有利于提高劳动参与率，特别是女性人口的劳动参与率，女性经济独立性的增强和职业获得过程的转变也会促使她们初婚年龄增大。

统计数据可以反映出西藏人口受教育水平提升的情况。根据第六次全国人口普查数据，西藏自治区全区平均每一万人口中具有大学及以上文化程度的有 551 人，具有高中文化程度的有 436 人，具有初中文化程度的有 1 285 人，具有小学文化程度的有 3 659 人。根据统计年鉴数据，2000 年以后西藏高等学校在校生快速增加，在 2010 年前后增速才开始放缓（见图 8-2）。尽管西藏人口受教育水平的提升离不开西藏教育事业的快速发展，但是人口转变过程中平均家庭抚养负担下降也是影响因素之一。

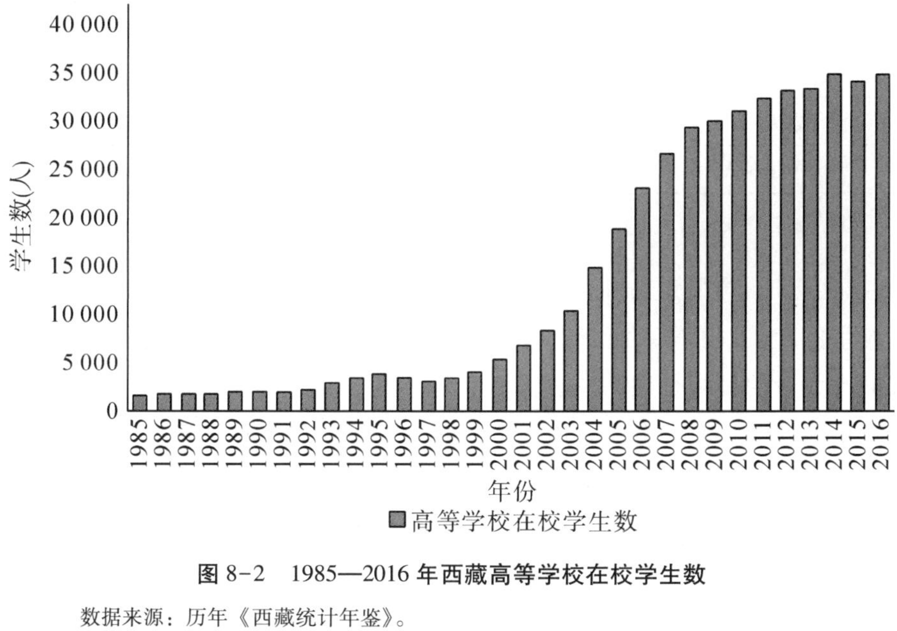

图 8-2　1985—2016 年西藏高等学校在校学生数

数据来源：历年《西藏统计年鉴》。

第二，人口婚姻状况。两性的平衡对于婚姻市场的稳定尤其是结婚率有重要影响。一般来说，出生性别比持续偏高会导致总人口性别比偏高，经过累积最终导致婚龄人口中男性人口多于女性人口，形成婚姻挤压，造成男性人口婚配困难[296]。持续的婚姻挤压会引发严重家庭和社会风险[297]。

通过人口普查数据观察西藏家庭的婚姻状况发现，西藏不同婚姻状况的人口构成基本稳定，“未婚”“有配偶”“离婚”“丧偶”四类婚姻状况的人口比例从2000年到2010年10年间没有太大变动（见表8-4）。究其原因，一是西藏人口的婚姻观念未发生明显变化，二是西藏男女比例始终较为均衡，适婚年龄人口性别比有所下降。

西藏未婚人口比重较全国水平明显偏低。根据人口普查数据，2010年西藏未婚人口占15岁及以上人口的比重约为34.13%，而同年全国平均水平约为21.60%。西藏未婚人口比重相对较高，没有证据显示是人口婚姻观念不同导致的差异，西藏人口转变导致西藏人口年龄结构相对年轻，而适婚年龄人口比重较全国更高是直接原因。

表8-4　2000年、2010年西藏和2010年全国人口婚姻状况构成 单位：%

区域与年份	未婚	有配偶	离婚	丧偶
西藏2000	34.34	56.18	2.58	6.90
西藏2010	34.13	56.83	2.32	6.71
全国2010	21.60	71.33	1.38	5.69

数据来源：历次人口普查数据。

第三，不同民族人口间的通婚情况。根据民族社会学理论，民族通婚是衡量民族关系的重要指标。民族通婚得以形成的重要前提是不同民族居民间有大量的日常交往，在语言、生活习惯、价值观和信仰等方面能够相互尊重或认同，在社会和法律地位上处于平等地位。藏族聚居区汉藏通婚的历史由来已久。M. 泰勒（1992）[298]在《西方发现西藏史》中就记述了清政府时期清朝士兵与藏族妇女通婚的情况，徐铭（1989）[299]通过史料发现1941年时甘孜州汉藏合组的家庭就有45 000户之多，可见当时的汉藏通婚就已很普遍。后来关于汉藏通婚的资料主要源于人口普查，数据显示：1990年西藏民族混合户共2 639户，占全部家庭户的0.66%；到2010年时，这一比例上升到1.39%，全区共9 288户民族混合户。由于汉族人口规模在西藏各民族人口规模中排第二位（见表8-5），其他少数民族人口比例非常低，因此西藏的民族混合家庭多为汉藏通婚。

表 8-5 1990 年、2000 年和 2010 年西藏人口民族构成 单位:%

年份	藏族	汉族	其他民族
1990	95.50	3.70	0.80
2000	92.77	6.06	1.17
2010	90.48	8.17	1.35

数据来源：历次人口普查数据。

汉藏通婚比例上升的原因是多方面的。第一，藏族人口占比相对下降，而汉族人口占比相对上升，这是汉藏通婚比例上升的现实前提之一。第二，民族传统文化在族际通婚中往往起到一些制约作用，在人口转变进程中家庭平均抚养子女数相对减少，人口平均受教育水平有所上升，接受更多现代教育可能使藏族年轻人的传统民族婚姻观发生一些变化。第三，西藏在城镇化和现代化进程中与其他省（区、市）的联系不断加强，在藏族居民生产生活方式转变与西藏自治区之外的其他地区人口流入增加等因素共同作用下，汉藏通婚比例上升。

和其他少数民族自治区相比，西藏族际通婚的比例还是较低。以内蒙古为例，根据人口普查数据，在 1982 年时蒙古族已婚者中与汉族通婚的比例就达到了 15%[300]，而藏族人口中与汉族通婚的比例在 1990 年时仅为 0.7%[301]。除了人口民族结构的差异外，由于地理条件、生产方式、思想观念等因素的作用，蒙古族与汉族形成的交往范围要大于藏族与汉族的交往范围。但是，在西藏与其他省（区、市）联系更加紧密、人口流动更加频繁、西藏社会经济发展不断推进的情况下，未来西藏汉藏通婚现象还可能进一步增多。

第二节 西藏人口转变对家庭发展的影响

家庭发展是社会发展的重要内容。西藏人口转变的实质是人口死亡水平和出生水平的先后下降，这无疑会对家庭的方方面面产生影响。

一、人口转变与家庭规模变化

随着育龄妇女生育水平下降，西藏的人口转变进程向前推进。从20世纪50年代到20世纪70年代，西藏人口总和生育率逐渐上升，随后开始逐渐下降，到2010年西藏人口总和生育率已低至更替水平附近。如前文所述，由于拉萨市较大的流动人口规模和不均衡的人口性别构成，2013年拉萨市人口总和生育率仅为1.32。人口总和生育率或者说人口生育水平下降的直接后果就是家庭规模缩小，西藏人口转变过程中家庭小型化的趋势非常明显。根据人口普查数据，从户均人数变化来看，1982年西藏户均人口为5.06人，到2010年减至4.23人；从不同成员数量的家庭户比例变化情况来看，1990年至2010年，西藏5人及以上户的比重持续下降，而3人及以下户的比重显著上升，家庭发展呈现小型化特征。

尽管西藏城乡家庭规模都表现出缩小趋势，但是仍存在一定的城乡差异。根据2000年和2010年人口普查数据，相较于乡村，西藏城镇的家庭规模更小。2014年西藏城镇平均家庭人口仅为2.93人，农村为5.4人。城镇中占比超过60%的家庭户类型为1~3人户，而在农村六成以上的家庭则是4人及以上户。此外，西藏城乡家庭规模缩减速度存在差异，乡村家庭规模缩小的速度较城镇更快，这主要是因为西藏传统社会中乡村的家庭规模明显大于城镇，在人口转变和城镇化进程中乡村人口生育水平下降速度更快。

总之，正是由于人口生育水平变动和家庭规模变化具有紧密联系，西藏在人口转变过程中也出现了家庭小型化的现象，这与我国其他地区的情形相似，符合现代化进程的一般规律。

二、人口转变与家庭结构变化

伴随着家庭人口规模的缩小，西藏家庭结构也发生了相应的变化。从1990年、2000年、2010年三次人口普查数据来看，西藏核心家庭比例持续上升，至2010年已接近60%，直系家庭比例有所下降；与城市不同的是，农村直系家庭比例仍然较高。此外还有两个较为显著的变化，即单人家庭户比例迅速上升，且有老人家庭户增多。

第一，单人家庭户增加。在人口转变过程中西藏家庭结构呈现出的显著变化之一是单人家庭户增加。人口普查数据显示，1982 年至 2010 年西藏单人家庭户从 3.2 万增加到接近 10 万，占所有家庭户的比重从 10.25%上升至 14.7%，城镇地区这一比例更高，2010 年西藏城镇单人家庭户比例超过 20%，且单人户户主以年轻人为主。对于这一现象，除了可以从人口流入视角进行解释以外，还可从其他两个方面来解释：一是尽管人口出生率下降，由于西藏人口生育水平并未显著低于更替水平，西藏依然拥有较为年轻的人口年龄结构。与此同时，家庭内子女数减少，因此有限的家庭资源可以更充裕地配置，可承担子女单独居住的成本。二是与人口转变发生的整个社会背景有关，即在现代化和城镇化的影响和冲击下，西藏年轻一代的独立生活意愿变强。

第二，有老人家庭户增多。除人口生育水平下降外，人口转变的另一项动因是人口死亡水平的下降，人口平均预期寿命增加，相应地老年人口增多。西藏人口平均预期寿命从 1990 年的 59.64 岁增加至 2010 年的 66.33 岁，尽管仍低于全国平均水平，但是增加幅度依然可观（见表 8-6）。因为西藏人口生育水平仍未下降至明显低于更替水平的位置，所以从人口年龄结构来看西藏 65 岁及以上人口占比在近 20 年左右的时间里没有明显上升，但老年人口的绝对数量确实在增加。正是由于老年人口数量增加，西藏有老年人家庭户数量增加以及家庭中老年人比例上升就不难理解。2000 年到 2010 年西藏有老年人的家庭户数量明显增加，2010 年西藏有 60 岁及以上老年人的家庭共 17.4 万户，占西藏家庭户的比例为 25.9%，较 2000 年增加了 2.8 万户（见表 8-7）。西藏纯老家庭（家庭成员均在 60 岁及以上单独居住的单独老人户和老夫妇户）从 2000 年的 10 581 户增加到 2010 年的 13 433 户。此外，西藏有老人家庭分布存在显著的城乡差异，2010 年人口普查数据显示，西藏 84%的有老年人家庭分布在农牧区，且农牧区纯老家庭的绝对数量虽然多于城镇，但是城镇纯老家庭占比明显高于农牧区。

表 8-6 1990 年、2000 年和 2010 年全国人口预期寿命和西藏人口预期寿命

单位：岁

区域	1990 年			2000 年			2010 年		
	总	男	女	总	男	女	总	男	女
全国	68.55	66.84	70.47	71.4	69.63	73.33	74.83	72.38	77.37
西藏	59.64	57.64	61.57	64.37	62.52	66.15	68.17	66.33	70.07

数据来源：人口普查数据。

表 8-7 2000 年和 2010 年西藏有老年人（60 岁及以上）家庭状况

单位：户

年份	地区	有老人的总户数	纯老家庭户数	有三个及以上老人的户数
2010 年	西藏全区	173 763	13 433	4 407
	西藏：城镇	28 063	4 198	321
	西藏：乡	145 700	7 772	4 086
2000 年	西藏全区	150 897	10 581	3 280

数据来源：人口普查数据。

在人口转变进程中西藏老年人与子女同住的比例有所下降，老年人独立居住的比例上升，这一点在城市地区尤为明显。2000 年西藏城市 65 岁及以上老年人独居比例就已超过与已婚子女同住的比例，到 2010 年，西藏城市老年人独居比例超过 50%，而在农牧区 65 岁及以上老年人与已婚子女共同居住的比例依然高达 60%。

尽管和全国相比，西藏有老年人的家庭比例和纯老家庭比例仍然较低，但是西藏人口老龄化的趋势难以避免，且若人口生育水平仍持续下降，则西藏人口年龄结构的变动也将步入与全国类似的通道。在这样的背景下，家庭层面如何做好养老安排、社会如何应对未来的人口老龄化，也是西藏发展需要考虑的问题。

三、人口转变进程中的家庭关系和家庭功能变化

西藏人口转变对家庭规模和结构的影响会向家庭功能和家庭关系方面传导，其中最主要的影响在于家庭代际关系和家庭的养老功能[302]。

第一，代际层次简化是西藏家庭在人口转变过程中表现出的清晰特征，这与代际关系的变化有紧密联系。

从人口普查数据可以看出西藏家庭代际层次的变动趋势。首先，二代户始终是西藏家庭的主要代际类型，四代户及以上占比始终很低。其次，尽管二代户仍占最高比例，但是西藏家庭中二代户和三代户比例都持续降低，一代户比例则显著上升；最后，西藏家庭代际层次具有城乡差异，城镇以一代户、二代户为主，农牧区以二代户、三代户为主。与此同时，西藏城乡家庭一代户比例均有所上升，但城镇上升较乡村更快。总体而言，西藏家庭代际层次逐渐简化，并且相较于农村，西藏城镇家庭的代际层次简化速度更快（见图 8-3）。

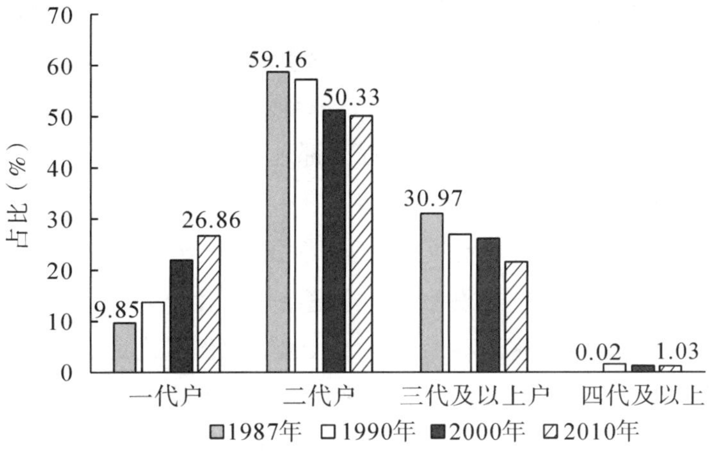

图 8-3　西藏家庭户代际结构变化状况

注：1987 年数据为 1%人口抽样调查数据。

代际层次简化的实质是不同层次代际成员同住的比例降低，这给家庭成员主要带来以下三个方面的影响。其一，代际支持的部分实现有赖于代际间的居住模式，不同层次代际成员同住的比例降低，尤其是面对子代与亲代分开居住的现实情况，如何更好地实现代际支持中的生活照料、情感支持，是家庭成员和社会共同的挑战。其二，不同代际成员成长于不同世代，其生活习惯、生活观念等方面存在差异，在共同生活过程中容易产生矛盾和冲突，代际层次简化后的家庭居住模式则在一定程度上降低了产生这种矛盾冲突的风险。其三，虽然代际层次简化降低了家庭成员产生矛盾冲突的风险，但是也弱化了家庭整体能力，不利于家庭成员交流联系，有削弱家庭团结的风险。

第二，西藏人口转变会对家庭养老功能产生影响。

西藏传统养老模式是以家庭养老为主，有调查研究发现，即使在当地有着丰富的机构养老资源的前提下，大部分老年人依然由子女来照顾[303]。这与西藏地区养老模式的形成背景有关。首先，长久以来在西藏的社会发展中，家庭是主要的生产单位，人们赖以生存的传统农牧业和手工业技术依靠代际间的传承和沿袭。这种生产、生活方式的特点在西藏地区家庭关系模式的生成过程中产生了重要影响，青年人生产技能的掌握和提高离不开家中老人的经验传授与指导，与此同时老年人离不开家庭子女的赡养。这种密切的代际关系又深刻影响着当地的养老模式。其次，西藏地区养老模式形成的思想、文化基础受到中国传统孝道文化和藏传佛教文化的双重影响，因此西藏地区的孝文化观念非常浓郁。有研究认为，藏族人民对孝文化的认同与推崇和对家庭的重视程度都远高于其他民族[304]，这在藏族人民生活的方方面面都有体现。

随着可预期人口老龄化程度的加剧，西藏有老年人的家庭以及纯老家庭户都将随之增加。家庭规模缩小，家庭结构简化，老年人的代际支持网络变小，家庭养老资源逐渐萎缩，老年人独居比例变高，这些都会使得代际间双向的生活照料关系削弱。总体来说，少子女家庭虽然可以缓和代际紧张关系，但是客观上却加重了家庭养老负担。老年人基本生活、健康医疗、心理需求等老龄化相关问题也可能逐步显现，这不仅是人口转变过程中西藏家庭要应对的挑战，也对社会保障体系提出了更高要求。

总之，西藏的人口转变通过影响家庭规模、结构从而对家庭关系和功能也产生影响。家庭同住人口的减少弱化了传统代际关系的纽带，居住方式改变、家庭整体能力的变化都是可能的效应；西藏未来一段时间内难以避免也将进入老龄化社会，虽然家庭养老观念在西藏有着深厚的底蕴，但是家庭养老功能在家庭规模缩小、家庭结构简化的作用下已不似从前。1990—2015 年西藏人口年龄结构如表 8-8 所示。

表 8-8 1990—2015 年（部分年份）西藏人口年龄结构 单位:%

年份	0~14 岁人口比重	15~64 岁人口比重	65 岁及以上人口比重	总人口抚养比	少儿抚养比	老年抚养比
1990	32. 31	61. 94	5. 75	61. 45	52. 16	9. 28
2000	31. 30	64. 12	4. 58	31. 20	64. 30	4. 50
2010	24. 37	70. 53	5. 09	41. 77	34. 55	7. 22
2015	23. 57	70. 73	5. 71	41. 39	33. 32	8. 07

数据来源：1990 年、2000 年和 2010 年数据来自人口普查；2015 年数据来自统计年鉴。

四、家庭住房面积和数量变化

人口转变进程中的城镇人口增长、家庭小型化等，直接加大了西藏住房需求，主要体现在面积和数量的变化方面[305]。

从住房面积来看，人口普查数据显示，2000 年西藏户均面积为 64. 47 平方米，到 2010 年几乎翻倍，达到了 121. 25 平方米，2015 年继续增加到 157. 30 平方米（见表 8-9）。与全国对比来看，2000 年至 2015 年全国住房户均面积从 78. 82 平方米增加到 2015 年的 111. 15 平方米，从 2010 年开始西藏家庭住房户均面积已经超过全国平均水平，且差距还在拉大。而对应的家庭人均住房面积则从 2000 年的 13. 56 平方米增加到 2010 年的 28. 57 平方米，西藏家庭住房人均面积低于全国平均水平，但差距在不断缩小。从住房间数来看，户均间数从 2000 年的 2. 81 间增加到 2010 年的 3. 86 间和 2015 年的 4. 96 间。与全国的比较来看，西藏家庭住房的户均间数占有量高于全国平均水平，而人均间数则略低于全国平均水平。

无论是从面积还是从间数的增长速度来看，西藏家庭住房都较家庭户数和家庭人口数增长更快。这就意味着，2000 年以来西藏家庭住房存量不断增加，家庭住房条件得到了极大改善。在与全国家庭平均水平的比较中发现，西藏家庭住房户均保有量很高，家庭户的住房条件得到了较好保证。

表 8-9　2000 年、2010 年和 2015 年西藏家庭住房规模及其变化

年份	户均面积（平方米）	人均面积（平方米）	户均间数（间）	人均间数（间）	家庭户数（万户）	户均人口（人口）
2000 年	64.47	13.56	2.81	0.59	53.16	4.75
2010 年	121.25	28.57	3.86	0.91	67.08	4.23
2015 年	157.30	—	4.96	—	—	3.19

数据来源：人口普查数据和 1%人口变动抽样调查数据。

西藏家庭住房发展是人口增长、家庭变迁、市场发育、社会经济政策等多方面共同作用的结果。人口增长特别是城镇人口增加带来的住房需求增加是基础，家庭住房的户均、人均规模扩张显示了西藏民众对于住房的强劲需求。同时，由于西藏持续推进农牧民安居工程，以及城镇商品房、保障性住房建设，住房供应也不断增加。根据《西藏统计年鉴》各年数据，西藏城镇住房建筑面积（施工和竣工房屋建筑面积中供居住用的施工和竣工房屋建筑面积）从 2001 年的不足 10 万平方米持续增加，在 2014 年达到了 118.43 万平方米的供应高峰。另据统计，仅“十二五”期间，西藏就完成了各类城镇保障性安居工程 21.54 万套（户）。根据《西藏发展道路的历史选择》白皮书，西藏从 2006 年开始推行农牧民安居工程，到 2012 年年底累积建成了 40.83 万户安居住房，解决了 230 万农牧民的居住问题，占农牧民家庭总数的 88.7%。

第三节　西藏人口转变的社会、生态效应

一、人口转变对教育发展的影响

人口转变过程中人口年龄结构的变化也影响着西藏的教育事业发展，主要有以下两个方面。

一方面是中等学校和小学在校学生人数缩减，学龄人口规模下降（见图 8-4）。西藏自治区高等学校在校生规模从 1985 年到 2016 年逐渐增加，

幼儿园学生人数从2010年之后增幅较大，而中等学校和小学在校人数则从2006年左右开始出现下降趋势。1987年到1998年，西藏小学学生人数从13.7万人增长到31万人，从1998年到2006年这一人数增长至32.9万人，此后出现下降，到2016年已降至30.29万人。西藏居民教育意识增强，儿童入学率提高；并且，人口转变过程中人口出生率降低，相应地学龄人口减少。西藏幼儿园在校生数近两年增幅较大可能是在基础教育发展的背景中幼儿园教育可及性提高的表现。相反，义务教育范围内的小学和中等学校在校生规模下降在一定程度上反映出西藏学龄人口规模减小的事实。

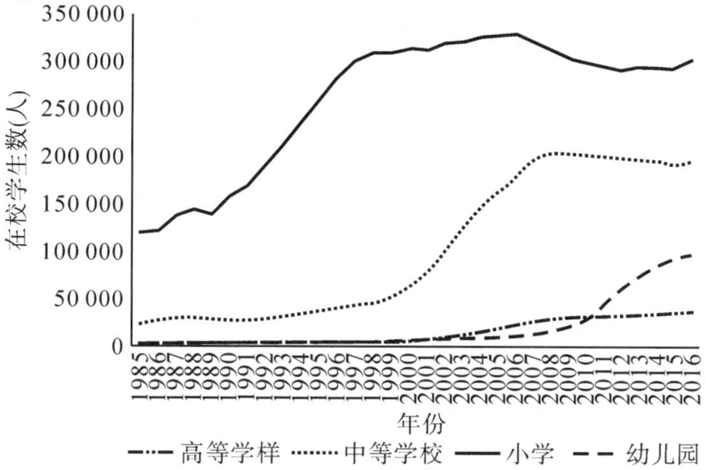

图8-4　1985—2016年西藏各级学校在校学生数

数据来源：历年《西藏统计年鉴》。

另一方面，与在校学生规模变化趋势不同的是，西藏人口转变过程中各级学校教师人数却稳步增加（见图8-5），西藏教育事业发展的瓶颈已不在于教师人数不足等方面的数量型矛盾，如何提高教育质量、平衡区域间与城乡间的教育发展变得更为关键。以小学教育为例，根据国家标准线，小学阶段每个教师负担的学生不应超过19人，西藏在2007年后小学教师负担学生数就已经满足国家标准线要求，2016年时已达到14.56人。除了小学，中学、中专、高等教育也不同程度地出现了教师负担学生数下降的现象。这意味着每个学生享受到的教师资源更加丰富，但是教育资源配置的关键应逐步向质量和平衡性方面侧重。

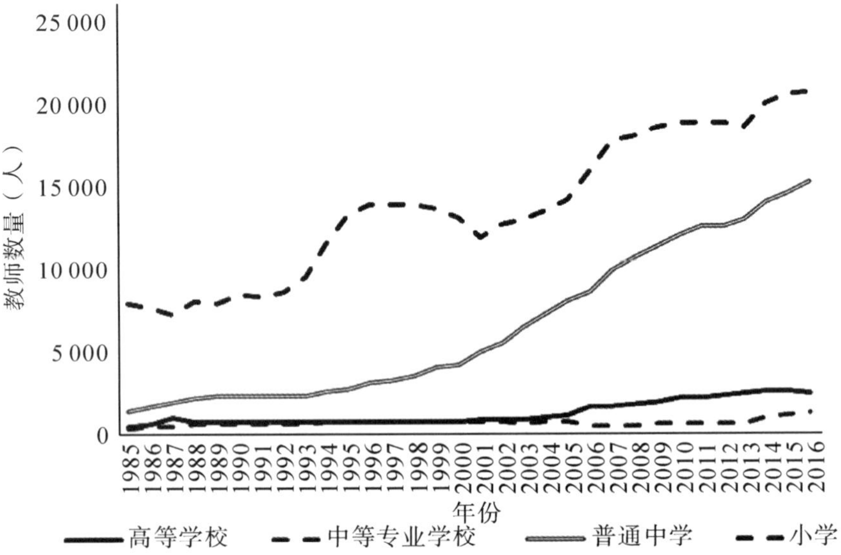

图 8-5　1985—2016 年西藏各级学校教师数量

数据来源：历年《西藏统计年鉴》。

二、人口转变对社会保障的影响

社会保障制度是经济社会发展的“安全阀”和“稳定器”，社会保障体系的建立健全对民生保障和社会建设具有非常重要的作用。现代意义上的西藏社会保障制度开始建立于 20 世纪 90 年代初，最先建立的是养老保险制度和失业保险制度，随后陆续建立起医疗保险、工伤保险和生育保险，目前西藏已建立起以社会救助为基础、社会保险为主体、社会福利为补充的社会保障体系。根据《2017 年西藏自治区国民经济和社会发展统计公报》，2017 年年底西藏参加企业职工基本养老保险、城乡居民社会养老保险、工伤保险、失业保险、生育保险和参加城镇基本医疗保险的人数分别为 17.78 万人、162.75 万人、29.64 万人、14.5 万人、26.33 万人和 68.88 万人。西藏社会保障体系不断完善，其制度演进是西藏经济社会不断发展的必然结果，并受人口结构、劳动就业以及产业结构调整等经济社会因素的综合影响。就西藏未来人口转变而言，其在西藏社会保障体系尤其是养老保险体系的完善过程中扮演着重要的角色。

西藏人口年龄结构以及就业人口年龄结构的变化为社会保险体系的持续发展提出了新的要求。社会养老保险体系是劳动者年老后的最后一道保障防线，一个地区就业人口年龄结构及其变化对养老保险政策的制定尤为重要。第六次人口普查数据显示，截至2010年西藏65岁以上的老年人占总人口的比重为5.09%，与全国相比，低了3.78个百分点。根据上文场景分析结果，西藏65岁及以上人口到2030年可能增长至33万人左右，到2035年进一步增长至42万人左右。尽管当前人口抚养负担还不算重，但是西藏未来制度内的养老压力依然不轻。

具体而言，西藏就业人口年龄结构变化对社会保障体系尤其是养老保险体系持续发展的新要求主要包括以下几个方面：一是就业人口迅速增长对社会养老基金的安全性提出了更高要求，包括随着就业人口增多、养老基金供给增多之后的基金管理安全和老龄退休人口阶段性积淀的基金支付安全问题。前者可能影响社会保险基金预算体系及支付体系的健全完善，而后者对养老基金保值增值提出了更高要求。二是就业人口迅速增长对工伤、医疗及失业保险的制度考验。由于就业人口迅速增加，从保险制度的整体系统环境来看，其面临的制度内风险必然增加，就业人员在工作中的工伤风险、失业风险和医疗风险也逐渐加大，这就要求社会保险制度在做好事后补救工作的同时做好事前预防，建立好事前预防体系和费率激励体系，以有力应对就业人口增长对制度持续性的挑战。

三、人口转变的生态效应

作为“世界屋脊”“地球第三极”和“中华水塔”，西藏既是亚洲气候变化的“启动区”和“调节区”，又是中国的生态屏障和安全屏障，西藏的环境变迁对周边地区、中国总体乃至全球环境变化有着重要影响。

主体功能区概念首次出现在《中共中央关于制定国民经济和社会发展第十一个五年规划的建议》中，是区域规划的一个重要方面。学界对西藏主体功能定位有着丰富讨论，总体来说，西藏可分为两类主体功能区——禁止开发区和限制开发区，这是出于对西藏生态重要性的考虑。在禁止开发区和限制开发区的功能定位下，西藏的发展目标主要包括保护自然生态系统、保护高寒地带生物多样性、控制土地沙化和保护高原湖泊湿地、控制水土流失、预防地质灾害、涵养水源和发展农林牧业等。

要实现西藏的主体功能区建设目标离不开对西藏人民生产生活方式以及当地产业布局的考量。西藏是中国五大牧区之一，拥有0.8亿公顷草地。经过近几十年的发展，西藏人民的生产生活方式都发生了很大变化。在现代化和城镇化的影响下，传统农牧业增加值在地区生产总值中的占比下降（见图8-6），到2016年西藏第一产业增加值占地区生产总值的比重已经降至10%左右。除了现代化和城镇化之外，人口转变也是影响西藏农牧业发展的因素之一。

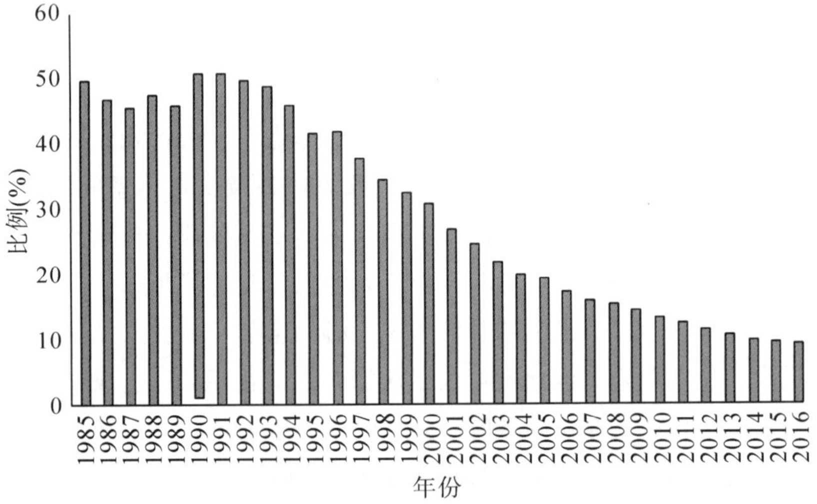

图8-6　1985—2016年西藏第一产业增加值占地区生产总值比例

数据来源：历年《西藏统计年鉴》。

第一，传统农牧业往往需要家庭成员的广泛参与和合作，而人口生育水平下降缩减了家庭规模，容易因“人手”不够而陷入生产僵局，这不利于以家庭为主要生产单元的农牧业发展。第二，人口转变有利于人口文化素质提高，这意味着越来越多的西藏青少年有机会也有需要接受更多更好的教育。由于学校与农牧区居民家庭可能存在较长的空间距离，不少家长不得不陪读，这也可能因劳动力缺失而影响家庭生产。总之，与中国其他地区农村发展面临的困境类似，西藏未来从事传统农牧业生产的人越来越少，第一产业规模势必缩减，取而代之的第二、三产业的发展虽然有效促进了地区经济发展和居民收入增加，但是对于实现西藏主体功能区目标的影响并非一定正面，具体影响有待进一步评估。

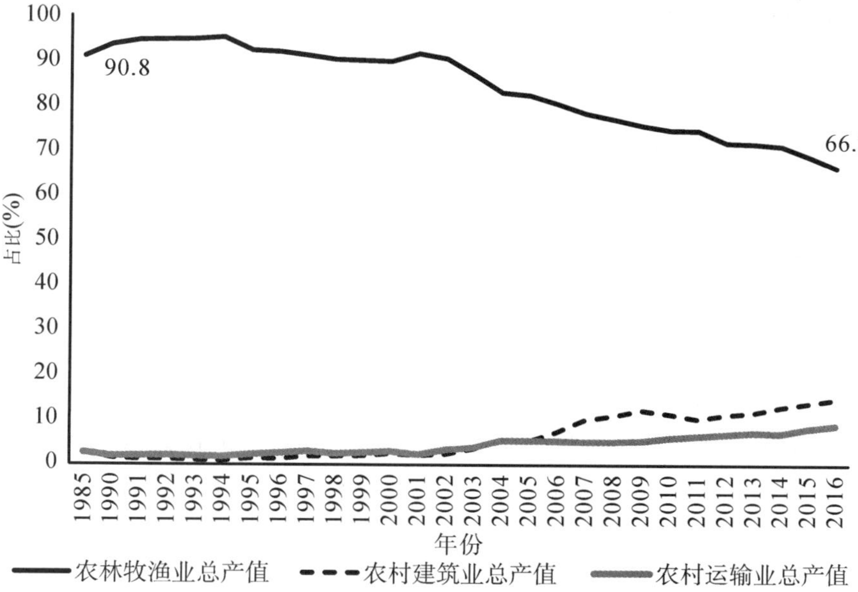

图 8-7 1985—2016 年西藏农村社会总产值中农林牧渔业、农村建筑业、农村运输业所占比重

数据来源：历年《西藏统计年鉴》。

即便在西藏农牧区内部，农林牧渔业产值的相对变动也表现出比例下降趋势。1985 年在西藏农村社会总产值中农林牧渔业所占比重为 90. 8%，到 2016 年时下降至 66. 2%。与此同时，农村建筑业、农村运输业产值的占比则逐渐提升，1985 年至 2016 年，农村建筑业总产值的占比从 2. 7%上升至 14. 7%，农村运输业总产值的占比从 2. 9%上升至 8. 9%。

可以看出，第一产业在西藏总体产业构成中占比下降，而且以农牧业为主的西藏农牧区农林牧渔业产值占比也在下降。在产业化、集约化程度不够发达的情况下，农牧业的发展仍需要家庭成员的广泛参与，这意味着家庭规模、家庭代际间的经验传承和家庭代际关系对农牧业的发展依然重要。如上文所述，西藏人口转变对西藏家庭规模和家庭代际关系层次产生了深远影响，此种发展模式在某种意义上对西藏保证一定的农牧业规模具有消极影响，而由此可能产生的生态效应则更为复杂。

本章小结

西藏人口转变的效应是复杂且多样化的，除经济系统外，人口系统、家庭发展、社会和生态等都会受到影响。人口转变过程中人口数量增加、人口年龄结构变化，是人口系统所受影响最直接的体现。鉴于人口发展惯性，可以预期，未来西藏人口再生产类型将向减少型转变，到2025年之后西藏人口年龄结构也将逐步转向老年型。西藏人口转变的社会效应还包括影响人口婚姻和家庭发展。一方面，在人口转变进程中西藏人口初婚年龄增大，未婚人口比重明显低于全国水平，且西藏居民跨民族婚姻特别是汉藏通婚比例上升；另一方面，与一般规律相符，人口转变导致西藏家庭规模缩小、直系家庭比例下降，单人家庭户和有老人家庭户增多，家庭代际层次简化，家庭功能特别是家庭养老功能弱化，且家庭住房规模和面积也发生变化。由于人口生育水平下降，西藏中等学校和小学校在校生人数相应减少，学龄人口规模下降，教育资源的配置应考虑学龄人口变动的基本趋势。人口转变致使西藏人口年龄结构特别是就业人口年龄结构发生变化，对这一因素的把握是西藏进一步完善社会保障体系的必然要求。在现行牧业生产条件下，牧区、牧业和牧民对于西藏生态功能的维护至关重要，对西藏人口转变进程中牧业人口减少的生态效应也须给予重视。

第九章　结论与建议

第一节　主要结论

从目前世界各地的实践来看，人口转变既是人口发展的必然过程，也是人口研究的重要议题，其对区域社会经济发展具有重要且深远的影响。虽然学者对目前中国人口转变已经完成这一点已基本达成共识，但是中国人口转变的区域差异仍值得关注。由于特定的人口民族特征、具有个性特征的发生机制和特殊的阶段性，西藏的人口转变也具有一定的特殊性。为进一步丰富人口转变理论体系，深化理解中国及其各地区人口转变实践，助力西藏社会经济发展，本书以西藏为研究区域，对西藏人口转变进行系统研究。基于西藏人口转变的现实状况，总结其阶段性特征，着重分析西藏人口转变的动力机制，即人口死亡水平、人口生育水平变动的内在原因，并对西藏未来人口转变可能的趋势及其社会经济效应进行适当预期，从而把握人口转变在西藏未来社会经济发展中的效应，并从人口视角出发提出促进西藏未来社会经济发展的建议。

目前已有的关于人口转变理论以及中国人口转变实践的研究成果有以下特点：一是认为人口转变的直接表现形式是人口死亡率、人口出生率依次由高降低，这一点是普遍共识；二是人口转变的动力机制也就是人口死亡水平和人口生育水平变化的动力机制；三是人口转变最直接的效应体现在人口系统之中，即在人口转变过程中的人口增长和人口年龄结构变化；

四是目前关于“后人口转变”及其社会经济效应的研究逐渐增多，关于中国人口转变实践的研究成果非常丰富，同时关于和平解放以来西藏人口变动的研究也不少。

人口转变并非指代区域人口变动的全过程，人口转变具有特指性，从形式上来看包括四个阶段，分别是：①“第一阶段”或“准备阶段”，人口出生率、人口死亡率处在相对（与下降后相比）较高水平且人口死亡率、人口出生率均未明显下降时，人口转变其实尚未真正启动；②“第二阶段”或“初级阶段”，人口死亡率先下降，人口出生率尚未明显下降；③“第三阶段”或“高级阶段”，人口死亡率继续下降或保持在低位，人口出生率显著下降；④“第四阶段”或“收尾阶段”，人口死亡率维持在低位或小幅上升（人口老龄化导致），人口出生率降低并绝对稳定在低位（与下降前相比）。

通过对西藏人口变动历史的回顾以及将西藏与全国及其他省（区、市）的人口转变进程进行比较发现，西藏人口转变总体符合经典人口转变进程的一般规律，同时又具有一些个性特征。第一，西藏人口转变进程启动较晚，在1970年前后西藏人口转变进程才开始推进，当时全国人口转变进程已处在高级阶段，即中后期。第二，西藏人口转变进程中人口死亡率、人口出生率从相对较高水平先后下降，在此过程中人口大幅增长，这基本与一般人口转变进程的特征相符；有所不同的是，在人口转变进程的开端由于人口出生率明显高于人口死亡率，西藏的人口自然增长率也较高。第三，西藏人口转变进程滞后于全国的人口转变进程，全国人口转变已于21世纪初期完成，而西藏人口转变在2010年后才进入收尾阶段，且目前是否完成还需要结合人口生育行为的研究以及对人口生育水平变化情况的把握来综合判断，此时尽管人口死亡率已处于较低的水平，但是人口自然增长仍然较快。第四，西藏人口转变虽启动晚且进程总体滞后，但推进速度更快。自20世纪70年代以来，人口死亡水平显著下降在西藏人口转变进程中起到重要作用，20世纪90年代中期以来人口生育水平的快速下降也起到关键作用，西藏人口转变进程继承了中国人口转变“快”的特征，甚至更快。第五，中国的计划生育政策虽在西藏并未限制广大农牧区居民生育子女的数量，但西藏人口出生率依然明显下降，这说明除了计划生育政策以外的因素对西藏人口生育水平下降产生了重要影响，最直接的影响因素包括经济因素和西藏人口管理与服务实践。第六，现阶段西藏人口年龄结构较为均衡，西藏尚无须面对人口老龄化问题；但若人口生育水平进一步下降，西藏人口年龄结构还将进一步老化。第七，由于人口出生率仍有下降空间且人口死亡率已处于低位，未来西藏人口转变进程的走向将由人口生育水平的变化来主导。总之，西藏的人口转变进程在形式上也表现为人口死亡率和人口出生率的先后下降，其直接效应是人口总量的增长以及人口年龄结构的变化。西藏的人口转变进程既符合一般规律，又具有个性特征，这既是人口按一定规律变动的必然结果，又是西藏自然地理环境和社会经济发展具有特殊性的一种表现。在西藏人口生育水平继续下降和保持稳定的不同预期下，西藏未来人口变动存在一定的不确定性，人口转变进程的最终走向也与之相关。

西藏人口死亡率明显下降是人口死亡水平下降的结果，后者是西藏人口转变过程的根本动力之一。从人口死亡率、年死亡人数的变化以及年龄别死亡率、婴儿死亡率和孕产妇死亡率、人口预期寿命等指标的变化都可以看出，20 世纪 70 年代以来西藏人口死亡水平总体表现出明显的下降趋势。西藏人口死亡水平的下降是多方面因素作用的结果，其中，经济因素最为直接和重要。一方面，西藏经济的快速发展为卫生事业发展、医疗条件改善提供了条件，这对人口死亡水平的下降具有重大影响；另一方面，经济发展为西藏居民就业以及生计条件改善提供了可能，基本物质生活需要得到满足也是西藏人口死亡水平下降的原因之一。除经济动因外，西藏人口管理与服务实践主要是通过降低孕产妇死亡率和婴儿死亡率来促进人口死亡水平下降；举全国之力开展的援藏工作，无论是卫生援藏的直接作用还是经济援藏的间接作用，都对降低西藏人口死亡水平产生了巨大贡献；一些西藏传统社会习俗的变化，也可能通过改变西藏居民的有关观念和行为从而使人口死亡水平下降。

在人口死亡率出现明显下降之后，西藏人口出生率也表现出显著下降趋势，这是西藏人口生育水平下降的体现，而后者同人口死亡水平下降一样也是西藏人口转变发生的一项根本动力。无论是从育龄妇女的规模、年龄结构、生育率的变化等方面来观察，还是从人口总和生育率或实际年出生人数变动情况来看，20 世纪 90 年代以来西藏人口生育水平下降的事实是客观存在的。地方政府相关部门工作人员、西藏城乡居民提供的信息以及相关的问卷调查数据都表明，西藏居民的生育观念较传统已发生明显转变，人口生育意愿弱化从而使生育行为的发生减少，这是西藏人口生育水平下降的微观动因。从人口系统视角来观察，西藏人口生育水平下降是育龄妇女年龄结构老化、婴儿死亡率下降等作用的直接结果，这符合人口发展的客观规律；从经济方面来考量，经济发展水平提升、城镇化发展、产业变迁以及人口就业结构变化都是促进西藏人口生育水平下降的原因，这也与相关理论预期相符；此外，家庭发展、社会保障体系完善、教育事业发展以及西藏人口管理与服务工作卓有成效地开展等也对西藏人口生育水平下降具有正向影响。

人口生育政策对区域人口转变进程具有关键作用。就中国实践而言，以计划生育为主的人口生育政策通过推动人口生育水平下降对人口转变进程产生影响，其效果也非常明显，全国人口生育政策的调整完善与社会经济的实际情况和发展需要有直接联系，这为分析人口生育政策调整完善在西藏的实践效应提供了指导。在“单独两孩”政策启动实施之前，西藏的人口生育政策主要是有汉藏差异的计划生育，并且在其后的生育政策调整中这种差异始终存在。客观来说，西藏人口生育政策的实施与调整完善，对西藏的社会经济发展具有明显的积极作用，同时也对西藏人口管理与服务工作提出了更高要求。

结合人口生育政策视角，根据“先稳定后下降”（场景一）、“持续稳定”（场景二）、“先稳定后上升”（场景三）三种不同的人口生育水平参数假定，对未来西藏人口转变趋势进行场景分析，西藏未来人口转变可能具有以下特征：第一，假设人口总和生育率从 2020 年开始下降、稳定或上升，西藏人口出生率将表现出不一致的变动趋势，其中在人口总和生育率上升的场景中，西藏人口出生率也仅会在 2030 年前后才出现由降转升的转折点，而在人口总和生育率稳定或下降的场景中西藏人口出生率都总体出现下降趋势。不同场景中西藏未来 0～14 岁人口数量和占比将出现较明显差异。第二，若按 65 岁及以上人口占比超 7%即为老龄社会的标准，那么西藏将在 2025—2035 年步入老龄社会，占比将在 2035 年升至 11%以上，即使人口生育政策继续调整完善，进一步干预人口生育水平，短期内也难以避免。长期来看，人口生育水平上升将有助于均衡西藏人口年龄结构，但直到2035年之后再25年左右，西藏老年人口比例才可能明显下降，如果从当前开始人口生育水平持续下降，那么未来西藏人口金字塔向衰减型转变的风险将加剧。第三，即使不同生育水平场景中西藏2020—2035年人口出生率的变化趋势存在差异，较高的人口自然增长率在未来一段时间内将依然持续，2035年之前西藏总人口稳步增长的趋势仍将继续；考虑到中国西部开发开放战略格局和西藏社会经济发展潜力，未来跨区流入西藏的人口增加也在情理之中，若到2035年西藏总人口超过380万人，则也符合预期。第四，西藏人口转变何时完成取决于人口生育水平的变动情况，如果人口生育水平继续下降、人口出生率继续降低，则西藏人口转变进程将继续推进，收尾阶段将持续较长时间，直到人口生育水平在更低的水平稳定；如果人口生育水平能够稳定在更替水平附近，且人口生育意愿和行为根本性转变得到确认，则可以判断西藏人口转变将在21世纪20年代至30年代之间完成，如此可认为西藏人口转变与一般人口转变最显著的区别，就是西藏人口转变完成时的人口生育水平接近更替水平且人口年龄结构相对均衡。

由于未来一段时间内西藏人口平均预期寿命延长和人口死亡水平稳定在低位的趋势可以预期，未来西藏人口转变进程的主要影响因素在于人口生育水平及其变化趋势，在社会经济发展总体弱化居民生育意愿的情况下，生育政策是否进一步调整完善可能具有决定性影响。

人口转变对西藏经济发展具有全局性影响。通过观察有关经济指标和人口指标的变化趋势发现，西藏经济增长、产业结构变动、人口增长、人口年龄结构变动具有相关性，西藏人口增长、人口年龄结构变化一方面是人口转变的直接结果，另一方面分别通过为社会生产提供劳动力、影响社会消费与储蓄等途径作用于区域经济增长。基于时间序列数据的VECM模型结果显示，西藏人口转变与经济增长之间存在动态关系，人口总量、劳动年龄人口数与地区生产总值存在正相关关系，老年抚养比和少儿抚养比与地区生产总值存在负相关关系。从人口红利视角观察，西藏人口转变对经济增长具有明显贡献，特别是自21世纪初期以来贡献度加大，最近十年的贡献程度更高。未来人口转变对西藏经济发展的影响包括：一是人口规模继续增大可为区域经济发展增加活力，但也可能加剧劳动力市场的竞争，给人口就业带来挑战；二是人口老龄化和劳动年龄人口老化的趋势难以避免，西藏经济发展应对此有所预期并提前进行有关制度安排；三是在人口红利消失之前，目前西藏仍面临着难得的经济发展机遇，利用好较高劳动参与率、较高储蓄率和较好的劳动力资源配置仍是重点。即使未来人口转变结束，西藏经济发展也应充分考虑人口形势及其与经济之间的关系。虽然西藏经济发展中劳动力供给相对充分的格局可能保持，但是人口红利对经济增长的贡献将逐步减弱，经济系统对高素质劳动力的需求加大，人口就业的产业结构、行业结构、区域结构等都将发生变化。西藏老龄相关产业在未来可能存在发展机遇，但是目前西藏经济发展的重心应在如何高效收获人口红利以及加大人力资本积累等方面。

西藏人口转变的效应是复杂且多样化的，除了经济系统外，人口系统、家庭发展、社会和生态等都会受到影响。人口转变过程中西藏人口数量增加、人口年龄结构变化，是人口系统所受影响最直接的体现。鉴于人口发展惯性，可以预期，未来西藏人口再生产类型将向减少型转变，到2025年之后西藏人口年龄结构将逐步转向老年型。西藏人口转变的社会效应还包括影响人口婚姻和家庭发展。一方面，在人口转变进程中西藏人口初婚年龄增大，未婚人口比重明显低于全国水平，且西藏居民跨民族婚姻特别是汉藏通婚比例上升；另一方面，与一般规律相符，人口转变导致西藏家庭规模缩小、直系家庭比例下降、单人家庭户和有老人家庭户增多、家庭代际层次简化、家庭功能特别是家庭养老功能弱化，且家庭住房规模和面积也发生变化。由于人口生育水平下降，西藏中等学校和小学在校生人数相应减少，学龄人口规模减小，教育资源的配置应考虑学龄人口变动的基本趋势。人口转变致使西藏人口年龄结构特别是就业人口年龄结构发生变化，对这一因素的把握是西藏进一步完善社会保障体系的必然要求。在现行牧业生产条件下，牧区、牧业和牧民对于西藏生态功能的维护至关重要，因而对于西藏人口转变进程中牧业人口减少的生态效应也须给予重视。

总之，西藏的人口转变过程既符合人口转变的一般规律，又表现出一些个性特征。在多重因素影响下，西藏人口死亡水平、人口生育水平先后下降，这成为西藏人口转变的根本动力。同时，西藏的人口转变对区域经济发展和社会变迁都产生了深远影响。虽然西藏未来的人口变动在不同场景中存在一定差异，但是其对区域社会经济发展的主要影响仍可预期，对人口变动形势及其效应的把握是讨论西藏未来社会经济发展的一项重要议题。

第二节　相关建议

为促进西藏人口长期均衡发展，扩大西藏人口转变的积极效应，以及应对未来人口转变可能带来的风险，本书提出以下建议。

一、完善人口生育政策体系，优化人口管理服务体系

一方面，完善人口生育政策体系。一是完善生育相关配套政策，如确保生育妇女带薪产假制度得以落实，探索将儿童学前教育纳入义务教育体系，对符合一定条件的妇女减免生育检查和医疗费用，完善婴幼儿托育服务体系等。二是强化流动人口管理与服务。

另一方面，加强人口健康统计监测工作。一是创新人口与健康信息管理体系。统筹考虑人口统计、计生服务、妇幼保健、健康管理等有关工作内容，设计能够综合反映区域人口与健康状况的统计指标体系。做好人口与健康信息统计台账设计，明确数据收集整理、报表制作报送工作流程和要求，实现人口与健康信息统计工作标准化和规范化，创新工作机制。逐步推进卫生健康管理信息系统整合，并在城区、农区、牧区和边境地区分别挑选不同条件的乡和村进行试点。二是强化人口与健康信息统计队伍建设。对各级卫生健康统计工作人员加大培训力度，采取现场和远程教学相结合的方式丰富培训手段，通过建立统计人员在职和岗前培训制度提高卫生健康统计工作人员的业务能力。采取补贴等形式加大村一级卫生健康统计工作人员的收入，增强基层卫生健康统计工作人员的队伍稳定性。三是

完善人口与健康信息统计工作激励约束机制。将人口与健康统计工作切实纳入各级卫生健康行政部门年度工作综合检查考核范围，完善人口与健康信息统计工作考核办法，推进西藏人口与健康信息统计工作优质运行的常态化。

二、完善人口就业政策体系，提升居民平均收入水平

首先，要提高就业质量。就业的核心是劳动力的配置，提高就业质量意味着劳动力市场机制充分发挥作用、劳动力资源得到有效配置。促进劳动力市场发育和完善是促进就业的必要途径，劳动力市场建设和发展要以劳动者自主择业、市场调节就业、政府促进就业为目标，具有完备的劳动保障机制且灵活高效。适应劳动者多层次就业需求并提供全方位的公共就业服务，统筹农牧业转移人口、高校毕业生、困难人群等多渠道就业创业。西藏仍存在青少年求学意愿弱而很早进入劳动力市场的情况，这在短期内能带来收入，但长期来看不利于全社会的教育发展和人力资本的积累，因此在进行劳动力配置时应注重对短期劳动力利用与长期人力资本储备的兼顾。提高就业质量必须让市场机制发挥主要作用，政府进行适当调节，让“看不见的手”和“看得见的手”发挥合力。其次，加大农牧民就业培训力度，吸引储备专业人才。对城乡转移的农牧民进行教育培训，增加其非农就业知识。开发环卫、护林、保安等岗位，吸纳本地农牧民就业，积极引导农牧民由临时性转移就业向产业工人转变。此外，还应优化收入分配。高质量的就业通常意味着更高的收入，就业不仅是个人收入的直接渠道，也是社会资本流动的内核。此外，必须确保按劳分配的原则得到坚持，按要素分配的体制机制也要逐步完善，以此为基础推进收入分配向更合理、更有序转变。应不遗余力地拓宽劳动收入渠道，进行劳动制度改革创新，不断发展和完善劳动力市场，让拥有更多人力资本的劳动者合理地获得更多收入。

三、加快推动教育事业发展，加速社会人力资本积累

响应党的十九大号召，高度重视农牧区义务教育，普及高中阶段教育，同时办好特殊教育、学前教育和网络教育，尽最大努力让每个孩子都

能享有有质量且公平的教育。

一是培养群众重视教育和终身学习的理念。应形成多元的参与主体，政府、社区、学校、家庭等应坚决落实教育责任和义务，把教育理念融入各级各类学校课程和日常行为规范中，强调榜样的正能量，强调人力资本带来的价值回报，传输正确的世界观、价值观。积极创新载体方式，深入主题教育实践活动，采用更有效的劝学方式。校方应采取走访、电话等形式，与学生及家长保持密切联系，深入了解并及时解决学生思想、学习、生活中的困难，争取让更多的学生享受到更高程度、更好的教育。

二是构建职业教育、学历教育、继续教育等多种教育形式协同发展机制。学历教育、职业教育、继续教育都有重要的作用，加强三者协同发展有利于更多的群体接受教育。加强普通教育、职业教育之间的沟通与联系，打破职业学校和本科学校之间的壁垒。加强继续教育和学历教育的并举机制，建立职前职后贯通的继续教育体系，鼓励高校、科研院所、企业等开展继续教育，建立有利于全社会劳动者都有机会接受职业教育及相关培训的更为灵活的学习制度。总之，必须提升学历教育质量，深入推动职业教育发展，加强继续教育补充发力，促进西藏学历教育、职业教育、继续教育协同发展。

三是提高高等教育人才培养质量。以西藏产业构成为导向，开办符合产业发展需求的高等职业教育，匹配职业院校人才供给与市场人才需求，强化校企融合和教产融合。进一步调整区内高校布局结构、提高整体师资力量，加强一流学科建设，突出西藏特色，培养出一批技能型、创新型、复合型人才；同时，也应注重对创新性人才的培养。过去粗放式的发展与新时代的要求不符，推进科技探索，加强科技基础平台建设，实施科技创新创业人才计划，切实提高人才培养质量。

四是加大大学生就业工作保障力度。高等教育回报的不确定性和跨期性是西藏高等教育普及率较低的原因之一。因此，应加大大学生就业工作保障力度，将就业保障工作与职业培训工作有机结合，努力营造良好的学习氛围，推动建立覆盖城乡全体劳动者、贯穿劳动者学习工作全过程、适应劳动力市场需求的职业培训制度，增强劳动者的创新和就业能力。

四、走西藏特色城镇化道路，带动区域城乡平衡发展

平衡发展是中国居民不断增长的美好生活需要得到满足的要求之一。中国地域辽阔，区域间发展的基础、条件、节奏等不完全一致，导致发展不平衡，在各项因素的综合作用下，西藏区域、城乡之间在人口、经济、民生等多个方面都表现出较大的发展差异。基于对西藏未来城乡人口变动差异的预期以及城镇化一般规律的考虑，西藏应推进农牧区及城镇、各地区间的平衡发展，走具有西藏特点的城镇化道路则是推进西藏平衡发展的一项重要途径[306]。

一般情况下城镇化进程主要是通过农业部门向非农部门、农村向城镇的人口迁移来实现的，这个过程因促进了农业部门和非农部门生产率的提升而实现了经济红利，在带动经济增长的同时也改变了城乡发展格局。因此，对于西藏来说，通过主动干预和调控城镇化进程，不仅有可能协同发展城市与农牧区，也有可能为发展相对滞后的地区带来追赶发展的机遇和条件。相对来说，西藏城镇化进程较为滞后，这是西藏特殊的自然地理条件和发展状况的体现，却有可能产生“后发优势”而成为西藏平衡区域和城乡发展的机遇。当然，只有紧密结合西藏各区域发展的客观实际进行科学、合理、有针对性的调控，城镇化才可能发挥平衡区域和城乡发展的作用。

西藏的城镇化发展需要体现西藏特点，包括：第一，在目标方面，不是城镇化率越高越好，不是城镇化速度越快越好。西藏的城镇化发展要在确保生态安全的前提下进行，这决定了一般情况下对“快速推进城镇化”和“高城镇化率”的过分强调和追求与西藏实际不符。西藏的城镇化目标和速度应确保适度，要与西藏的禀赋条件和发展需要相适应。第二，在过程方面，西藏自治区在城镇化进入中期以前就注重质量和速度的平衡。在市场作用下，城镇化在初期向中期运行时往往呈现粗放式发展，城镇化率在快速提升的同时也会产生诸如环境质量下降、迁入人口的城市融入困难等消极影响。西藏城镇化发展，应及时对人口向少数城市过分集中、城镇过度过快扩张、农田草场退化等方面进行强力干预和调控，以提升城镇化进程的有序性和稳健性。市场不是万能的，必要的调控是很好的补充，只

有这样才能既保障生态不被破坏，又最大限度地收获城镇化带来的各项红利。第三，在空间格局方面，要注重均衡发展，避免“一城独大”。人口、资源等高度集中虽可产生聚集经济效应，但与平衡发展的目标相悖。西藏可在有条件的地区助力城镇化发展，随着交通、供氧等支撑要素逐步发展、完备甚至成为标配，高原各地区都可分享发展的成果。

由于西藏地域辽阔，多数地区人口密度非常小，这就导致了公共服务半径大、供给成本高、规模经济效益低、产业转型面临诸多困难等问题。同时，西藏部分区域生态系统极为脆弱，抗干扰能力差，自然灾害发生频率高、影响大。因此，西藏须坚持走新型城镇化道路，稳妥推进人口的合理分布、适度聚集，强调实现低碳、绿色发展，引导人口从农牧区向适宜、就近的城镇合理、有序转移，从不适宜人居的区域向条件较好的区域转移。同时要注重农牧民迁移后的城市适应问题，加强基础设施建设，提高产业对更多农牧区转移人口的吸纳和支撑能力，建立完善公平、配套的社会保障体系，提高公共服务的供给能力。坚持政府引导、市场主导和个人意愿相结合，探索科学的人口迁移机制，引导人口逐步、有序转移。

稳妥推进城镇化发展要求平衡发展、错位发展、差异化发展。这意味着在城市格局方面，要注重城市间均衡发展，加速综合交通运输网络建设，让高原各地区都可分享发展的成果。西藏在稳妥推进城镇化过程中应放弃区域间趋同的产业结构、发展规划，对各区域产业结构及其发展进行充分认识及合理布局，大力发展具有区域特色和区域比较优势的支撑产业，大力发展资源节约型、环境友好型产业，强化旅游资源等优势资源开发对城镇化发展的支撑作用。

参考文献

[1] 刘铮，李竞能. 人口理论教程 [M]. 北京：中国人民大学出版社，1985.

[2] 王胜今. 人口社会学 [M]. 长春：吉林大学出版社，1998.

[3] 李竞能. 现代西方人口理论 [M]. 上海：复旦大学出版社，2004.

[4] 张俊良，郭显超. 人口长期均衡发展的理论与实证模型研究 [J]. 人口研究，2013，37 (5)：16-29.

[5] A. LANDRY. Les trois théories principales de la population [J]. Scientia，1909，3 (6)：121.

[6] KNIBBS G H. The mathematical theory of population [J]. Appendix A of the Census of the Commonwealth of Australia，Il，1917，9：ll.

[7] THOMPSON W S. Population [J]. American Journal of Sociology，1929，34 (6)：959-975.

[8] LANDRY A. La révolution démographique. 1934 [J]. Paris：Sirey，1934.

[9] NOTESTEIN F W. Population-the long view，in food for the world [J]. T. Schulz，Editor，1945.

[10] BLACKER C P. Stages in population growth [J]. The Eugenics Review，1947，39 (3)：88.

[11] COALE，ANSLEY J. Population growth and economic development in low-income countries [M]. New Jersey：Princeton university Press，1958.

[12] CALDWELL J，JOHN C. Toward a restatement of demographic tran-

sition theory [J]. Population and development Review, 1976, 2 (3): 321-366.

[13] WEEKS J. Population: An introduction to concepts and issues [M]. Nelson Education, 2011.

[14] 葛小寒. 人口转变的含义、判别标准及模式 [J]. 西北人口, 1999 (2): 15-17.

[15] LESTHAEGHE R. The second demographic transition in western countries: an interpretation [J]. Gender and family change in industrialized countries, 1995: 17-62.

[16] 孙文忠. 人口转变理论新论——兼论人口量质发展理论 [J]. 人口与经济, 2008 (S1): 1-7.

[17] 邬沧萍, 穆光宗. 低生育研究——人口转变论的补充和发展 [J]. 中国社会科学, 1995 (1): 84-99.

[18] MONTGOMERY K. The demographic transition [J]. Working Papers, 2006, 23 (4): 531-552.

[19] 周希璋. 我国人口再生产类型的转变 [J]. 人口研究, 1983 (6): 15-20.

[20] 陈卫, 黄小燕. 人口转变理论述评 [J]. 中国人口科学, 1999 (5): 51-56.

[21] 朱国宏. 人口转变论——中国模式的描述和比较 [J]. 人口与经济, 1989 (2): 31-38.

[22] OMRAN A R. The epidemiologic transition: a theory of the epidemiology of population change [J]. Milbank Quarterly, 2005, 83 (4): 731-757.

[23] 朱向伟. 我国人口转变模式及其形成机制分析 [J]. 人口学刊, 2002 (1): 18-21.

[24] 夏怡然. 当代台湾人口转变及其原因分析 [J]. 市场与人口分析, 2004 (2): 50-55.

[25] LANDRY A. La révolution démographique. 1934 [J]. Paris: Sirey, 1934.

[26] 侯东民. 试论中国人口转变特殊的社会经济机理——人口控制

自我稳定的经济学作用［J］. 人口与发展，2003，9（4）：24-31.

［27］NOTESTEIN F W. Population－The long view［J］. Food for the World.，1945：36-57.

［28］FRIEDMAN D，KANAZAWA H S. A theory of the value of children［J］. Demography，1994，31（3）：375-401.

［29］CALDWELL J C. The mechanisms of demographic change in historical perspective［J］. Population Studies，1981，35（1）：5-27.

［30］佟新. 人口社会学［M］. 北京：北京大学出版社，2000.

［31］ZELINSKY W. The demographic transition：changing patterns of migration.［J］. International Union for the Scientific Study of Population，1979.

［32］KNODEL J，VAN DE WALLE E. Lessons from the past：policy implications of historical fertility studies［J］. Population and Development Review，1979：217-245.

［33］BONGAARTS J，WATKINS S C. Social interactions and contemporary fertility transitions［J］. Population and Development Review，1996，22（4）：639-682.

［34］DAVIS K，BLAKE J. Social structure and fertility：an analytic framework［J］. Economic development and cultural change，1956，4（3）：211-235.

［35］COAIE A，HOOVER E M. Hoover：population growth and economic development in low income countries［D］. Princeton University，NJ：Princeton University Press，1958.

［36］NELSON R R. A theory of the low-level equilibrium trap in underdeveloped economies［J］. The American Economic Review，1956，46（5）：894-908.

［37］KUZNETS S. Population and economic growth［J］. Proceedings of the American Philosophical Society，1967，111（3）：170-193.

［38］SIMON，JULIAN. The ultimate resource［D］. Princeton，N. J：Princeton University Press，1981.

［39］西奥多·舒尔茨. 论人力资本投资［M］. 北京：北京经济学院

出版社，1992.

[40] 姚引妹. 中国人口年龄结构变动的经济效应研究 [D]. 杭州：浙江大学，2010.

[41] KELLEY A C，SCHMIDT R M. Aggregate population and economic growth correlations：the role of the components of demographic change [J]. Demography，1995，32 (4)：543-555.

[42] KELLEY A C，SCHMIDT R M. Evolution of recent economic-demographic modeling：a synthesis [J]. Journal of Population Economics，2005，18 (2)：275-300.

[43] 都阳. 人口转变、劳动力市场转折与经济发展 [J]. 国际经济评论，2010 (6)：137-149.

[44] KELLEY A C. Economic consequences of population change in the Third World [J]. Journal of Economic Literature，1988，26 (4)：1 685-1 728.

[45] WILLIAMSON J G. Growth，distribution，and demography：some lessons from history [J]. Explorations in Economic History，1998，35 (3)：241-271.

[46] 王德文，蔡昉，张学辉. 人口转变的储蓄效应和增长效应——论中国增长可持续性的人口因素 [J]. 人口研究，2004，28 (5)：2-11.

[47] BLOOM D E，WILLIAMSON J G. Demographic transitions and economic miracles in emerging Asia [J]. The World Bank Economic Review，1998，12 (3)：419-455.

[48] LEE R，MASON A. Population aging，wealth，and economic growth：demographic dividends and public policy [J]. Background Paper for the World Economic and Social Survey. New York：United Nations，Department of Economic and Social Affairs，2007.

[49] MASON A. Population change and economic development in East Asia：Challenges met，opportunities seized [M]. Redwood City：Stanford University Press，2001.

[50] BLOOM D E，CANNING D，HU L，et al. The contribution of popu-

lation health and demographic change to economic growth in China and India [J]. Journal of Comparative Economics, 2010, 38 (1): 17-33.

[51] 袁志刚，宋铮. 人口年龄结构、养老保险制度与最优储蓄率 [J]. 经济研究，2000 (11): 24-32.

[52] LINDH T, MALMBERGM B. Age structure effects and growth in OECD: 1950-1990 [J]. Journal of Population Economics, 1999, 12 (3): 431-449.

[53] MASON A, LEE R. Reform and support systems for the elderly in developing countries: capturing the second demographic dividend [J]. Genus, 2006, 62 (2): 11-35.

[54] BLOOM D E, FREEMAN R B. The effects of rapid population growth on labor supply and employment in developing countries [J]. Population and Development Review, 1986: 381-414.

[55] LINDH T. Age structure and economic policy: the case of saving and growth [J]. Population Research and Policy Review, 1999, 18 (3): 261-277.

[56] ANDO A, MODIGLIANI F. The "life cycle" hypothesis of saving: Aggregate implications and tests [J]. American Economic Review, 1963, 53 (1): 55-84.

[57] KELLEY A C, SCHMIDT R M. Aggregate population and economic growth correlations: the role of the components of demographic change [J]. Demography, 1995, 32 (4): 543-555.

[58] PAXSON C. Saving and growth: evidence from micro data [J]. European Economic Review, 1996, 40 (2): 255-288.

[59] COALE A, HOOVER E M. Population growth and economic development in low-income countries [D]. Princeton: Princeton University Press N. J. 1958.

[60] LEFF N H. Dependency rates and savings rates [J]. American Economic Review, 1969, 59 (5): 886-896.

[61] FRY M J, MASON A. The variable rate-of-growth effect in the life

cycle saving model [J]. Economic Inquiry, 1982, 20 (3): 426-442.

[62] LI H, ZHANG J, ZHANG J. Effects of longevity and dependency rates on saving and growth: evidence from a panel of cross countries [J]. Journal of Development Economics, 2007, 84 (1): 138-154.

[63] SILIVERSTOVS R, KHOLODILIN K A, THIESSEN U. Does aging influence structural change? Evidence from panel data [J]. Economic Systems, 2011, 35 (2): 244-260.

[64] ANNABI N, FOUGERE M, HARVEY S. Inter-temporal and Inter-industry effects of population ageing: a general equilibrium assessment for canada [J]. Labour, 2009, 23 (4): 609-651.

[65] 陈敦贤. 中国人口老龄化与产业结构调整 [J]. 中南财经政法大学学报, 2002 (3): 60-63+113.

[66] CZAJA S J, LEE C C. The impact of aging on access to technology [J]. Universal Access in the Information Society, 2007, 5 (4): 341-349.

[67] ASPLUND R. The provision and effects of company training: a brief review of the literature [R]. ETLA Discussion Papers, The Research Institute of the Finnish Economy (ETLA), 2004.

[68] NODA H. Population aging and creative destruction [J]. Journal of Economic Research, 2011, 16 (1): 29-58.

[69] S. S. KUZNCTS. National Economic Growth, trans. by Chang xu [D]. Beijing: The Commercial Press, 1985.

[70] U. B. VOLZ. Aging, labor supply and consumption-sectional effects of demographic change in Germany [D]. Conference Paper Presented at the 11th Annual Conference on Global Economic Analysis, Helsinki, Finland, 2008.

[71] 何平平. 经济增长、人口老龄化与医疗费用增长——中国数据的计量分析 [J]. 财经理论与实践, 2006, 27 (2): 90-94.

[72] 李洪心, 高威. 中国人口老龄化对消费结构影响的灰色关联度分析 [J]. 人口与发展, 2008, 14 (6): 69-74.

[73] 袁蓓. 人口老龄化对中国经济增长的影响 [D]. 武汉: 武汉

大学，2010.

［74］田雪原，王金营，周广庆. 老龄化——从“人口红利”到“人口负债”［M］. 北京：中国经济出版社，2006.

［75］BARKOW J H，BURLEY N. Human fertility，evolutionary biology，and the demographic transition ［J］. Ethology and Sociobiology，1980，1（2）：163-180.

［76］LEETE，RICHARD. The post-demographic transition in East and South East Asia：similarities and contrasts with Europe ［J］. Population Studies，1987，41（2）：187-206.

［77］WERTHEIMER-BALETIC A. Determinants of the post-transitional stage in demographic development ［J］. Stanovnistvo，1990，28（3-4/1-2）：45-55.

［78］邬沧萍，穆光宗. 低生育研究——人口转变论的补充和发展［J］. 中国社会科学，1995（1）：84-99.

［79］ANZO S. Marriage market and fertility：Japan，1950 to 1980 ［M］. Los Angeles：University of Southern California，1985.

［80］PULASKA-TURYNA B. Geographic differences in mortality in Poland ［J］. Wiad Stat，1991，36（5）：24-27.

［81］DISSANAYAKE L. The first generation with mass schooling and the fertility transition：the case of Sri Lanka ［J］. Health transition review：the cultural，social，and behavioural determinants of health，1996，6：137-154.

［82］李建民. 后人口转变论［J］. 人口研究，2000（4）：9-13.

［83］于学军. 中国进入“后人口转变”时期［J］. 中国人口科学，2000（2）：54-59.

［84］赵时亮. 中国的后人口转变及其特殊性［J］. 人口研究，2001（3）：8-12.

［85］孙文，张再生. “后人口转变时期”我国计划生育政策取向初探［J］. 南方人口，2002（2）：15-19.

［86］蔡向东. 后人口转变时期中国人口政策的思考［J］. 当代经济研究，2012（6）：33-38.

[87] 朱国宏. 关于“后人口转变”[J]. 中国人口科学, 2001 (3): 60-65.

[88] 翟振武, 刘爽, 陈卫, 等. 稳定低生育水平: 概念、理论与战略, 中国人民大学人口研究所“稳定低生育水平研究”课题组报告之一[J]. 人口研究, 2000 (3): 1-17.

[89] 李建新. “后人口转变论”质疑——兼与于学军、李建民博士商榷[J]. 人口研究, 2000 (6): 2-8.

[90] 陈剑. 现代化, 人口转变与后人口转变[J]. 市场与人口分析, 2002 (6): 8-13.

[91] 叶明德. 对“中国进入后人口转变时期”的质疑[J]. 中国人口科学, 2001 (1): 32-37.

[92] 王学义. 对中国人口转变的基本判断及问题研究[J]. 四川行政学院学报, 2002 (1): 41-44.

[93] 王学义. 论中国人口转变面对的几个突出问题[J]. 理论与改革, 2002 (5): 113-116.

[94] 李军峰. 从制度经济学看中国的人口转变[J]. 人口与经济, 2002 (3): 30-33.

[95] 江亦曼, 乔晓春, 于学军, 等. 中国未来人口发展与生育政策研究[J]. 人口研究, 2000 (3): 18-34.

[96] 李建民. 后人口转变论[J]. 人口研究, 2000 (4): 9-13.

[97] 于学军. 中国进入“后人口转变”时期[J]. 中国人口科学, 2000 (2): 54-59.

[98] 于学军. 再论“中国进入后人口转变时期”[J]. 中国人口科学, 2001 (3): 54-59.

[99] 罗淳. 试论后人口转变[J]. 中国人口科学, 2001 (1): 38-44.

[100] 向志强. 试论人口转变完成的标准[J]. 人口学刊, 2002 (1): 3-7.

[101] 蔼小寒. 人口转变的含义、判别标准及模式[J]. 西北人口, 1999 (2): 15-17.

[102] 叶明德. 对“中国进入后人口转变时期”的质疑[J]. 中国

人口科学，2001（1）：32-37.

[103] 穆光宗，陈卫. 中国的人口转变：历程、特点和成因 [J]. 开放时代，2001（1）：94-103.

[104] 王胜今. 人口社会学 [M]. 长春：吉林大学出版社，1998.

[105] 尹勤，高祖新. 我国人口转变进程探讨 [J]. 南京人口管理干部学院学报，1998（2）：41-43.

[106] 胡华清，梁巧转. 台湾的经济发展和人口转变及其对我们的启示 [J]. 陕西师范大学学报（哲学社会科学版），1996（S1）：118-123.

[107] 罗淳. 人口转变进程中的人口老龄化——兼以中国为例 [J]. 人口与经济，2002（2）：38-43.

[108] 朱国宏. 现代化进程中的人口转变及其社会经济含义 [J]. 复旦学报（社会科学版），1997（4）：24-29+109.

[109] 李通屏，郭继远. 中国人口转变与人口政策的演变 [J]. 人口与发展，2007，13（1）：42-48.

[110] 朱向伟. 我国人口转变模式及其形成机制分析 [J]. 人口学刊，2002（1）：18-21.

[111] 宋瑞来. 试论自发性与诱导性人口转变 [J]. 中国人口科学，1991（2）：24-28.

[112] 李建新. 人口转变新论 [J]. 人口学刊，1994（6）：3-8.

[113] 杨子慧. "三结合"：人口转变的第三种途径 [J]. 人口研究，1998，22（5）：63-68.

[114] 王涤. 中西方两种人口转变方式的探析 [J]. 杭州师范大学学报（社会科学版），2000（5）：39-44.

[115] 李树茁，闫绍华，李卫东. 性别偏好视角下的中国人口转变模式分析 [J]. 中国人口科学，2011（1）：18-27+113.

[116] 刘秀莲. 论中国人口转变及其特点 [J]. 求是学刊，1991（3）：33-35+56.

[117] 李建新. 世界人口格局中的中国人口转变及其特点 [J]. 人口学刊，2000（5）：4-9.

[118] 刘泰洪. 中国人口转变的模式和特点 [J]. 内蒙古社会科学

(汉文版), 2001, 22 (6): 97-99.

[119] 原新. 中国人口转变及未来人口变动趋势推演 [J]. 中国人口科学, 2000 (1): 40-45.

[120] 杜闻贞. 论经济发展与现代人口转变 [J]. 南京大学学报 (哲学·人文科学·社会科学), 1994 (3): 62-66.

[121] 朱国宏. 现代化进程中的人口转变及其社会经济含义 [J]. 复旦学报: 社会科学版, 1997 (4): 24-29.

[122] 宋元梁. 试论我国的经济转型与人口转变 [J]. 人文杂志, 1997 (3): 49-53.

[123] 刘爽. 对中国人口转变的再思考 [J]. 人口研究, 2010, 34 (1): 88-96.

[124] 罗丽艳. 孩子成本效用的拓展分析及其对中国人口转变的解释 [J]. 人口研究, 2003 (2): 47-54.

[125] 李军峰. 从制度经济学看中国的人口转变 [J]. 人口与经济, 2002 (3): 30-33.

[126] 朱向伟. 我国人口转变模式及其形成机制分析 [J]. 人口学刊, 2002 (1): 18-21.

[127] Knodel J, Van de Walle E. Lessons from the past: Policy implications of historical fertility studies [J]. Population and development review, 1979: 217-245.

[128] 王学义. 人口转变后果研究——西方视野、价值意义、主要缺陷与分析框架构建 [J]. 人口学刊, 2007 (5): 11-16.

[129] 于学军. 中国人口转变与"战略机遇期" [J]. 中国人口科学, 2003 (1): 9-14.

[130] 王颖, 倪超. 中国人口转变的经济效应——基于省级数据的空间面板模型分析 [J]. 北京师范大学学报 (社会科学版), 2013 (1): 131-142.

[131] 王金营, 杨磊. 中国人口转变、人口红利与经济增长的实证 [J]. 人口学刊, 2010 (5): 17-26.

[132] 罗淳. 人口转变进程中的人口老龄化——兼以中国为例 [J].

人口与经济，2002（2）：38-43.

［133］林宝. 人口转变完成后的中国人口老龄化［J］. 西北人口，2009，30（4）：21-24.

［134］潘玥，其其格. 中国式“福利社会”：人口转变与社会保障制度建设研究［J］. 中南财经政法大学研究生学报，2013（2）：108-112.

［135］曹东勃. 人口转变与老龄化后果的政治经济学分析［J］. 中央财经大学学报，2011（11）：70-75.

［136］薛继亮. 人口转变、技术进步和经济增长——来自空间计量模型的验证［J］. 工业技术经济，2014（8）：116-123.

［137］王学义. 论中国人口转变面对的几个突出问题［J］. 理论与改革，2002（5）：113-116.

［138］尹勤，高祖新. 我国人口转变进程探讨［J］. 南京人口管理干部学院学报，1998（2）：41-43.

［139］梁宏. 中国人口转变地区差异的聚类分析［J］. 人口学刊，2002（5）：33-36.

［140］李建民，原新，王金营. 中国人口转变地域差异的聚类分析［J］. 中国人口科学，2001（1）：52-56.

［141］王金营. 我国人口转变地区差异及其与社会经济发展的相关分析［J］. 河北大学学报（哲学社会科学版），2001（3）：77-82.

［142］HAO，YAN. Tibetan population in China：myths and facts re-examined［J］. Asian Ethnicity，2000，1（1）：11-36.

［143］马戎. 西藏自治区人口结构与变迁——2000 年人口普查数据分析［J］. 中国藏学，2008（3）：171-186.

［144］刘鑫，徐世英. 基于组合预测模型的西藏人口分析［J］. 中央民族大学学报（自然科学版），2008（3）：69-72.

［145］郭志仪，曹建云. 2006—2050 年西藏人口发展趋势预测［J］. 西藏大学学报，2006（4）：6-13+27.

［146］李祥妹，陈亮，丁维荣. 不同预测模型下西藏自治区人口发展状况及对策研究［J］. 西北人口，2012，33（4）：58-62.

［147］李成福，陈佳鹏. 西藏已婚育龄妇女优生优育抽样调查分析

[J]. 人口与计划生育，2011（12）：31-32.

[148] 李永胜. 西藏藏族人口的低性别构成研究 [J]. 西藏研究，1999（1）：110-113.

[149] 陈华，索朗仁青. 西藏藏族人口出生性别比和幼儿及儿童性别比浅析 [J]. 西藏大学学报（汉文版），1994（1）：55-57.

[150] 西藏自治区统计局. 西藏自治区 2010 年第六次全国人口普查主要数据公报 [EB/OL]. [2011-05-03]. http://www.stats.gov.cn/tjsj/tjgb/rkpcgb/dfrkpcgb/201202/t20120228_30406.html.

[151] 方晓玲. 西藏人口结构现状的描述性研究 [J]. 西藏研究，2006（1）：98-106.

[152] 马戎. 西藏自治区人口结构与变迁——2000 年人口普查数据分析 [J]. 中国藏学，2008（3）：167-182.

[153] 廖桂蓉，刘子菁. 西藏人口年龄结构现状与特征分析——基于第六次人口普查数据的分析 [J]. 西北人口，2014，35（2）：13-16.

[154] 何景熙，李艾琳. 西藏人口转变中的"人口红利"问题探讨——从人口发展态势看西藏的机遇与挑战（上）[J]. 西藏研究，2006（3）：112-117.

[155] 何景熙，李艾琳. 西藏人口转变中的"人口红利"问题探讨——从人口发展态势看西藏的机遇与挑战（下）[J]. 西藏研究，2006（4）：98-102.

[156] 李艾琳. 西藏人口转变中的劳动适龄人口变动趋势 [J]. 南京人口管理干部学院学报，2006（3）：21-24.

[157] 王建伟. 西藏人口红利研究述评 [J]. 西藏民族学院学报（哲学社会科学版），2012，33（1）：53-58+139.

[158] 何景熙，王文川，马红莉. 基础性人力资本投资与西藏经济增长方式的转变 [J]. 中国藏学，2006（3）：27-36.

[159] 黄梅. 人力资本对经济增长影响的实证分析——以上海市、云南省和西藏自治区为例 [J]. 云南民族大学学报（哲学社会科学版），2005（5）：63-66.

[160] 何景熙，王文川. 西藏教育性人力资本投资效益问题 [J].

财经科学，2005（6）：160-166.

［161］陈红兵．西藏人力资本投资与经济发展研究［D］．武汉：中南民族大学，2009.

［162］孙红云．西藏人力资源开发问题研究［D］．长春：吉林大学，2009.

［163］邵振培．西藏人力资源开发对策研究［D］．拉萨：西藏大学，2013.

［164］段玉珊，王娜，李伟旭．西藏人口老龄化现状与发展趋势预测［J］．西北人口，2013，34（6）：19-24.

［165］孔凡磊，艾斌，星旦二．西藏城市老年人长期照护需求问题研究［J］．中国藏学，2014（1）：175-184.

［166］张广利，陈俊傲，瞿枭．藏族农牧民养老问题探析——基于西藏林芝地区的调查［J］．西北农林科技大学学报（社会科学版），2014，14（2）：50-53.

［167］汪治国．西藏农牧区养老保障体系构建［D］．成都：西南财经大学，2009.

［168］杨斌，郑军，朱甜甜．政府财政补贴对农民养老保障水平的影响机制分析——以西藏的新农保为例［J］．西藏大学学报，2014，29（3）：27-34.

［169］王艳君．西藏社会保障制度浅析［J］．西藏大学学报（社会科学版），2010，25（S1）：170-172+185.

［170］陈爱东．西藏特色社会保障体系建设综述［J］．中国藏学，2011（2）：96-100.

［171］《西藏城乡居民养老保险制度执行效果调查评估》课题组，陈东升，杨宗彪，等．西藏自治区城乡居民基本养老保险制度实施情况调查评估报告［J］．中国藏学，2015（3）：117-127.

［172］李春斌．西藏人口老龄化的法律应对：积极老龄化视域下的分析框架［J］．西北人口，2011，32（4）：28-31+37.

［173］曾丹．西藏“一妻多夫婚姻”女性权益保护研究［D］．重庆：西南大学，2014.

[174] 央金卓嘎. 论西藏地区的一妻多夫习惯婚姻 [D]. 北京：中国政法大学，2008.

[175] CHILDS G. Polyandry and population growth in a historical Tibetan society [J]. The History of the Family，2003，8 (3)：423-444.

[176] 马戎. 试论藏族的"一妻多夫"婚姻 [J]. 民族研究，2000 (6)：34-45+107.

[177] 陈彩霞. 从1990年人口普查数据看藏族妇女的婚姻状况 [J]. 人口研究，1999 (4)：9-14.

[178] 琼达. 西藏拉萨已婚育龄妇女的婚姻与生育调查分析 [J]. 人口与经济，2007 (6)：34-36.

[179] 格勒. 变化中的西藏家庭结构 [J]. 西藏民俗，1996 (3)：4-14.

[180] 史云峰. 西藏人口的结构特征分析 [J]. 西藏发展论坛，2012 (6)：26-31.

[181] 刘爱军，李祥妹，周龙春. 西藏自治区人口较少民族发展问题研究 [J]. 西北人口，2011，32 (4)：25-29.

[182] 傅小锋，郑度. 论西藏自治区人口增长与社会经济发展 [J]. 中国藏学，1999 (4)：19-29.

[183] 洁安娜姆. 浅析西藏生态与人口现状 [J]. 中外企业家，2012 (15)：14-17.

[184] 马戎. 西藏自治区人口结构与变迁——2000年人口普查数据分析 [J]. 中国藏学，2008 (3)：167-182.

[185] 史云峰. 西藏人口的结构特征分析 [J]. 西藏发展论坛，2012 (6)：26-31.

[186] 段玉珊，王娜. 西藏人口城镇化进程及发展趋势预测 [J]. 西藏研究，2015 (4)：67-74.

[187] 邓发旺，徐爱燕. 西藏城乡发展差距分析 [J]. 西藏研究，2010 (5)：49-62.

[188] 李粲. 西藏特色区域城镇化路径模式探讨 [J]. 城市规划学刊，2013 (6)：41-47.

［189］贾登勋，刘燕平．西藏人口非农化与城镇化水平关系实证研究［J］．西藏大学学报（社会科学版），2013，28（2）：1-6．

［190］杨明洪，张强．投资与西藏城镇经济增长的实证分析［J］．财经科学，2005（6）：144-151．

［191］赵燕．西藏旅游地城镇化建设问题研究——以林芝地区八一镇为例［J］．西藏大学学报，2013，28（3）：67-71．

［192］焦永利，郇雷．中西部新型城镇化的战略方向及西藏城镇化的政策建议［J］．西藏研究，2014（6）：49-55．

［193］徐爱燕，黄榕，胡丹丹．产业结构服务化对西藏新型城镇化的推动——基于VAR模型的分析［J］．西藏大学学报（社会科学版），2015，30（1）：25-33．

［194］吕翠苹，秦君玲．公共财政视角下的西藏新型城镇化发展探析［J］．西藏大学学报（社会科学版），2014，29（2）：62-67．

［195］何景熙，马红莉．人口集聚与西藏教育的发展——西藏教育发展的问题及对策［J］．人口学刊，2005（5）：29-32．

［196］强巴央珍．浅谈发展中的西藏高等教育［J］．西藏研究，2013（4）：122-128．

［197］央宗．试论人口文化素质对西藏自治区社会经济发展的影响［J］．西藏大学学报（社会科学版），2005（1）：79-83．

［198］郭兆利．西藏职业教育研究述评［J］．西藏研究，2010（3）：113-119．

［199］马忠才，何光喜，赫剑梅．藏族人口教育中的性别差异探析［J］．中国藏学，2013（3）：162-165．

［200］索朗仁青．西藏妇女受教育状况的变化分析［J］．西藏大学学报（社会科学版），2009，24（3）：87-92．

［201］洁安娜姆．西藏现代化进程中人口教育与健康素质分析［J］．西藏研究，2013（1）：106-113．

［202］佚名．西藏已建立完整的现代教育体系［J］．教育发展研究，2013，33（19）：25．

［203］朱玲．西藏农牧区的公共卫生服务［J］．财经科学，2005

(1)：113-120.

［204］央宗，刘湘源，克之．西藏启动“人口健康促进拓展行动”［J］．人口与计划生育，2009（2）：48.

［205］王存同．藏区农牧民人口健康促进的实地研究——来自西藏自治区昌都地区的调查［J］．中国人口科学，2011（1）：103-112+114.

［206］尹小俭，孙辉，李玉强．藏族大学生生活习惯与健康状况调查与分析［J］．体育学刊，2010，17（9）：78-81.

［207］佘静芳．内地与西藏本地藏族大学生体质健康对比分析［J］．民族教育研究，2009，20（6）：40-42.

［208］全家新．藏族大学生体型、体质与体育活动调查研究——以西藏自治区2007—2010年三所高校大学生为例［J］．北方民族大学学报（哲学社会科学版），2011（4）：131-136.

［209］龙卿志．西藏自治区在校大学生心理健康状况调查研究［J］．中国健康心理学杂志，2008，16（12）：1 321-1 322.

［210］罗平，毕月花，汪念念．藏族大学生的社会文化适应与心理健康［J］．中国心理卫生杂志，2011，25（4）：79-80.

［211］罗平，魏晓波，马海林，等．西藏高校大学生心理教育课程模式的实验研究［J］．西藏大学学报（社会科学版），2013，28（4）：168-172.

［212］马慧芳，罗平，马海林，等．藏族中学生的心理健康状况［J］．中国心理卫生杂志，2012，26（5）：85-86.

［213］马戎，旦增伦珠．拉萨市流动人口调查报告［J］．西北民族研究，2006（4）：126-173.

［214］王树新．西藏自治区的人口迁移及迁移人口状况分析［J］．人口研究，2004（1）：60-65.

［215］王茂侠．西藏的流动人口与人口流动——基于第五、第六次人口普查数据的比较［J］．西北人口，2014，35（5）：13-18.

［216］石人炳，石玲．西藏流动人口状况与特点——基于“全国第六次人口普查”数据的分析［J］．西南民族大学学报（人文社会科学版），2014，35（7）：49-52.

［217］郑洲．西藏人口东向流动与民族关系再构建研究［J］．民族学

刊，2012，3（4）：21-32+92.

［218］来仪. 西藏藏族人口东向流动现实意义探微［J］. 西南民族大学学报（人文社会科学版），2012，33（9）：7-13.

［219］唐伟，钟祥浩，周伟. 西藏“一江两河”地区人口空间分布的动态演变［J］. 中国人口·资源与环境，2011，21（3）：163-168.

［220］蒋鹏. 西藏生态环境保护与建设研究［D］. 拉萨：西藏大学，2011.

［221］樊新民. 西藏生态资源与人口增长关系的探讨［J］. 中国青年政治学院学报，2010，29（4）：125-129.

［222］陈华. 试论西藏的人口与环境［J］. 西藏大学学报（汉文版），2001（3）：29-36.

［223］陈华，索朗仁青. 西藏人口、资源、环境与可持续发展［J］. 人口研究，2002（1）：22-28.

［224］赵兴国，潘玉君，丁生，等. 西藏人地关系研究［J］. 西藏研究，2010（5）：104-111.

［225］孙晓娜，孙保平. 西藏生态可持续发展的路径探析［J］. 西藏大学学报（社会科学版），2014，29（1）：37-42.

［226］黄林. 对西藏可持续发展的法律保障分析［J］. 生态经济，2009（5）：83-87.

［227］刘雨林. 西藏生态可持续发展研究［J］. 黑龙江民族丛刊，2007（4）：66-74.

［228］唐剑，贾秀兰. 西藏生态环境保护体系的构建——基于双重约束机制的理论分析框架［J］. 西南民族大学学报（人文社会科学版），2012，33（3）：132-137.

［229］洁安娜姆. 西藏人口与生态保护问题分析［J］. 西藏科技，2012（10）：17-21.

［230］陈爱东，唐静. 关于西藏环境保护体系构建的探讨——基于财政支持的视角［J］. 生态经济，2012（7）：169-172.

［231］央宗，索朗仁青. 西藏人口的变迁与特征［J］. 西藏大学学报（汉文版），2003（4）：40-46.

［232］石人炳，石玲．西藏流动人口状况与特点——基于“全国第六次人口普查”数据的分析［J］．西南民族大学学报（人文社会科学版），2014（35）：52.

［233］何景熙，李艾琳．西藏人口转变中的“人口红利”问题探讨——从人口发展态势看西藏的机遇与挑战（上）［J］．西藏研究，2006（3）：118-123.

［234］李艾琳．西藏人口转变中的劳动适龄人口变动趋势［J］．南京人口管理干部学院学报，2006（3）：21-24.

［235］张天路，黄荣清，张东亮．中国西藏人口五十年［M］．北京：中国人口出版社，2004.

［236］安应民．吐蕃史［M］．银川：宁夏人民出版社，1989.

［237］刘瑞．中国人口·西藏分册［M］．北京：中国财政经济出版社，1988：46.

［238］张天路，黄荣清，张东亮．中国西藏人口五十年［M］．北京：中国人口出版社，2004：12-13.

［239］安应民．吐蕃史［M］．银川：宁夏人民出版社，1989：134.

［240］王尧，陈践．敦煌本吐蕃历史文书［M］．北京：民族出版社，1992：146-156.

［241］安应民．吐蕃史［M］．银川：宁夏人民出版社，1989：78-81.

［242］刘瑞．中国人口·西藏分册［M］．北京：中国财政经济出版社，1988：47-48.

［243］赵文林，谢淑君．中国人口史［M］．北京：人民出版社，1988：171-172.

［244］胡焕庸，张善于．中国人口地理（下册）［M］．上海：华东师范大学，1986.

［245］黄奋生．藏族史略［M］．北京：民族出版社，1985.

［246］宋濂（明）．《元史》之《宪宗本纪》：26.

［247］宋濂（明）．《元史》之《宪宗本纪》：25.

［248］陈庆英．与八思巴有关的几份藏文文献［J］．西南民族大学学报（人文社科版），1985（1）：40-47.

[249] 陈庆英，高淑芬. 西藏通史 [M]. 郑州：中州古籍出版社，2003.

[250] 陈立明. 略论萨班·贡噶坚赞对祖国统一的贡献 [J]. 西藏民族大学学报（哲学社会科学版），1986（1）：44-49.

[251] 牙含章. 达赖喇嘛和《达赖喇嘛传》 [J]. 社会科学战线，1984（1）：225-233.

[252] 陈庆英. 汉藏史集 [M]. 拉萨：西藏人民出版社，1986.

[253] 陈庆英译. 汉藏史集 [M]. 拉萨：西藏人民出版社，1986：185-188.

[254] 王森. 西藏佛教发展史略 [M]. 北京：中国藏学出版社，2010：215.

[255] 王森. 西藏佛教发展史略 [M]. 北京：中国藏学出版社，2010：227-228.

[256] 更周吉. 元朝在西藏的括户研究 [D]. 中央民族大学，2009：35.

[257] L. 伯戴克，邓锐龄. 蒙古政权在西藏进行的户口调查 [J]. 民族译丛，1985（2）：39-44.

[258] 陈庆英译. 汉藏史集 [M]. 拉萨：西藏人民出版社，1986：185-188.

[259] 王森. 西藏佛教发展史略 [M]. 北京：中国藏学出版社，2010：214-215.

[260] 陈庆英译. 汉藏史集 [M]. 拉萨：西藏人民出版社，1986：186-187.

[261] 央宗·索朗仁青. 西藏人口的变迁与特征 [J]. 西藏大学学报（汉文版），2003（4）：40-46.

[262] L. 伯戴克，邓锐龄. 蒙古政权在西藏进行的户口调查 [J]. 民族译丛，1985（2）：39-44.

[263] 陈庆英，高淑芬. 西藏通史 [M]. 郑州：中州古籍出版社，2003：232.

[264] 赵文林，谢淑君. 中国人口史 [M]. 北京：人民出版社，1988.

[265] 编委会. 跨世纪的中国人口（西藏卷） [M]. 北京：中国统计

出版社，1994.

[266] 编委会. 跨世纪的中国人口（西藏卷）[M]. 北京：中国统计出版社，1994：17-19.

[267] 编委会. 跨世纪的中国人口（西藏卷）[M]. 北京：中国统计出版社，1994：202.

[268] 张京品，张宸. 西藏孕产妇、婴儿死亡率降至历史最低 [EB/OL]. [2016-01-18]. http://www.gov.cn/xinwen/2016-01/18/content_5033943.htm.

[269] 多杰欧珠，李永胜，席津生. 跨世纪的中国人口（西藏卷）[M]. 北京：中国统计出版社，1990.

[270] 琼达卓嘎. 西藏人均预期寿命将达 70 岁 [N]. 人民日报，2017-07-12.

[271] 周锐. 中国人平均预期寿命逐步延长 女性提高速度快于男性 [EB/OL]. [2017-07-25]. http://www.chinanews.com/gn/2017/07-25/8287345.shtml.

[272] 多杰欧珠，李永胜，席津生. 跨世纪的中国人口（西藏卷）[M]. 北京：中国统计出版社，1990：215.

[273] 编委会. 跨世纪的中国人口（西藏卷）[M]. 北京：中国统计出版社，1994：217.

[274] 杨丹，杨铮，图登克珠. 拉萨市农牧区民生发展调查报告（2017）[M]. 北京：人民出版社，2018.

[275] 倪帮贵. 浅谈西藏改革开放二十年的历史巨变 [J]. 西藏研究，1998（4）：12-18.

[276] 胡瑛. 2017 年西藏城镇新增就业 5.46 万人 [EB/OL]. [2018-02-26]. http://www.tibet.cn/cn/news/yc/201802/t20180226_5491742.html.

[277] 杨丹，杨铮，图登克珠. 拉萨市农牧区民生发展调查报告（2017）[M]. 北京：人民出版社，2018：93-95.

[278] 胡浩. 卫生计生委启动“光彩行动”加强西藏和四省藏区母婴健康宣传服务. [EB/OL]. [2016-06-06]. http://www.gov.cn/xinwen/2016-06/06/content_5080056.htm? cid=303.

[279] 李海英. 2016 年西藏城乡居民免费体检率在 95%以上 [EB/OL]. [2017-08-11]. http://xz.people.com.cn/n2/2017/0811/c138901-30597883.html.

[280] 多杰欧珠，李永胜，席津生. 跨世纪的中国人口（西藏卷）[M]. 北京：中国统计出版社，1990：172.

[281] 琼达. 西藏拉萨已婚育龄妇女的婚姻与生育调查分析 [J]. 人口与经济，2007 (6)：32-34.

[282] 张京品，张宸. 西藏孕产妇、婴儿死亡率降至历史最低 [EB/OL]. [2016-01-18]. http://www.gov.cn/xinwen/2016-01/18/content_5033943.htm.

[283] 赵进文. 中国人口转变与经济增长的实证分析 [J]. 经济学（季刊），2004，3 (3)：819-838.

[284] 郭志刚. 中国的低生育水平及其影响因素 [J]. 人口研究，2008，32 (4)：1-12.

[285] 徐映梅，瞿凌云. 独生子女家庭育龄妇女生育意愿及其影响因素——基于湖北省鄂州、黄石、仙桃市的调查 [J]. 中国人口科学，2011 (2)：78-86+114.

[286] 张纯元. 中国人口生育政策的演变历程 [J]. 市场与人口分析，2000 (1)：47-54.

[287] 汤兆云. 建国以来中国共产党人口政策的演变与创新 [J]. 科学社会主义，2010 (3)：111-114.

[288] 王桂新. 生育率下降与计划生育政策的作用思考 [J]. 人民论坛，2012 (7)：14-15.

[289] 邬沧萍，杜亚军. 我国人口转变与人口政策之间的关系 [J]. 南方人口，1986 (1)：6-9.

[290] 顾宝昌. 论社会经济发展和计划生育在我国生育率下降中的作用 [J]. 中国人口科学，1987 (2)：4-13.

[291] 李通屏，郭继远. 中国人口转变与人口政策的演变 [J]. 人口与发展，2007，13 (1)：42-48.

[292] 刘洪康，吴忠观. 人口手册 [M]. 成都：西南财经大学出版

社，1984.

[293] 王媛媛. 2017年西藏流动人口38.9万人 [EB/OL]. [2017-12-07]. http://xz.people.com.cn/n2/2017/1207/c138901-31006851.html.

[294] 何景熙，李艾琳. 西藏人口转变中的“人口红利”问题探讨——从人口发展态势看西藏的机遇与挑战（上） [J]. 西藏研究，2006（3）：112-117.

[295] 陈友华. 人口红利与中国的经济增长 [J]. 江苏行政学院学报，2008（4）：60-65.

[296] 潘金洪. 出生性别比失调对中国未来男性婚姻挤压的影响 [J]. 人口学刊，2007（2）：22-27.

[297] 陈友华. 中国和欧盟婚姻市场透视 [M]. 南京：南京大学出版社，2004.

[298] M. 泰勒. 西方发现西藏史（上） [M]. 拉萨：西藏人民出版社，1992.

[299] 徐铭. 1729—1953年甘孜藏族人口研究 [J]. 藏学研究论丛，1981（1）：279-291.

[300] 宋乃功. 中国人口：内蒙古分册 [M]. 北京：中国财政经济出版社，1987.

[301] 马戎. 西藏的人口与社会 [M]. 北京：同心出版社，1996.

[302] 杨成洲，杨帆，刘金华. 当代西藏家庭的变动趋势分析——以人口普查数据为基础 [J]. 西藏研究，2018，172（6）：70-78.

[303] 张广利，陈俊傲，瞿枭. 藏族农牧民养老问题探析——基于西藏林芝地区的调查 [J]. 西北农林科技大学学报（社会科学版），2014，14（2）：44-47.

[304] 朱桂丽，宋连久，刘天平. 藏族农牧民家庭养老模式选择意愿及影响因素分析 [J]. 干旱区资源与环境，2016，30（9）：91-96..

[305] 杨成洲，杨帆. 当代西藏家庭住房变动分析——以人口普查数据为基础 [J]. 中国藏学，2018，135（4）：105-116.

[306] 杨丹，徐爱燕，杨帆. 西藏民生2050：愿景与路径 [J]. 中国藏学，2018（3）：15-22.

后　记

2010年夏秋季节，也是我攻读博士学位的第一年，有幸参与我导师主持的有关西藏人口研究项目，同几位老师一同赴藏调研。与许多人一样，第一次西藏之行我就被高原特有的壮丽风光和独特文化所震撼、吸引。与此同时，特定的调研任务也帮助我更直观地了解西藏的人口和经济。那时不曾想到，对我而言这片高原从此有了极为特殊的意义。

2014年，我再次赴藏参与有关研究项目调研，走访了更多地区、基层卫生机构、农牧民家庭等。在积累研究资料的同时，我明显地感受到，这雪域高原上的普通百姓及其生活，与那雪山草地、宗教艺术一样迷人。2015年，我有幸得到国家社科基金青年项目资助，开始对西藏人口转变问题进行系统研究，本书即是该项目的成果。

为完成项目研究工作，我一方面补充阅读大量关于西藏历史、文化的文献，另一方面多次到西藏等地开展实地调研。研究的过程虽存在一些挑战，但也带来诸多乐趣，在青藏高原的各种收获和一些场景至今难忘。在项目研究过程中，我也有幸参与了其他一些关于西藏社会经济发展的研究项目，特别是参与了中组部第八批援藏干部、曾任西南财经大学和西藏大学副校长杨丹教授主持的专著《西藏2050：和谐、绿色、开放、现代化的世界第三极》以及“拉萨市农牧区民生发展调查”项目。这些项目研究经历让我在拓展研究视野、积累研究素材、把握西藏实践、团队高效协作等方面收获极大，是本书得以顺利完成的必要条件。

2017 年 8 月至 10 月，我受单位安排到西藏大学开设一门研究生课程，于是有更充裕的时间在拉萨及周边地区走访调研，拉萨也成为一个我不仅熟悉而且倍感亲切的城市。教学期间，西藏大学为我提供了很好的工作条件和生活安排，特别是西藏大学的徐爱燕老师、徐良果老师、张春雷老师、王勇军老师、侯仲凯老师、巩艳红老师、袁霄老师、陈冠男老师等以及西南财经大学当时正在援藏的李文勇老师、曾攀老师、丁如曦老师都给予很多关心和帮助，和他们一起度过的这段时光短暂但珍贵。回想起来，两个月时光虽然不长，但却成为我生命中最难忘的经历之一。

在此要特别感谢我的导师杨成钢教授，他指导我开始人口研究和关注西藏人口发展问题，并为本研究的调研、写作等全过程提供了必不可少的指点及帮助。

我要感谢西南财经大学中国西部经济研究中心主任毛中根教授，他带领研究团队多次赴西藏调研，并支持本书由西南财经大学中国西部经济研究中心“一流学科建设计划”项目经费资助出版。毛中根教授对年轻科研人员的大力鼓励、支持和指导，也让我受益匪浅。

西南财经大学人口研究所的诸位老师，他们友善、包容、严谨、正直，既是良师也是益友，都为本书研究设计论证和写作提出过宝贵建议。四川大学何景熙教授、王卓教授以及四川省社会科学院刘金华研究员，都曾多次对我研究西藏人口问题给予鼓励或建议。西南财经大学与我曾同在一个办公室的伍骏骞老师、贡布泽仁老师、阳杨老师、郭仕利老师，他们或与我一同赴西藏等地调研，或为本书写作提出真知灼见，大家充分交流、相互帮助的氛围让人倍感珍惜。本书的顺利完成也离不开项目组成员杨成洲、孙楠、吴茜、徐林、陈卓、曾祥旭、童峰、刘再营以及研究生谭静、沈千、左先良等的辛苦工作，他们都是绝佳的合作伙伴。我要特别感谢为我们数次在西藏等地调研提供了便利或支持的单位及热心人士，以及在本书出版之前专门审读过项目研究成果的人口学专家们，感谢你们的无私帮助和宝贵建议。还有西南财经大学出版社的何春梅编辑，为本书的出版费心尽力。

在这里，向所有提供支持和帮助的领导、老师、朋友和学生们表示深深的谢意！

关注和研究青藏高原人口发展问题，不仅是理解当地特定自然和人文环境下人口变动规律的需要，更是促进区域发展和民生改善的需要。2020年西藏同全国一道全面建成小康社会，西藏的发展将在新的历史起点上继续推进，对西藏未来人口变动及其与发展之间关系的讨论仍非常必要。本书只是开始，我们的研究不会停止，希望用人口学研究助力和见证我国西藏长治久安和持续健康发展。

杨　帆

2020年7月 成都